感谢温州大学法政学院

产业政策法与反垄断法之**协调制度研究**

CHANYEZHENGCEFAYUFANLONGDUANFAZHIXIETIAOZHIDUYANJIU

宾雪花◎著

中国社会科学出版社

图书在版编目（CIP）数据

产业政策法与反垄断法之协调制度研究／宾雪花著．—北京：
中国社会科学出版社，2013.12
ISBN 978 - 7 - 5161 - 3312 - 5

Ⅰ.①产…　Ⅱ.①宾…　Ⅲ.①产业政策—研究—中国②反垄
断法—研究—中国　Ⅳ.①F121②D922.294.4

中国版本图书馆 CIP 数据核字（2013）第 229386 号

出 版 人	赵剑英	
责任编辑	张　林	
特约编辑	蓝垂华	全太顺
责任校对	韩海超	
责任印制	戴　宽	

出　　版	中国社会科学出版社	
社　　址	北京鼓楼西大街甲 158 号（邮编 100720）	
网　　址	http://www.csspw.cn	
	中文域名：中国社科网　　　010 - 64070619	
发 行 部	010 - 84083685	
门 市 部	010 - 84029450	
经　　销	新华书店及其他书店	

印刷装订	三河市君旺印装厂	
版　　次	2013 年 12 月第 1 版	
印　　次	2013 年 12 月第 1 次印刷	

开　　本	880 × 1230　1/32	
印　　张	8.625	
插　　页	2	
字　　数	217 千字	
定　　价	48.00 元	

凡购买中国社会科学出版社图书，如有质量问题请与本社联系调换
电话：010 - 64009791

序　言

　　产业政策与竞争政策是现代国家调节经济的两种方式。产业政策法与反垄断法分属于经济法体系的两个基本构成，前者属于宏观引导调控法，后者属于竞争法（市场规制法）。

　　在市场经济和法治国家，其产业政策遵循市场规律，只是在某些市场机制难以发挥作用的领域（社会资本不愿进入而投资不足，或投资过于膨胀的行业），才由国家出面运用财税、金融等手段予以促进或制约其发展。并且，国家的这些调控措施是受到预先制定的法律（产业政策法）的严格规制的。但即便如此，这些国家的产业政策和产业政策法有时也会背离市场规律，产生妨碍市场机制运行和扭曲经济结构的不良后果。这是因为存在"政府失灵"问题。

　　产业政策"政府失灵"诸多表现之一是其限制自由竞争，妨害市场机制自发的调节作用，同国家竞争政策，特别是反垄断政策发生冲突，同样，产业政策法同反垄断法也会发生冲突。在市场经济和法治国家，尽管该两种政策都尊重市场规律，并都受到法律规制，但该两种政策和两种政策法的价值取向毕竟各有所侧重：反垄断法更注重自由和公平；产业政策法则往往侧重于效率。由此难免造成为了追求"规模效率"等目标而忽视和放纵垄断。职此之故，这些国家不仅在立法时注意处理两法之间的关系，让其能够衔接和协调，实践中也需要建立两法的冲突协调机制。

在市场经济和法治尚不够完善，并且有着行政权力为中心传统的中国，该两种政策和法律之间的问题就更为复杂。在这里，人们为了追求经济快速发展而将"效率"放在优先地位，十分青睐经济力集中和"打造航空母舰"，纵容和培育垄断，忽视垄断所带来的限制竞争和不公平等弊端。更由于几乎所有大型垄断行业和公司都具有公权力色彩，或就是由权贵们实际控制着。权贵资本家们在贪婪地汲取财富的同时也影响着国家的公共决策和法律，因此形成竞争政策和反垄断法在这里不能受到应有重视和难以切实实行，而产业政策却备受推崇的局面。加之这里产业政策的法治化程度不高，政府法规和部门规章居多，权力行使排斥法律规制，当政者可以借口市场变化随意作出调整，使得本来稳定性较差的产业政策容易偏离其应有轨迹，违背公平竞争原则，同反垄断法发生冲突。

由此可见，在当前我国要妥善处理产业政策、产业政策法同竞争政策、反垄断法之间的关系，存在着两个层面的问题：一个是法律问题；另一个则是法外的问题，即国家经济、政治体制改革的问题。法律问题既包括对产业政策法治化程度的提升，对立法目标、价值的正确定位和其他立法与实施制度的完善，也包括对反垄断法地位的提升和对立法与实施的完善。而要切实做到这些，更深层次的问题在于大力推进国家经济、政治体制改革。舍此，法律问题是无法得到根本性解决的。

宾雪花博士的专著《产业政策法与反垄断法之协调制度研究》其选题具有重要的理论价值和现实意义。对此进行全面、系统、深入和比较到位的专题研究的，在国内并不多见。作者运用"国家调节说"经济法基础理论，把产业政策、产业政策法同竞争政策、反垄断法之间在概念、宗旨、价值、原则、地位以及立法和实施上的各种特点等方面的联系和区别，作了准确而清晰的表述。总结分析了长期以来各国在实践中形成的对于两种政策和两法各种具体协调制度。在此基础上，提出和论证了如何构建中国两法之协调制度的设想和立法建议，包括完善产业政策立法，使之向"创新驱动型产业政策法"转型；以反垄断法为重心设置中国制度的构想，等等。这些论述观点明确，有理有据，具有可操作性。反映作者有较坚实的法学功底和较强的独立科研能力，在研究中倾注了大量心血。

　　本研究成果也涉及如何正确处理两种政策和两法协调配合关系的更深层次问题，即有关推进国家经济和政治体制改革问题，但由于本课题主要是谈法律层面的问题，体制改革并非本课题重点，虽然可能使读者会有余意未尽的感觉，但也不能苛求。总的说这是一部较成功和很值得一读的学术著作，特向读者推荐。

漆多俊

2012 年 10 月 30 日

目　录

导　论

立场与方法

0.1　研究意义

0.1.1　研究背景

2007 年底开始的国际金融危机，引起了世界性的经济萧条。面对此危急时刻，政府官员、经济学界以及法学界人士有两种观点：第一种观点是延缓或悬置反垄断法，加强产业政策法的制定、颁布。罗斯福新政时期，搁置反垄断法两年。第二种观点，许多学者以及反垄断执法官员在考察了罗斯福新政之后，认为当时颁布的《全国工业复兴法》延迟或延误了产业的自然复苏，造成了规制解除的困难，因而搁置反垄断法的行为不可取；他们提出了在苦难时期，更要加强反垄断法的执行力度的建议。我国为了克服金融危机的负面影响，于 2009 年 2—10 月期间，相继颁布了十大产业振兴政策（施行三年），出台了 120 部具体产业政策。与此同时，《中华人民共和国反垄断法》于 2008 年 8 月 1日开始实施。在此背景下，这两部法律如何协调、共同促进社会主义市场经济的发展和繁荣，成为中国法学界和经济学界研究的重要课题。

从产业政策和反垄断法的起源来看，产业政策与反垄断法一开始就存在着冲突。产业政策最初是在 20 世纪 70 年代才在日本首次使用。后于 1985 年在东京召开的"环太平洋区域经济成长及产业政策问题"的第十五届太平洋贸易开发会议，正式使用产业政策这一概念及其制度，后随之被广泛地使用和传播。尤其东亚国家越来越重视运用产业政策调节国民经济，干预、修正国民经济发展的速度和道路，学术界产生了研究产业政策的广泛兴趣。大多数学者从经济学角度来研究产业政策的沿革、特征、程序、实施等问题。法学家则运用法学的基本原理研究产业政策的合法性和正当性，由此产生了对产业政策法的研究。反垄断法作为促进竞争，确保市场机制正常运行的工具，最早颁布于 19 世纪末的美国。一般来说，反垄断法在市场经济国家被誉为维护自由、公平和有效的竞争秩序的"经济宪法"，是市场经济基本法律制度。第二次世界大战后，美国占领军将反垄断法强制实施于日本国土，于是就与日本实施的赶超型产业政策和产业政策法之间产生冲突与矛盾。其后随着韩国引进反垄断法，也产生同样的问题。即如何协调产业政策法与反垄断法之间的关系，解决两者冲突，共同促进经济的发展。实质上，两者关系可以归结为：产生于发达市场经济国家的反垄断思想和理念与后发展国家中主导经济发展的政府权力发生的矛盾和冲突。即发达国家的市场经济的正常运行急需反垄断法来规制垄断行为和限制竞争行为，尽快建立健康的市场秩序；而后发展国家的经济赶超迫切性，又需要政府制定产业政策，扶植、培育大规模的企业集团，促进规模经济，提高经济效率，以增强国际竞争力。这两种制度运用到某一个具体的国家中就产生矛盾。

尤其对中国来说，由于我国市场经济还不成熟，属于市场经济的初中期，与发达国家相比，企业的规模、效率、国家竞争力还很低。因而在此情境下，国家仍需要产业政策法促进企业兼并重组、鼓励垄断，形成较大的规模，实现规模经济效益的目标，提高经济效率，实现国民经济快速发展。因此，研究《产业政策法与反垄断法之协调制度》，对目前中国的经济发展，激发经济活力具有重要现实意义。

0.1.2　研究意义

产业政策法与反垄断法的协调是多方面的、多角度的，如政治学、经济学、公共政策、法学等多角度，而本课题拟从法治角度，且以法律形式将这种协调予以制度化，使得这种协调制度披上法律的外衣，具有法律的属性，有利于国家产业政策和竞争政策目标的强制实现。具体表现在：

1. 理论意义。第一，目前关于产业政策法与反垄断法或竞争法关系的研究论著并不多。在学术上主要还是局限于分别著述的状态。例如，关于产业政策法的研究主要局限于其称谓、特征、基本内涵、立法模式、制度体系、保障措施等。即使在论述中涉及产业政策法与反垄断法的关系，也只是点到为止，并未进行深刻揭示。第二，少数学者认为产业组织法并不包含反垄断法。[①] 但是为数不少的学者将反垄断法纳入到产业政策法的产业组织法里，[②] 如果两者不在同一位阶上，反垄断法从属于产业政策法，两者根本就不存在冲突和协调，他们就没有什么需要协调之处，只是低层次的反垄断法服从于高层次的产业政策法问题。

---

① 王卫国：《经济法学》，中国政法大学出版社2008年版，第656页。

② 符启林：《经济法学》，中国政法大学出版社2005年版，第292页。卢炯星：《论宏观经济法中产业调节法理论及体系的完善》，载《政法论坛》2004年第1期。刘定华、肖海军等著：《宏观调控法律制度研究》，人民法院出版社2002年版，第227页。姜昕、杨临宏主编：《产业政策法》，中国社会科学出版社2008年版，第19、45页。刘大洪：《经济法学》，北京大学出版社2007年版，第285—290页。持同一观点。

这将导致经济法学界关于经济法由两大部门法，即宏观调控法和市场规制法组成的基本共识将不复存在，经济法也就没有存在的意义。本文通过梳理学者们对产业政策法和反垄断法的论述，理清问题的实质，有利于解决经济法理论研究中长期存在的总论与分论相脱节的问题。像上面所言，长期以来，经济法学研究中一直存在一个遭人诟病的倾向，即在总论的基础性理论研究中，盛行单纯的理论阐述；而在分论研究中即具体制度研究中，则完全依附于经济学的理论知识来阐述其部门法的内容，甚至出现分论观点和经济法总论的观点截然不同的观点，或与总论相矛盾的地方，打破了经济法体系的完整性。可以说，总论与分论之间的脱节现象一直束缚着经济法理论研究的进步和发展。本书将厘清产业政策法与反垄断法的关系，必将丰富经济法的基本理论和组成体系。

2. 实践意义——对实践工作具有指导意义

政府与市场的关系，这在国家产生后就存在，只不过这种关系随着市场经济的发展不断动态演变。时而政府干预为主，时而市场调节为先，时而并重。随着市场经济的完善，经济理论的演进，实践经验的启迪，我们能够了解政府干预资源配置和市场干预资源配置都有缺陷，即市场调节会失灵，政府干预也会失灵，甚至政府失灵比市场失灵的后果更严重。作为政府干预的两种武器——产业政策（产业政策法）与反垄断法本身具有一定的冲突性，如何调和两者关系，共同促进国民经济健康发展是当前的头等大事。《产业政策法和反垄断法之协调制度研究》课题的完成，将会给予政府部门、反垄断执法机构一个清晰的指导意见，将会体现在具体制定产业政策或实施反垄断法的执法中。另外，《产业政策法和反垄断法之协调制度研究》课题的完成，对提高产业和企业的竞争力，提升国家的竞争优势，维护本国的经济安全，具有重大意义。此外，将产业政策法与反垄断法之间的协调制度法律化，是落实中国法制建设的一个重要任务，能够使得这种协调纳入法律框架，更具有可操作性。

0.2 研究目的

本课题之研究目的，首先修正产业政策与产业政策法之间的关系，有学者认为产业政策与产业政策法是一致的。即产业政策就是产业政策法，产业政策法就是产业政策。本书认为产业政策法与产业政策是不同的，产业政策与产业政策法在法治国家中是统一的概念，严格受到宪政或法治的制约，而在转型国家仍未实现其概念的统一。

其次，修正产业政策法与反垄断法之间的谬误。有许多学者认为，产业政策法包含了反垄断法，反垄断法属于其产业组织法。本书是以产业政策法和反垄断法的关系为立足点，首先要解决的是产业政策法和反垄断法是不是同一位阶的法律，如果不是同一位阶的法律，两者就存在上下位阶的关系，那么下位阶的法律就要服从上位阶的法律，两者就没有研究的意义。而本书从产业政策法的角度说明，两者是同一位阶的法律。只不过产业政策法的地位相对模糊，属于宏观调控法律体系，反垄断法作为市场经济国家的经济宪法，通常以法典形式出现，是一部经济基本法。

最后，本书梳理众多文献，探索中国产业政策法与反垄断法之协调制度，并试图将理论研究运用到实践中，解决现实中我国产业政策法与反垄断法之间的冲突，有利于我国产业政策上升到产业政策法，实现产业政策合法化和正当化；有利于中国的产业政策法与反垄断法之间协调制度的构建，更有利于尽快促进产业结构转型，促进国民经济发展。

0.3 国内外研究状况

0.3.1 从宏观角度研究两者动态演变关系

国内外学者对产业政策法与反垄断法关系的研究，更多的是从宏观角度来研究两者之间的动态演变关系。

国内于立学者认为产业政策与竞争政策是相对立的，属于国家干预经济的两种武器，提到产业政策和竞争政策的冲突最后将会出现此消彼长的态势。刘劲松、舒玲敏学者认为，产业政策法与反垄断法之间随着经济发展而不断动态演变，第一阶段应"以产业政策为主导、竞争政策为补充"；第二阶段应"实施弱化产业政策功能，更多地适用竞争政策"；第三阶段"竞争政策优先，同时以产业政策作为补充"。单阶段模式采取渐进的方法，针对不同的经济发展阶段而进行特定的制度供给，[1] 市场经济发展成熟阶段，将会以反垄断法优先。邝小文学者针对经济转轨时期的中国现阶段，应坚持以竞争政策为基础，辅之以产业政策。[2] 陈尧、梁家祥学者提出，经济全球化背景下竞争政策与产业政策的战略搭配，是对内强调产业政策、对外强调竞争政策，短期内强调产业政策、长期内强调竞争政策，在局部强调竞争政

① 刘劲松、舒玲敏：《论产业政策与竞争政策的战略搭配——以日本为例》，载《当代财经》2006 年第 7 期。

② 邝小文：《关于产业政策和竞争政策关系的几点思考》，载《特区经济》2006 年第 2 期。

策、在全局强调产业政策。① 齐虹丽认为加入 WTO 后，产业政策的运行会出现一些变化，她根据日本加入 WTO 后对产业政策和反垄断法的运用，提出在运用产业政策的同时绝不能忽略竞争政策的作用。应协调好二者关系。为增强国际竞争力而过分夸大产业政策的作用从长期看会削弱企业的国际竞争力，日本政府过去对市场曾有过的过度干预的"后遗症"对今天的日本经济有一定的影响。为此，她认为确保产业政策与竞争政策之间的平衡协调关系，是我国中长期的重要课题，我国应尽快实现竞争政策的法制化，并保证竞争政策的切实可行。② 林民书、林枫提出经济全球化，竞争规则和竞争态势的改变，决定竞争方式的变化。竞争政策不能孤立存在，一个有效的竞争制度和竞争政策，不仅其本身应该合理、健全，还需要产业政策与其相互协调。政府应主要从竞争政策入手，通过制定符合国际惯例的市场竞争规则，营造良好的外部竞争环境。产业政策不能局限于对大企业的扶持，而必须围绕竞争政策，以竞争政策为主，通过竞争政策的实施，促进资源的有效配置和企业竞争力的提高与产业的发展。③ 贺婧提出要强调竞争政策的主导性和优先性，坚持产业政策的辅助性和补充性。整体上强调和坚持竞争政策，局部上充分发挥产业政策的作用，产业政策要着重导向性功能，竞争政策关注完善、维持公平的竞争环境。短期内强调产业政策，长期内强调竞

① 陈尧、梁家祥、朱洪波：《经济全球化背景下如何提升我国的经济竞争力——关于竞争政策和产业政策战略搭配的探讨》，载《中央财经大学学报》2002年第1期。

② 齐虹丽：《产业政策与竞争政策的关系——中国入世后面临的挑战与日本的经验》，载《经济科学》2003年第3期。

③ 林民书、林枫：《经济全球化条件下中国竞争政策与产业政策的选择》，载《东南学术》2002年第4期。

争政策。[①] 有几篇文献全是来自 ckni 优秀硕士论文数据库。雷凌
认为竞争法与产业政策法冲突的根源在于生产力的发展。从本质
上说，竞争法与产业政策法的冲突也就是效益与公平的冲突，二
者始终是经济发展过程中一对不可回避的矛盾。他认为在我国竞
争法与产业政策法的协调中，一方面，竞争法应当对战略性产业
和特殊部门的垄断予以豁免，对纵向卡特尔采取宽容的态度，并
根据经济发展的需要只对会产生较大影响的企业并购行为实行控
制；另一方面，产业政策法应当明确规定战略性产业的范围，放
松对竞争性产业的管制，同等看待市场主体，改变我国的审批管
制习惯，加强行业管制。产业政策法毕竟是限制竞争的，所以必
须限制在合理和必要的范围内，发展会产生对竞争的破坏，无论
何种立法取向，竞争法与产业政策法的冲突最终都将会反映在法
律适用过程中。[②] 冯辉认为，中国经济背景下产业法与竞争法可
形成功能组合，并设计了一般性、序列性、层次性、渐进性制度
结构。首先是进一步放开国内竞争市场，放弃目前盛行的管制与
审批制度，为更多的市场主体进行投资营造良好的环境。其次是
打破市场的垄断结构，放松管制。最后提出对国有寡头的公司治
理建设。[③] 孟雁北专门就产业政策与反垄断法的冲突与协调，提
出反垄断法立法过程中应首先考虑竞争政策，其次立法过程中规
定使用除外本身就是体现了国家的产业政策。最后是在反垄断法
内容规范上实现产业政策。在反垄断法实施过程中与产业政策法

<hr />

① 贺婧：《我国竞争政策与产业政策之协调》，载《河南科技大学学报（社科版）》2007 年第 2 期。

② 雷凌：《论我国竞争法与产业政策法的冲突与协调》，华中师范大学硕士学位论文，2006 年，第 14—17 页。

③ 冯辉：《论产业法与竞争法功能组合研究》，湖南大学硕士学位论文，2007年 4 月版。

的协调问题，在执法上，由于反垄断法本身的不确定性，可以充分协调起来。其次，反垄断法实施原则尽可能实现产业政策。最后，在执行时尽可能地实现产业政策。最终提出，在两者协调时，应根据中国的经济发展时期，不同的经济发展阶段，要灵活机智地处理两者关系，决不可完全借鉴国外的情况。① 刘继峰也从反垄断法角度论述竞争政策与产业政策的协调，指出发达国家和发展中国家在产业政策和竞争政策的运用上存在着分歧。在经济全球化下，发达国家更希望并通过一定的方式迫使发展中国家执行竞争政策优先，希望发展中国家更多地开放市场，希望发展中国家在企业规模上执行竞争政策，以使本国企业能顺利地进入发展中国家的市场。而发展中国家从发展民族经济的角度出发一般执行产业政策优先的竞争政策。因此，发展中国家在开放中需要协调好产业组织政策与竞争政策的关系。尤其对缺少或压缩了经济发展阶段的发展中国家，由于市场要素不完善，开放中的风险时时存在，企业合并中需充分考虑到经济安全和经济主权。经济全球化使越来越多国家的法律有意识地放任企业集中，尤其新加入全球竞争行列的发展中国家，因为它们的企业相对弱小。已有数据显示，我国企业创新和企业规模是正相关关系。所以，进一步推进大公司战略，增强中国产业集群竞争力和自主创新能力是我国竞争行业的企业面临的紧迫任务。在共同完成这一任务中，反垄断法通过科学地划定垄断与非垄断的分界线，引导并警示企业集中。②

---

① 孟雁北：《论产业政策与反垄断法的冲突与协调》，载《社会科学研究》2005 年第 2 期，第 78—82 页。

② 刘继峰：《论在我国反垄断法中竞争政策与产业政策的协调》，载《宏观经济研究》2008 年第 4 期，第 21 页。

国外学者总是以日本国家在经济发展中产业政策法与反垄断法关系为例，研究其两者关系。他们认为日本早期经济发展应该感谢产业政策，日本最近的经济发展归功于在经济民主化政策下企业之间强大的竞争和借助反垄断法执行的竞争政策。[①] Ajit Singh，Pahul Dhumale 从南方不发达地区角度出发，认为美国和英国竞争法样板不适合任何发展中国家，发展中国家应该根据自己的情况来制定竞争法，同时强调产业政策在不发达国家应该扮演重要角色。他得出结论：发展中国家需要从发展视角来考虑竞争法，强调把动态效率而不是静态效率作为竞争法主要目标；着重的是竞争优化程度的概念，而不是最大化竞争的概念，以促进长期生产率的增长；在公司之间应该是竞争和合作的优化的结合，目的是发展中国家获得快速的长期经济增长；指出关键是需要保持私人部门繁荣在于高水平投资，要求一个固定利润增长，为满足这个需要，需要政府协调投资决定、要求政府和企业之间紧密合作。最后再次承认产业政策对发展中国家的重要性，产业政策和竞争政策之间需要内聚力。[②] 在另一篇文章里，Singh（2002）把在 1950—1973 年期间日本竞争政策作为模式，推荐给发展中国家（当时日本是更可能像一个发展中国家）。相似的韩国竞争政策在国家高度增长期（在 1970 年和 1980 年）也是相关的。一个重要点是在这些经济国家里有竞争法从属于产业政策

---

① Hiroshi Iyori Competition Policy and Government Intervention in Developing Countries: An Examination of Japanese Economic Development, Washington University Global Studies Law Review Vol. 1. 2002, p. 35.

② Ajit Singh, Rahul Dhumale Competition Policy, Development and Developing Countries, South Centre T. R. A. D. E. Working Papers, November 1999, p. 14.

的需求。① Michael J. Piore and Charles F. Sable 指出反托拉斯法和规制政策被认为是一个新的产业政策范例的核心——相信通过增强市场机制将会获得经济理性，在这种新的范例下政府对市场机制的支持不是作为在经济生活的国家干预，而是作为自然经济过程的支持。② George N. Addy 在 1995 年 5 月 22 日第七届国际卡特尔会议提交了一篇关于"在旧的市场经济里，竞争政策与产业政策对抗：竞争政策的角色作为在技术关键产品的市场里的发现方法。"文章指出产业政策在狭义上是某种表现形式（例如关税，或者市场保留通过规制），其很清晰地通过妥协获得社会效率目标，因此与竞争政策相冲突。他还提出贡献给社会福利的主要竞争政策是需要这些潜在的反竞争性产业政策表现形式。他指出对产业政策制定者来说，需要思考如何加速和便利这种经济转轨。加快经济转轨来源于两个因素：首先是转轨期间越短，市场力量越快产生我们正在寻求的效率；其次是转轨越短，转轨过程本身破坏性越少，从而强调了产业政策加速经济转轨的作用。它不是我们应该奉献我们稀缺资源于哪里的问题（即产业政策的问题）。可简单地归纳为，市场竞争越激烈，创新力量越大。③ Pradeeep S. Mehtal 以亚洲太平洋视角探讨了竞争政策，指出韩国

①　Ajit Singh （2002）：Competition and Competiton Policy in Emerging Markets：International and Developmental Dimensions，ESRC Center for Business Research，University of Cambridge. Working Paper No. 246. December 2002. http：//www. unctad. org/en/docs/gdsmdpbg2418 – en/pdf

②　Michael J. Piore and Charles F. Sable：The Second Industrial Divide：Possibilities for Prosperity （New York：Basic，1984），18；Andrew Shonfield，Modern Capitalism （London：Oxford University Press，1965）.

③　George N. Addy：Competition Policy vs. Industrial Policy in the "old" Market Economies：on the role of "Competition Policy as a Discovery Method" in the Markets for Technological Key Products to the Seventh International Cartel Conference，Berlin，Germany，May 22，1995.

竞争法和政策的本性已经塑造成产业政策追求的那种竞争法。如促进重化工业的产业政策，一直倾向于赞成大财阀公司，所以必须通过竞争法和政策来限制大公司的经济力来补充。作者指出产业发展政策伴随早期发展阶段强大的竞争政策，可以促进更稳固和可持续经济发展。① Svetlana Avdasheva，Andrey Shastitko 从俄国经验谈到产业政策和竞争政策。他指出，历史上产业政策和竞争政策的优先权依靠经济发展的水平。过去两个世纪，作为俄国的国家生产商生产有着高竞争力的产品，国家则在世界市场范围内拥护自由贸易。同时，在国内市场里积极保护竞争，而有着相对低竞争力的国内产品则将优先权出让给产业政策，并与贸易政策工具相结合，目的是保护国家生产商。②

Lawrence J. White 从美国视角出发，指出在美国反托拉斯不是政府追求的唯一政策，帕累托优化不是任何著名政策的目标。考虑到美国的非正式产业政策，产业政策与反托拉斯法之间准确现实的反映是冲突与紧张。然而，在竞争市场的领域，于1930年和自1970年后，反托拉斯法的应用一直确定得增长，但是仍然留下产业政策发挥作用的空间。③ Dennis 在其文章中指出，美国产业政策与反托拉斯法的关系最初并没有引起公众和政府注意，主要原因在于美国产业政策不是很明显，而随着在执行反托拉斯法过程中因为严格执行问题，阻碍了美国企业的规模经济，

---

① Pradeep S. Mehtal：Competition Policy in Developing Countries：an Asia-Pacific Perspective. Bulletin on Asia-Pacific Perspectives 2002/03.

② Svetlana Avdasheva, Andrey Shastitko：Industrial and Competition Policy：Interaction Problems and Lessons for Russia, Voprosy Literatury-Moskva Vol. 0, No. 3 （2004）, pp. 39 – 50. http：//finden. natimallizenzen. del. de/Record/ZB – I – EAV@ NLZ236845241.

③ Lawrence J. White：Antitrust Policy and Industrial Policy：A View from the U. S. Presented at the Second Lisbon Conference on Competition Law and Economics Lisbon, Portugal.

减弱了美国的国际竞争力，学术界才开始关注和研究两者关系。尤其 1930 年期间，《国家产业复兴法》的出台引起了美国公众和官员对产业政策与反托拉斯法之间关系的大规模讨论，后这部法律于 1935 年被宣布违宪而加以废除。但是许多经济学家反思罗斯福新政后，认为《国家产业复兴法》阻碍并拉长了复苏时间，由此形成的卡特尔很难再予以解除。因此提出反托拉斯法即使在危机时期，特别现在金融危机下，也应该发挥重大作用。①
2009 年在全球竞争论坛上，法国提交一篇关于"竞争政策，产业政策和国家冠军"的论文，作者认为产业政策和竞争政策应该手拉手，经济上才会更有效率和更有竞争力。对经济国家主义支持者来说，产业政策弥补了一个竞争政策的不利效果。产业政策和竞争政策不是相互排斥的：相反，它们的目标是促进大的竞争力和一个健康经济形势。它们是长期互补的。就产业政策的名字而言，采取的活动将是持续有意义和有效率的。更进一步，在一个国家里竞争政策与水平式或欧洲水平式产业政策不相矛盾。它不禁止产业冠军的形成，但它可能仅仅禁止必要的扭曲竞争的合并。

0.3.2 从微观角度研究——具体协调制度

关于产业政策法与反垄断法之间具体协调制度的论著较多，大部分学者深入探讨了反垄断法的适用除外制度、豁免制度、企业合并控制制度，但是，大部分学者并没有从两法协调角度来论述这些制度，只是单纯地从法律角度来论述这些制度的概念、内涵、特征、趋势变化等；而且部分学者对两法之间的具体协调制

---

① Dennis C. Mueller: Lessons from the United States's Antitrust History, International Journal of Industrial Organization. 14（1996）pp. 415 – 445.

度认识不一。如刘大洪学者指出，产业政策法与反垄断法之间的协调制度，主要包括适用除外制度和行政程序制度（指的是德国政治决策权）两种制度。① 有一部分学者认为仅仅包含适用除外制度、卡特尔豁免制度和企业合并豁免制度。

此外，国内外学者关于宏观角度研究的理论，如，以竞争政策或反垄断法优先或者最初以产业政策法优先等观点，如何纳入到实际可实现的一种协调制度中论著较少。尽管较少，部分学者有自己独特的观点。其中叶卫平学者提出，协调产业政策法与反垄断法的关键在于寻找与反垄断法相匹配的产业政策。② 刘桂清学者提出，在立法上适用除外制度和卡特尔豁免制度某种程度上就是竞争政策与产业政策冲突协调的产物，但对竞争政策与产业政策之间平衡协调和综合考量，主要还是通过反垄断机构的法律实施活动得以实现的。③ 根岸哲学者提出，一个国家政府所制定出来的产业政策，多半都是以"关于竞争法的规定适用除外"、"容忍卡特尔和企业集中"等这样的一些所谓的"适用除外"形式来实现。④ 王斐民博士综合运用经济学、政治学、法学等多学科的知识，特别是借鉴了产业和组织经济学对国家行为的分析框架，指出"发展国家观"是协调产业政策法和竞争法之间冲突的理论基础；迈向回应型法是两法协调路径的可能选择。转型期中国产业政策法和竞争法冲突的协调机制是"竞争的管制和管

① 刘大洪：《经济法学》，中国法制出版社 2007 年版，第 473—474 页。

② 叶卫平：《产业政策对反垄断法实施的影响》，载《法商研究》2007 年第 4 期。

③ 刘桂清：《反垄断法实施中的几个重大关系分析》，载《政法论坛》2007 年第 3 期。

④ ［日］根岸哲：《EEC 竞争政策与产业保护政策的交错》，载《日本 EC 学会年报（第 1 号）》，第 157 页，转引自王为农《企业集中规制基本法理——美国、日本及欧盟的反垄断法比较研究》，法律出版社 2001 年版，第 154 页。

制的竞争"，并对两法协调的一般性制度设计进行了一定探讨。①
倪振峰、丁茂中提出反垄断法是高级的法律化的产业政策——以
经营者集中为观点。提出产业政策可以促进反垄断法的有效实施。
通过肢解性惩罚重新调整市场力量分布格局，从而使美国反托拉
斯法在一定程度上具有了产业政策的功能。有关滥用市场支配地
位的法律责任并没有规定肢解性惩罚列入范围。在当前我国因为
体制因素而出现的巨无霸企业还是不少的，有些产业中的这些企
业在很大程度上影响了创新和技术发展，需要加以适度调整引入
竞争，促进技术创新。但是我国反垄断法的无能为力，就需要依
赖产业政策来完成。从以往来看，产业政策改革为反垄断法的实
施提供良好的基础，特别是有关自然垄断行业的部分领域。第一，
反垄断法可以促进产业政策的有效运行。反垄断法可以成为产业
政策实现的路径。其次，反垄断法可以为产业政策提供优良的承
载对象。反垄断法可以使得企业对产业政策更具有敏感性。②

尽管国内外学者对产业政策法与反垄断法之间协调的研究主
要是从宏观角度来研究，从微观角度——具体协调制度研究较不
充分，但也为本课题的研究提供了一种思路和值得借鉴之处。

0.4 研究的思路、方法、内容

0.4.1 基本思路

本书在吸收国内外最新研究成果的基础上进行梳理，以建设

---

① 王斐民：《论产业政策法和竞争法在转型中国的冲突和协调》，载《经济法
学评论（2005）》，中国法制出版社2006年版，第49—118页。
② 倪振峰、丁茂中：《反垄断法是高级的法律化的产业政策——以经营者集中
为观点》，载《探索与争鸣》2009年第2期。

和完善我国的产业政策法和反垄断法的法律协调制度为目的，全面分析了产业政策法和反垄断法之间协调的解决办法及相关制度。在此基础上，分析了它们之间的共同点，以及值得借鉴之处，总结了它们的经验和教训，为我国完善产业政策法和反垄断法的协调制度予以启示。同时，本书在全面分析我国产业政策法和反垄断法的现状，有针对性地提出在借鉴国外经验的基础上，需要结合我国的实际情况，将传统产业政策法转型为创新驱动的产业政策法，从而与反垄断法激励的创新的新理念相一致，共同促进中国经济的发展。

技术路径：产业政策法与反垄断法的冲突、协调理论基础——产业政策法与反垄断法的协调制度研究——中国的产业政策法与反垄断法的协调制度的设计。

0.4.2　研究方法

（1）历史方法

本书采用历史演进的方法对产业政策法和反垄断法的动态演变进行系统阐述。

（2）比较方法

围绕本命题，通过比较研究其他国家和地区产业政策法与反垄断法协调制度，找出它们的差异性和共同点，得出一些规律性的结论，尝试寻出值得中国可借鉴之处。

（3）法学语义的释义方法

对语义的阐述，进行字面分析，从而正确把握概念。如：产业政策法与产业法、产业协调法等诸概念辨析，加以正确理解产业政策法的概念和基本功能。

（4）实证方法

本书通过研究各国法律和法律条文等大量的事实来论证产业

政策法与反垄断法如何在法律上协调，并将其制度化。

0.4.3　需要解决的问题

（1）厘清产业政策与产业政策法的关系，产业政策法与反垄断法之间是否属于种属概念。

（2）关于产业政策法与反垄断法之间的具体法律协调制度评析和比较。

0.4.4　研究内容

本文结构主要沿着三个内容展开：一是对产业政策法和反垄断法冲突和协调基本理论进行梳理和评述，为全书的研究提供理论支撑；二是就具体法律协调制度进行全面的分析，比较它们之间的共同点和差异性，提出值得借鉴之处；三是在此基础上，对我国产业政策法和反垄断法的现状进行分析，为我国产业政策法和反垄断法协调提出了对策性的思考。全书除了导论和结论，共由七章构成。各章的主要内容如下：

导论。主要包括论文的选题背景、研究意义、国内外文献综述、研究思路、研究方法、研究内容。

第一章就有关产业政策法与反垄断法之协调的基本理论问题研究。本部分主要阐述两法存在冲突，即资源配置机制之间，规模经济与反垄断之间，作为过强的政府干预的产业政策法运行与弱势的反垄断法运行之间，正义与利益价值之间的冲突；分析了两法可协调的经济学和经济法基础。即有效竞争理论是协调的经济逻辑基点，两者互动发展是最优的策略，两者都是社会本位法，两者都可通过衡平原则实现价值调和。

第二、三、四、五章就具体法律协调制度进行研究和分别评析，并做总的评析。本部分着重研究两法在长期博弈过程中形成的特有的六种协调制度，并以六种制度之间的相关性为依据，划分为三组加以评述和总的评析。具体法律协调制度包括：适用除外制度和事前协商制度，运行过程中协调制度——卡特尔豁免、合并控制制度，运行后协调制度——主管经济部长制和美国反垄断和解制度。

第六章，对我国产业政策法与反垄断法之间的冲突现状和法律协调制度进行评析。指出目前我国两法之间是以产业政策法为主，反垄断法为辅的动态演变趋势；目前的法律协调制度尽管有，但制定较粗陋和不完善，缺少事前协商制度和运行后个案上设置的协调制度，并指出关于具体实务方面，法律协调制度更多的是运用合并控制制度，没有充分运用反垄断法企业合并控制制度监管产业兼并政策实施，没有恰当地运用危机卡特尔和中小企业卡特尔豁免制度为经济服务。

第七章，提出构建中国两法的法律协调制度。本部分提出构建创新驱动型产业政策法；以反垄断法为重心设置中国协调制度的构想，并建议完善相关的法律协调制度，具体包括：提议设置事前协商制度，卡特尔豁免应依照一事一立原则，详细呈列每一个豁免事由的标准和程序；建议合并豁免制度应以列举式详解"社会公共利益"豁免事由。最后提出建立独立的反垄断执法机构，赋予其于产业政策法运行机关之上职权。

结论。总结全书的基本观点，概括本书的主要创新点，分析本书的局限和不足，最后对进一步研究的方向予以展望。

0.5　相关概念界定

0.5.1　产业政策法与相关概念辨析及修正

弄清产业政策法需要辨析产业政策法与产业政策，产业政策法与产业法、产业经济法等概念。

对于产业政策与产业政策法的区别，法学界目前有模糊两者界限的趋势，认为产业政策法是政策与法律相互交叉而形成的一种法律。即"在产业政策法中，政策是内容，法律是形式，或者说产业政策获得了法律的表现形式，进而具有法律的一般性质，如规范性和约束性，或者说政策本身就具有法律性质，在这里，政策和法律融为一体"。① 或者认为"产业政策法是产业政策的法律化，产业政策与产业政策法是融为一体的"。② 很多学者不再严格区分两者，在著作中或论文中等同使用。

但是绝大多数学者认为产业政策与产业政策法有区别，两者是不能混淆的。其中李昌麒教授在《政府干预市场的边界——以和谐产业发展的法治要求为例》指出，产业政策作为一项宏观经济政策由于受主体管理能力、执行能力、信息传导强弱影响，以及外部不经济等因素，不可避免地存在失灵，产业政策也会因政府缺陷而失灵，如果"因只强调政府干预，或淡化干预政府。这种'政策之治'而非'法律之治'所带来的直接恶果就是，造就了大量不透明和不公平的临时与短期的规则，为政府设租与寻租提供了可能，更为我国经济体制的深化与行进制造了障碍。"③ 所以，产业调节必须从政策之治迈向法律之治，即产业政策与产业政策法有所不同，两者不能模糊其界限。"产业政策一旦上升为法，就不再是政府意志，而是国家意志、全民意志。即使是政府有关规定或行为与法相抵触，也必须以法律为

---

① 董进宇主编：《宏观调控法学》，吉林大学出版社1999年版，第204页。
② 刘大洪主编：《经济法学》，中国法制出版社2007年版，第337页。
③ 李昌麒：《政府干预市场的边界——以和谐产业发展的法治要求为例》，载《政治与法律》2006年第4期。

准，服从法律的要求。"① 史际春教授也指出产业政策法有别于产业政策，并严肃地提出产业政策"只有以某种立法表现出来的调整政府的产业组织和产业管理活动的规范，才是产业政策法。其理由之一是产业政策法是规范和保障国家产业政策的法，其基本方面可归为经济法范畴。如果政府推行产业政策的行为不受法治约束，就会变成行政专权"，② 并引用博登海默的一句话"不对公共行政在为追求其目的而采取任何被政府官员认为是便利的手段方面的权力加以限制，那么这种做法便是同法律背道而驰，因为这将沦为纯粹的统治"。③ 因此，产业政策法体系并不等同于产业政策体系，产业政策法包含着被法律认可的实体规范的产业政策，还包含着产业政策制定和实施的程序规范，以及相应的法律后果。

本书认为产业政策与产业政策法有区别，两者是不能混淆的，原因在于产业政策是政府行为，而产业政策法是国家行为。作为产业政策是政府干预经济的一种政策，主体是政府，它本身在经济生活中是有限理性人，它不可能是完全正确，它也会有缺陷或失灵。由于市场存在缺陷，需要国家调节，产业政策应运而生，而在经济活动中作为国家调节的产业政策也会失灵，就需要通过法治化约束。由此，产生产业政策法。

为了防御政府失灵，限制政府过度、过滥利用产业政策干预国民经济的运行，有必要将产业政策纳入法制化轨道，使之出师有名。只有将规制和保障产业政策法制化，产业政策法才会产生。

---

① 陈淮：《日本产业政策研究》，中国人民大学出版社 1991 年版，第 23 页。
② 史际春主编：《经济法》，中国人民大学出版社 2005 年版，第 234 页。
③ ［美］E. 博登海默：《法理学——法律哲学与法律方法》，邓正来译，中国政法大学出版社 1999 年版，第 387 页。

尽管日本产业政策法本身是产业政策的体现，或者其精华的体现，但绝不能等同于产业政策。学者们关于产业政策法的称谓上发生较大争执。有的学者主要纠结于政策与法的关系上，认为政策和法是不相容的，反对产业政策法的提法。有学者指出无论是产业法与产业调控法，从字面意思来说，都超过了产业政策法所调整的产业政策制定和实施范围，而变成对产业经济调整范围。而产业经济调整范围不仅包括产业政策，还包括产业结构、产业组织、产业技术、产业布局等非产业政策内容。也就意味着可能除了产业政策以外的产业结构、产业组织、产业技术、产业布局等内容里面可能包含其他经济或行政内容。即变成了产业经济法。有学者提到产业法，专门指次广义的产业法即俗称产业政策法的产业法，而不是广义的产业法（指以区别于对产业经济调整的产业法）。① 有学者指出产业政策法的提法不仅有将产业政策上升为法律的意愿，也有规范和保障产业政策制定和实施的意愿。本课题在这里认为产业政策法是狭义上的有关规范产业政策的制定和实施的法律规范的总称，而不是杨紫烜教授所称的广义上的产业法。实际上，经济法产生时，最初在德国被称为产业法，而后才改成经济法。产业政策法的称谓意味着并不是所有一切产业领域发生的关系都可以作为产业政策法的调整范围。

尽管学者们对其概念发生争执，但对其概念有着统一的认识。即调整国家产业政策制定和实施过程中发生的经济关系的法律规范的总称，更形象地说是政府在不同产业之间进行资源配置的法律方案。简单地说，产业政策法是规范和保障产业政策的制定和实施的法律规范的总称。

基本内容分为产业结构法（或称产业结构政策法）、产业组

---

① 刘文华、张雪楳：《论产业法的地位》，载《法学论坛》2001 年第 6 期。

织法（产业组织政策法）、产业技术政策法（或产业技术法）、产业布局法（区域协调法）。除了以上四方面内容，其中产业结构政策法和产业组织政策法是产业政策法的两个最重要、最基本的方面。有学者认为除了以上四方面内容还包括产业环境保护法，[①] 或者还应当包含产业国际竞争力促进法、产业环境保护法。[②] 也有个别学者认为产业政策法体系仅仅包括产业结构法和产业组织法，在产业结构法里面又包含有产业扶持政策法、产业调整法、产业技术政策法；产业组织政策法包含中小企业政策法和企业兼并联合政策法。[③] 本书认为产业政策法目前包括产业结构法、产业组织法、产业技术法、产业布局法、产业环境保护法等内容。具体内容如下：

产业结构法是政府促进资源在产业之间合理配置的法律制度，直接目标是促进产业结构的高级化和合理化的法律制度。产业结构法的核心内容是选择产业发展的优先顺序的安排，一般以"基础产业和基础设施产业"为先，其次，才是主导产业和支柱产业。产业选择的优先顺序安排随着本国经济的发展状况，产业结构高低程度而变动。其中有基础产业和基础设施产业的支持、幼稚产业保护、主导产业的扶植和培育、衰退产业的援助和调整。

根据 2005 年 12 月 7 日国务院颁布的《关于发布实施促进产业结构调整暂行规定的决定》和《产业结构调整指导目录》，指

---

① 龚仰军、应勤健：《产业结构与产业政策》，立信会计出版社 1999 年版，第 148 页。

② 卢炯星：《论宏观经济法中产业调节法理论及体系的完善》，载《政法论坛》2004 年第 1 期。

③ 漆多俊主编：《经济法学》，高等教育出版社 2007 年版，第 354 页。同此观点相同的还有：王健：《产业政策法若干问题研究》，载《法律科学》2002 年第 1 期。

出产业结构法调整的目标：是以农业为基础，对煤、石油、电力、水、通信等基础产业以及公路、铁路、水路、航空等基础设施产业的发展促进，以机械电子、石油化工、汽车制造业和建筑业为主导产业扶植和培育，对计算机、通信电子等新兴产业为先导产业的保护和扶植，加快产业结构合理化和高级化进程。

产业组织政策法包括兼并重组政策和扶持中小企业政策。企业兼并重组政策的目的是通过鼓励兼并、并购或者重组其他企业，扩大企业经济规模，推进大企业和大公司形成，实现规模效益、节约成本、提高组织效率，降低管理费用。中小企业扶持政策是通过鼓励中小企业发展政策，扶持中小企业，改变中小企业起飞前的艰难状况，改善中小企业竞争状态，使得中小企业变得强大、健康成长。其直接目标是实现规模经济和专业化协作，形成大企业为主体的，鼓励中小企业发展的有效竞争的市场结构。

产业技术政策法指的是研究、开发、应用、引进、促进技术产业发展或者限制淘汰陈旧技术、提高整个产业的技术水平的法律规范的总称。[①] 即产业技术法是促进技术进步和创新的法律制度。主要包括对某些基础性产业技术的扶持，对落后性产业技术的淘汰，以及鼓励技术成果的转让和市场化的法律制度。具体包括技术规划制度、技术创新制度、技术成果转化制度、技术引进制度、高新技术与风险投资激励制度及设备更新、改造制度。[②]

产业布局政策法是指一个国家或地区调整不同地区经济发展不协调的状态的法律规范。其调整目标是促进产业空间和地域的

[①] 李昌麒、刘瑞复编：《经济法》，法律出版社 2004 年版，第 176 页。

[②] 刘大洪编：《经济法学》，中国法制出版社 2007 年版，第 347 页。

分布和组合均衡，协调产业区域协调发展。对落后地区的促进，使得落后地区产业经济发展起来，实现国家地区间的协调。

产业政策法具有开放性和发展性特性。产业政策法的基本内容不是一成不变的。随着经济的发展，人们对"清洁能源、节约能源、环境保护"等重要性的认识，各国达成共识。即经济发展应该是与节约发展、清洁发展、安全发展和可持续发展的理念相统一的，因而产业政策法的基本内容是开放性和发展的。许多学者认为包含产业环境保护法。从目前我国各种产业政策法和相关规范性文件来看，产业政策法中包含产业环境保护等内容。如淘汰落后的、污染性质严重的设备，鼓励引进和使用先进环保型设备等。

产业政策法的分类有两种方法。第一种分类法：倾斜性产业政策法和功能性产业政策法。倾斜性产业政策法主要以日韩为代表的后发展国家，这种产业政策因为有赶超战略的任务，快速实现工业化发展进程，政府选择基础性产业或基础设施性产业进行扶持，支持战略性产业发展，帮助新兴产业发展促进等，缩短产业结构的演进进程，实现国民经济增长和人民生活富裕的发展目标。因为它选择特定的产业来引导，有人把它也称为选择性产业政策法或部门性产业政策法。功能性产业政策法或水平产业政策法主要发生在欧美发达国家，因为没有赶超任务，基于弥补市场缺陷，而不是替代市场功能，即平等地影响所有产业，没有产业指向，是一种不带或较少带有扭曲且偏爱于选择性产业的产业政策法。其内容不是对特定产业或大的企业给予政策支持，而是支持基础性的研究与开发，或者支持开办新企业或创新精神的企业家。

本书更多讨论的是倾斜性产业政策法（选择性产业政策法）。

第二种分类法：根据内容的性质分为鼓励性产业政策法、限制性产业政策法、促进性产业政策法、保护性产业政策法、淘汰性产业政策法。

0.5.2 反垄断法的概念和基本功能

现代反垄断法的产生标志是美国于 1890 年制定的《谢尔曼法》。此后，各国相继制定了反垄断法。

反垄断法作为微观经济领域里的一种市场规制法律，是国家介入市场运行，规范市场主体垄断、企业联合、限制滥用优势地位等破坏市场竞争机制等行为的法律规范，其出台的目的就是促进竞争，创造自由、公平、公正、竞争的市场环境，通过竞争市场来实现资源配置最优化，利润最大化，整体经济效率最大化的目标。

反垄断法是调整在国家禁止或限制垄断过程中发生的法律规范总称。反垄断法产生于国家反垄断过程中，是国家规制垄断过程中所发生的社会关系。

反垄断法又被称为"企业自由的大宪章"或"经济宪法"，其称谓不是因为如宪法具有最高的法律效力，或其他法律必须以它为依据，不得超越其法律位阶，与其相抵触；而是因为它维护市场经济发展的基石或基本原则——竞争，保障竞争机制正常健康地运行，促进经济效率的提高，禁止混乱的市场竞争秩序的存在，或消除市场障碍，促使每个市场经济主体自由、公正地交易。如果没有竞争，就不存在市场经济；同样，如果没有健康的市场经济秩序，那么这种市场经济也必然反过来阻碍市场经济的发展。反垄断法的实质就是维护或保障一个健康的市场竞争秩序，促进市场经济的发展。在 1972 年的 Topco 案中，美国联邦法院强调反垄断法的自由竞争重要性："反托拉斯法是基本法，它是自由企业的大宪章。它对于保障经济自由和自由企业制度的重要性如同《人权法案》对于保护我们的基本自由之重要性。每个和所有商业部分无论大小都被保证享有的自由是参与竞争的自由，是主张活力、想象力、热情和创造力以及一切可以集合的经济元素的自由。"①

　　反垄断法是实体法和程序法的规范的总和，其基本内容包括禁止垄断协议、滥用市场支配地位和经营者集中控制三部分内容。反垄断法就是通过打击垄断，遏制限制性竞争行为，控制企业合并（经营者集中）等，维护自由、公平的竞争机制，保证整个市场经济秩序的健康稳定发展。

---

　　① United States v. Topco Associations, Inc., 405U. S. 596, 610 (1972). 转引自唐要家《反垄断经济学理论与政策》，中国社会科学出版社 2008 年版，第 23—28 页。

第1章

产业政策法与反垄断法之
协调制度的理论基础

任何事物之间的协调必然因为存在一定不和谐或冲突才会产生协调问题。同样，谈到协调问题，首要的是分析其冲突之处和根由。产业政策法与反垄断法存在一定的冲突之处，所以才产生协调问题。在阐述两法之协调制度的理论基础之前，首先，阐述它们之间的冲突之处和冲突根由；最后才是协调的经济学和经济法基础。

1.1 产业政策法与反垄断法之冲突

1.1.1 产业政策法与反垄断法的冲突

第一，资源配置机制之间的冲突。

产业政策法作为政府在产业之间进行资源配置的法律方案，是政府主动对资源的优化配置，能够缩短市场配置资源的时间，促进国家经济超常规发展。① 作为后进国家为了追赶欧美国家，实行赶超型发展战略，往往是通过倾斜性产业政策法选择本国支柱性产业以资金、财政补贴、税收减免、折旧费、关税等优惠方式加以全面扶持，推动产业结构升级，提高经济运行效率。产业政策本意是通过政府有意识地在产业中进行不公平配置资源（增加某些产业资源，减少另一部分产业的资源），增强产业竞争力。同时，当优先配置资源于这些产业时，其他企业所获得资源就会减少。实际上，这种人为的优惠或资助来源于国家的产业政策或产业政策法。在一定程度上，产业政策法就是政府鼓励垄断或限制竞争行为的发生。

反垄断法维护的是一种竞争机制，通过价格机制配置资源，提倡资源配置的公平竞争性，使优者胜出，劣者退出竞争市场。更进一步，反垄断法通过禁止垄断，反对限制性竞争行为或控制经营者集中（兼并和合并）行为，从进入、退出市场、资源配置、交易各个环节，为所有的市场参与者创造一个同等、自由、公平的环境，实现市场配置资源功能。这种对资源的配置主要是发挥市场竞争的作用，而市场资源配置过程基本上是一个漫长的道路，主要是通过维护市场的"丛林法则"来实现资源配置。因而反垄断法无法越过市场选择资源这一关，直接缩短选择时间或周期，自行超常规发展，它必然通过"优胜劣汰"这一法则来实现资源配置。反垄断法维护竞争机制的核心是自由竞争，通过保护市场经济的这块基石——竞争元素，无意间促进了市场配置资源最优化，实现经济效率提高，增进社会总福利的目标。但竞争并不是反垄断法保护的一个价值目标，而是实现反垄断法目标的一个手段。反垄断法就是通过维护和保护竞争这个手段，直

① 徐传谌、谢地编：《产业经济学》，科学出版社 2007 年版，第 318 页。

接获取竞争的一些积极效果，即市场竞争本身具有一些政府干预因素所没有的一些特质或积极效果。（1）竞争具有降低生产成本，提高劳动生产率的功能。在竞争过程中，每个市场竞争参与者为了获取自己的经济利益，都会倾力较量，实现自我利益和自我利润的最大化。追求利润最大化是各经济主体的目标。（2）竞争具有促进技术进步和创新的功能。作为市场经济的经济人，为了保持自己的市场竞争地位和势力，就会采取技术革新和创新、管理创新等措施，降低生产成本，提高劳动生产率，获取高利润，实现个体利益的最大化。而这种个体利益最大化，又带动了整个产业生产技术的进步和创新，单位产品成本的下降，促使社会整体利益最大化。（3）竞争具有分配和配置功能。在运用竞争机制呈现优胜劣汰的过程中，价格是最重要的活跃因素，当某项产品的价格上涨时，各市场经济主体就会积极投资该产品或扩大该产品的生产；当某项产品的价格下跌时，市场经济主体就会撤资或减少该产品的生产，从而达到资源的分配功能。竞争正是依靠价格杠杆来配置资源，使得市场经济主体自发地接受市场经济规律——价值规律，按照其规律行事，形成众人共同接受的竞争秩序。竞争的优胜劣汰的结果，保证了市场秩序的自由和有序运行；反过来，自由竞争秩序又提供给个体经济人实现经济利益的公平机会，保证了社会普遍利益的实现。自由竞争秩序的普遍存在，使得经济主体遵守价值规律成为一个普识的价值理念，也就意味着市场配置资源是最优的一种配置资源的方式。反垄断法就是通过保护和维护自由、公平的竞争，以实现竞争机制预期结果——降低生产成本、提高经济效率；促进技术进步和创新功能；实现分配和配置功能。

一般来说，由谁支配资源配置决定了产业政策法与反垄断法的管辖范围。当两法就某行业或整个行业强调自己的资源配置时，就发生两法冲突。

第二，规模经济与反垄断之间的冲突。

经济全球化、世界市场的形成，资源的全球化配置，各国都希望提高本国产业的国际竞争力，在世界市场上拥有一席之位，分得由世界资源的配置带来利好的一杯羹。产业组织法（或者称之为产业组织政策法）就是通过鼓励产业兼并重组，发展一定经济规模，增强产业国际竞争力，赚取国际性利润。一开始，各国采取扶持特定产业，或限制某些产业，促进本国产业结构升级和高级化，积极鼓励扩大产业组织规模（兼并重组、合并等），发展规模经济，从而带动整个国民经济的发展。可以说，在一定程度上，产业组织法维护的目标是产业规模经济，并有意识地扩大产业经济集中，甚至形成某种经济垄断，增强产业国际竞争力。

经济规模的壮大会带来规模效应，而规模效应就是规模的扩大，平均成本下降的情况。企业合并或经济力集中都可以壮大经济规模，即增加规模经济效益。因此，企业合并或经济力集中并不都是坏事情。对企业来说，经济力集中意味着企业因其而拥有一定的市场支配力量，由此获取一定的垄断利润。但是经济力集中也可能演化为一件坏事情。因为某些产业的市场结构好像特别容易发生各种反竞争性的策略行为，加上作为"经济人"的企业是以追求利润最大化作为目标，往往会不择手段地采取各种反竞争性的策略行为，并将其目标付诸实现。因此，规模经济对社会整体效率是双面的：一方面，提高经济效率，降低成本；另一方面，有可能限制竞争。企业规模变大形成的经济规模也会导致市场进入壁垒，常常使得其他企业无法进入该产业市场，或者小企业无法获取大企业因规模经济享有的成本下降的优势，被迫离开该市场，结果是该产业内企业经济规模越来越大，更易形成垄断性市场结构或高度寡头垄断市场结构。

此外，经济力高度集中的企业易拥有市场优势地位，更易利用优势地位，进行垄断或维持垄断状态，而产业或企业经济力高度集中很容易演变为反垄断法所规制的经济垄断。

反垄断法的直接目标就是反对无限的规模扩大，实现竞争性市场结构，创造企业技术进步和创新所需要的竞争压力环境。反垄断法为了实现竞争性市场结构，通过打击垄断、遏制各种限制竞争性行为、控制经济力集中，以获取竞争性市场状态，激活企业竞争活力，提高经济效率，激发创新，增强国家竞争力。

因此，产业兼并重组政策促进经济规模壮大的目标和结果，与反垄断法反对无限的规模扩大、维护竞争性市场结构的直接目标就产生冲突。

第三，作为高强度政府干预的产业政策法强烈干扰弱势的反垄断法运行。

作为反垄断法来说，被称之为经济宪法，本应在经济法体系中处于核心地位，但纵观各国反垄断法的发展历程来看，反垄断法的核心地位往往受到产业政策法的挑战，而这种挑战往往可以归因于产业政策法的高强度国家干预。

两法从法律规范特性来说，产业政策法律规范更多的是授权性规范和命令性规范。

授权性规范是人们可以自己做出一定行为或要求他人做出一定的行为的规则。命令性规范则是要求人民必须做出一定行为的准则，具有强制性，禁止性规范是要求人们不得做出一定行为的规则。从这三种规范来看，授权性规范具有任意性，命令性规范和禁止性规范具有强制性，不同点只是在于命令性规范要求人们积极为之，禁止性规范要求人们不得为之。可见，命令性规范的表现行为更多的是要求积极作为，禁止性规范则要求不作为——

一种消极行为。

产业政策法是各种行政措施的总和，具体包含政府的特许、配额许可证、生产许可证发放、批准、同意、特许权分配，生产数量的限制、市场进入的设置、禁止、税收减免、优先贷款、优先签订国家采购合同、关闭、停产、转产等众多措施。政府运用这些措施，促进社会资源优化配置，加速产业结构合理和升级，最终促进整个经济发展。因此从其各种行政措施来看，本身体现了产业政策法律规范的特性。即授权性规范和命令性规范的特点。

例如，产业振兴政策作为中国政府在艰难时期干预经济的一种形式，由国务院公布，属于行政法规范，主要目的是激励十大产业复苏，引导整个经济复苏和增长。从其内容来看包含着授权性规范和命令性规范。其具体内容可以归结为以下几点：（1）带有限制性的市场准入壁垒政策。如在石化产业方面，将炼油和乙烯企业平均规模分别提高到600万吨和60万吨。淘汰100万吨及以下低效低质落后炼油装置，同时引导100万—200万吨炼油装置关停并转；提高食品行业准入门槛等。同样，2009年出台的"造船业振兴规划和政策"指出：除了在2006—2015年长期造船产业规划里的项目以外，涉及土地、海岸线、环境保护和金融等的部门或政府不再接受涉及新甲板和新的船坞的大型项目的申请；新的海洋工程设备的基础设施项目必须经中央政府批准；在近三年里，政府将不再扩大目前的船坞和甲板建设项目。（2）培育大型集团。如钢铁产业振兴政策鼓励培育特大型钢铁集团。（3）鼓励兼并重组。在汽车产业方面兼并重组方面规定，产销规模占市场份额90%以上的汽车企业集团数量，将由目前的14家减少到10家以内，形成2至3家产销规模超过200万辆的大型汽车企业集团，培育4至5家产销规模超过100万辆的汽车企业集团。（4）培育自己的技术和创新，加强创新能力。（5）增加投资。例如仅仅在 2009 年 1 月到 9 月，对通讯产业就增加了 2000 亿投资，据估计通讯产业的投资在 2009 年这一年将超过 2700 亿。[①] 简而言之，严格审批手续，提高市场准入门槛，限制产能，鼓励合并和并购达到重构和整合，扩大规模经济。所以，产业政策法体现了授权性和命令性规范特性，也决定了产业政策法的法律属性是一种积极行为，即更多的是要求人们为一定行为。由此，产业政策法表现为更加积极主动干预市场。

反垄断法通过打击垄断、遏制限制性竞争行为，控制经济力集中等手段，维护看不见的手，即价值规律。它通过维护竞争这个手段，扩大市场自由度，来实现资源配置的最优化；更是通过维护和保护自由、公平的市场竞争秩序，给予个体更多的自由公平竞争的机会，促进整个经济效率的提高。反垄断法这种维护竞争的手段，反映到反垄断法律规范表现为采取禁止性规范方式表达其意图。即不告知市场主体可以做什么或不可以做什么。如：1890 年美国《谢尔曼法》第 1 条规定"任何契约，以托拉斯形式或其他形式的联合、共谋，用来限制州际间或与外国之间的贸易或商业，是非法的，任何人签订上述契约或从事上述联合或共谋，是严重犯罪。……"；[②] 1998 年德国《反限制竞争法》第 1 条规定："处于竞争关系之中的企业之间达成的协议、企业联合组织做出的决议以及联合一致的行为，如以阻碍、限制或扭曲竞

---

① 工业和信息化部：《2009 年前三季度电子信息产业运行分析及形势展望》，http：//China. com. cn. 10 - 29 - 2009。

② 《各国反垄断法汇编》编选组编：《各国反垄断法汇编》，人民法院出版社 2001 年版，第 76 页。

争为目的或使竞争受到阻碍、限制或扭曲，则是禁止的。"[1] 中国《反垄断法》第13条规定"禁止具有竞争关系的经营者会达成下列垄断协议………"之所以以禁止性规范为调整方式，则是从否定一面，赋予了市场主体具有更大的自由竞争权利和空间，实际是变相地扩大自由竞争权，更有利于维护市场经济的基石——竞争。这种禁止性规范不会把命令性义务或肯定性的义务强加给任何人，避免了对市场主体的指令，仅仅确定禁止垄断协议、滥用市场支配地位的一般性禁止规定，使得市场主体关于如何竞争、在多大范围内竞争，可以自由发挥自己的主观能动性进行自由、公平竞争。禁止性规范决定反垄断法的这种不作为的法律规范特性，也决定了反垄断法的被动性。即只在反垄断法的法律关系主体实施了反垄断法禁止的行为，才予以处罚，也使得国家运用反垄断法干预市场经济的强烈程度降为最低点。"按照传统的观念，反托拉斯法一般并不代表政府的干预，这种社会的控制与其说是对自由企业体制本身进行限制，还不如说是用来扩大企业在市场上的总体自由。"[2]（霍华德，1991）

从事前和事后调整方式来看，绝大部分的产业政策法律规范由于属于授权性规范和命令性规范，其调整方式是事前调整。相反，绝大部分的反垄断法律规范由于属于禁止性规范，而不是授权性规范或命令性规范。这意味着，反垄断法的实施是在法律规定的义务被违反后才开始启动的，是一种事后调整机制，因而反垄断法的政府干预是最小程度的政府干预。

从制度供给的主被动性来说，产业政策法律规范的授权性和

① 《各国反垄断法汇编》编选组编：《各国反垄断法汇编》，人民法院出版社2001年版，第163页。

② 唐要家：《反垄断经济学理论与政策》，中国社会科学出版社2008年版，第5页。

命令性规范特性，决定了这一项制度会主动干预市场；反垄断法律规范的禁止性规范特点，决定了只有经营者行使反垄断法的禁止行为，才予以运用反垄断法排除其障碍。可见，反垄断这项制度的干预具有被动性。

产业政策法与反垄断法的法律规范的特性，事前、事后调整机制导致了产业政策法的高强度的政府干预，与反垄断法的最小程度的政府干预模式。由此，也因各自干预的主被动方式、强弱程度不同，产业政策法与反垄断法之间产生了矛盾。本质上，每一种制度供给对于社会，总是想将其制度效益最大化，而不是最小化。因此，在政府干预领域里产业政策法与反垄断法发生的冲突就表现为两方努力争夺有利于其制度的政府干预的强度和方式，而排斥另一方的制度干预。总之，从产业政策法与反垄断法两种制度来看，高强度的政府干预型的产业政策法总是千方百计地消除或排除弱度的政府干预型的反垄断法的运用。

第四，正义与利益价值层面上的冲突。

古今中外的哲学家、法学家提出了各种各样的法的价值，不外乎是秩序、效率、公平、效益、正义等，但归纳起来无不是正义与利益两大基本分类。同样，尽管产业政策法与反垄断法的所追求的价值或价值取向不同，但都可以利益和正义两大价值来概括其冲突。

最高的正义是美国哲学家罗尔斯提出的社会正义——社会制度（政治、经济、法律制度）的正义，即"一个社会体系的正义，本质上依赖于如何分配基本的权利义务，依赖于在社会的不同阶层中存在着的经济机会和社会条件"。[①] 即要打破一切因政

---

① ［美］罗尔斯：《正义论》，中国社会科学出版社1988年版，第5页。

治体制、经济、社会文化不同背景下而形成的不平等，创造公平的经济机会和社会机会。这种包括起点正义、过程正义、结果公正等实质和程序公正的统一。罗尔斯还提出了实质的正义和形式的正义，实质的正义是制度本身的正义，指的是公正、平等分配社会资源——每个人享有公平的权利和义务；形式的正义是指公正、公平的执行制度。正义为第一基础价值，包括公平、公正、秩序等第二层次价值内涵。

利益价值本身包含效益或效率的内涵。效率概念最早产生在经济学中，其基本含义是指投入与产出的比例关系。一般来说，与效率紧密相关的概念有两个：一个是效益，指的是从生产要素投入相等的情况下，收益多的有较高效率，收益少的效率低。从这个意义上说，效率与效益成正比关系。另一个是投资成本，即效益在相等情况下，投资成本越小，效率越高。从这个意义上说，效率与投资成本成反比关系。效率可以分为个体效率、团体效率、整体经济效率。

正义与利益价值冲突在市场经济领域实际上就是公平与效率这对矛盾。

产业政策法（主要是日韩两国）是源于追赶欧美发达国家的赶超战略，更快地实现工业化，进入发达国家行列的愿望，国家或政府利用掌握的权力和公共资源，主动地、积极地配置资源的一种法律方案。从资源配置角度来说，是对利益的分配制度。这种利益分配方案是由产业政策法确认的法律规则。因此，产业政策法侧重维护的是经济效率价值。

尽管产业政策法作为一种利益分配法，是政府对产业进行资源配置的一种法律方案，具有可取性，但是在对社会资源分配的过程中，政府主动选择某些产业或行业给予更多的资源，必然限制其他市场经营主体的资源获取量，或者说限制其他市场主体的资源配置的公平机会，导致产业间先天发展的不平衡、不同企业间的发展的不公平。这意味着产业政策法通过不公平的配置方式，实现经济效率的提高。在资源配置方式上，产业政策法摒弃了公平价值的追求，侧重了对效率（利益）价值的追求。这些与反垄断法所弘扬的遏制垄断、限制竞争性行为，以表达扩大自由、公平的竞争市场理念与价值相悖，故两者的冲突是不可避免的。

反垄断法是源于人们对经济民主和经济自由的需求，产生的法律规范。它表现为通过打击垄断，遏制限制性竞争行为，维护自由、公平的竞争机制，来保证整个市场经济秩序的健康稳定发展。各国反垄断法的目的反映了反垄断法所追求的价值目标。如《韩国公平交易法》第1条指出，反垄断法的目的是"以推动自由、公平竞争，鼓励企业创新，保护消费者权益，实现国民经济的均衡发展为目的。"日本《禁止垄断法》第1条的目的条款指出，"本法是通过禁止私人垄断、不合理的交易限制及不公正的交易方法，防止事业支配力的过度集中，排除因集中、协定等方式对生产、销售、价格、技术等的不合理限制以及其他一切事业活动的不合理限制，促进公平、自由的竞争，发挥事业者的创造力，繁荣事业活动，增加就业及国民实际收入水平，以确保普通消费者利益，促进国民经济民主、健康地发展为目的。"我国《反垄断法》第1条规定，为了预防和制止垄断行为，保护市场公平竞争，提高经济运行效率，维护消费者利益和社会公共利益，促进社会主义市场经济健康发展。这些目的条款基本上可以归结为如下价值。

（1）反垄断法的公平价值

公平意味着市场经济主体能够拥有参与自由、公平竞争的机会，能够自由地在市场上进行交易。反垄断法就是遏制垄断，打击限制竞争行为，控制垄断势力，达到保护自由、公平竞争，实现正义价值理念，从而实现市场经济的"公平"。即这种公平应当是一种经济公平，而不是单纯保护某一类企业或某一产业。其关注的是整个社会的经济公平秩序，而不是局部的经济秩序。经济公平意味着在经济关系中，包括起点公平、机会公平、交易过程公平与结果公平。起点公平指的是市场准入制度和退出制度对所有地区的企业或经营者是同等开放的，而不是只对某一行业或产业内的经营者公平。机会公平指的是资源配置的公平，由于资源的稀缺性、竞争性，有限资源公平利用，取决于创造一个公平竞争的机会，也意味着所有从事经济活动的企业或经营者有平等地利用资源的机会，这种机会公平，将创造一种氛围，给所有的经营者尝试机会，通过市场竞争环节实现优胜劣汰，而将资源配置给予最有能力的经营者，绝不是国家权力的行政式配置。即使国家配置资源，也必须符合市场竞争这个前提。交易公平，指的是在市场经济条件下，经营者从采购、运输、加工、销售等各个交易环节，本着自愿、公平进行交易，而不是违反经营者的本来意愿，被强迫交易。结果公平指的是在市场经济条件下，各个经营者通过公平的程序，最后得到的结果是公平的。结果公平的实现，在于市场经济是一种竞争的经济，通过自由竞争，实现资源配置最大化。由于经营者能力有所不同，管理方式有所不同，经营方式有所不同，必然会有所差距，经营优良者胜出，经营失败者退出竞争市场。因此，经济公平应当包括起点公平、机会公平、交易公平、结果公平四个方面要素。反垄断法就是通过鼓励保护自由、公平竞争机制，通过市场优胜劣汰环节，借用经济规律这个形式公平的工具，实现实质公平。

（2）反垄断法的自由竞争价值

自由竞争是指企业或经营者在市场上的一种状态，即在竞争过程中竞争者不受国家机关及其代理人或者其他竞争者非法强制的状态。它意味着竞争者能够自由进入和退出市场，自行决定自己的产品的价格、销售、策略等问题，不受行政机关、其他竞争者的干涉和非法强制，并能够自由地表达自己的意愿，自由地按照自己的意愿处理自己的事务，自由地与其他经营者进行交易往来而不受任何权力机关和行政机关强制。因此，自由竞争也可以看作是公平本应之义，指的是起点的公平。

市场机制的核心要素是竞争。而反垄断法一个目标就是促进自由竞争，反对来自各方面的非法强制或干预（如禁止垄断，禁止滥用市场地位，企业集中的控制），保证市场机制自由地发挥作用，实现优胜劣汰。促使有效率的企业生存下来，低效率或无效率的企业破产或退出市场，从而实现整个经济效率，达到资源配置最优化，实现帕累托最优。反垄断法将竞争自由作为其根本价值理念，但不是说竞争是一个基本价值，而是因为从长远和根本上看，竞争是增进效率的途径和手段。反垄断法将自由作为一种价值目标，也不是说可以随意地自由竞争，而是在遵守法律情况下的一种有效的自由竞争。在1972年的 Topco 案中，美国联邦法院对反垄断法的重要性重申："反托拉斯法是基本法，它是自由企业的大宪章。它对于保障经济自由和自由企业制度的重要性如同《人权法案》对于保护我们的基本自由之重要性。每个和所有商业部分无论大小都被保证享有的自由是参与竞争的自由，是主张活力、想象力、热情和创造力以及一切可以集合的经济元素的自由。"[1] 反垄断法就是保证企业自由进出市场进行交

---

[1]　United States v. Topco Associations, Inc., 405U. S. 596, 610 (1972). 转引自唐要家《反垄断经济学理论与政策》，中国社会科学出版社2008年版，第23—28页。

易的通行大门。在一定程度上是通过遏制垄断，反对限制竞争行为，控制企业合并，尽力扩大企业自由，防止和消除各种阻碍企业自由竞争的障碍的发生。

c. 反垄断法的经济效率价值

效率概念最早产生在经济学中，其基本含义是指投入与产出的比例关系。一般来说，与效率紧密相关的概念有两个：一个是效益，指的是从生产要素投入相等的情况下，收益多的有较高效率，收益少的效率低。从这个意义上说，效率与效益成正比关系。另一个是投资成本，即效益在相等情况下，投资成本越小，效率越高。从这个意义上说，效率与投资成本成反比关系。反垄断法维护市场经济的基石——竞争，通过维护和保护竞争，实现竞争机制正常运转。竞争机制的一个规律就是价值规律，通过价值规律的运行，提高经济效率，实现资源配置最大化、利润最大化。

可见，反垄断法的价值目标是多元化的、有层次的，但是最重要、最根本的是自由、公平价值。自由竞争价值和公平价值都是正义价值的应有之义，属于正义价值的第二层次价值。追求"市场竞争能推动经济效率的基本条件是经济竞争的自由和公平"，① 也就是自由、公平的市场竞争是推动经济效率的一个基础，只有在保障自由有效的竞争价值的基础上，才能实现反垄断法的其他多元化价值，若反垄断法的自由、公平的市场竞争价值得不到保障，经济效率则无从保证。因此，在反垄断法多元化价值中，侧重公平价值。

美国学者阿瑟·奥肯认为"平等和效率之间的冲突是我们

---

① 《中国法律年鉴》（1993年分册）——《反不正当竞争法实用全书》，中国法律年鉴出版社1994年版，第598页。

社会经济的最大选择，它使我们在社会政策的众多方面遇见了麻烦。我们无法既得到市场效率的蛋糕又公平地分享它"。①

1.1.2　冲突的根由

第一，起源不同。

产业政策和产业政策法最初是在 20 世纪 70 年代才在日本首次使用，大多表现为国家对某些产业的支持，经常以临时振兴措施法为称谓。后于 1985 年在东京召开的"环太平洋区域经济成长及产业政策问题"的第十五届太平洋贸易开发会议正式使用产业政策这一概念及其制度，后被广泛地使用和传播。尤其东亚国家越来越重视运用产业政策调节国民经济，干预、修正国民经济发展的速度和道路，由此产生了对产业政策的研究兴趣。大多数学者从经济学角度来研究产业政策的沿革、特征、程序、实施等问题。而法学家运用法学的基本原理研究产业政策的合法性和正当性，从而产生了产业政策法（有人把它称之为产业法或产业调节法）。产业政策法主要是源于日韩两国追赶欧美发达国家，更快地实现工业化，进入发达国家行列的愿望，利用国家掌握的权力和公共资源，关于政府配置资源的法律方案。

反垄断法作为促进竞争，确保市场机制正常运行的工具，最早颁布在 1890 年的美国。其反托拉斯法的出台正是多种政治力量博弈的结果。当时是 19 世纪末，资本主义社会从自由资本主义进入到了垄断资本主义的社会，垄断资本雄厚，在市场上拥有优势地位，并凭借着优势地位强迫定价、固定定价或掠夺性定价或联合限制竞争的行为，农民、牧场主、中小工商业者作为垄断

---

① ［美］萨缪尔森、诺德豪斯：《经济学》，中国发展出版社 1992 年版，第 1247 页。

行为的受害者首当其冲。如：铁路垄断企业垄断铁路，迫使使用铁路运输的农民、牧场主不得不受其强势限制而接受不合理的垄断价格。于是，农民、牧场主、中小工商业者等因深受垄断的迫害、自发联合起来形成一股很大的政治力量，要求归还经济民主权利，消除垄断的影响，还原自由、公平的市场竞争秩序。在这两种力量的博弈下，形成了一个新的制度——《谢尔曼法》的制定。谢尔曼法的制定并不是很顺利地诞生，而是波折颇多。中小工商业者和大型垄断事业者最后互为妥协才得以形成了1890年《谢尔曼法案》的 8 条法律规则。总的来说，《谢尔曼法》的出台就是经济民主和经济自由的呼声反映，是弱小竞争者追求公平竞争的渴望。

反垄断法在市场经济国家被誉为维护自由、公平和有效的竞争秩序的"经济宪法"或市场经济基本法律制度。随着反垄断法于第二次世界大战后被美国占领军强制实施于日本，于是就与日本实施的赶超型产业政策和产业政策法有着某种联系，导致两者之间的冲突和矛盾。其后，随着韩国引进反垄断法，也产生了同样的问题。即如何处理产业政策法与反垄断法的关系，达成某种和谐，共同促进经济的发展。而两者关系实质上产生于发达市场经济国家的反垄断思想和理念与后发展国家中主导经济发展的政府权力发生的矛盾和冲突。即发达国家的市场经济的正常运行，急需反垄断法来规制垄断行为和限制竞争行为，要求运用反垄断法尽快消除市场障碍，建立健康的市场竞争秩序；后发展国家的经济赶超迫切性，需要制定产业政策法，扶植培育大规模的企业集团，促进规模经济，增强国际竞争力。这两种制度运用到某一个具体的国家中就产生矛盾。

第二，基本理念不同。

产业政策法关于保护竞争者的理念导致了不公平的竞争态

势，这与反垄断法的基本理念"保护竞争而不是竞争者"是完全不同的。从产业结构法来看，有意识地扶持某些产业或国家大企业；产业组织法注重规模经济，甚至明示或默示允许大企业建立卡特尔组织来协调它们之间的经济活动；从产业布局政策来看，往往对贫穷地区的某些产业予以扶持。以欧盟产业政策法为例，产业结构政策有意识地扶持某些产业或国家大企业；而从日韩来看，日韩产业组织法所实行的兼并重组政策，往往是中小企业被吞并，更多的是保护大企业的利益。同样，在金融危机发生后，我国的中央国家企业兼并重组的企业大多数是民营中小企业。当然各国也注意采取各种措施、办法和颁布法律，如颁布《中小企业促进法》，帮助扶持中小企业。反垄断法与产业政策法的区别是，它保护竞争而非竞争者。最初 1890 年美国《反托拉斯法》的主要目的是保护中小工商业主、农民等弱小竞争者。但是最高法院于 1962 年裁决的著名的布朗鞋业案件［Brown Shoe Co. inc. v. US 370 US294（1962）］中，确立了"保护竞争而不是竞争者"的理念。即反垄断法维护的不是弱小的竞争者，而是维护竞争机制，提高生产效率，促进整个社会福利。这个理念被广泛地接受和传播，成为以后反托拉斯法执行的一项基本原则。它意味着反垄断法反对不公平竞争，尤其关注机会公平、起点公平和过程公平，反对企业之间以反竞争为目标的协议或卡特尔；通过设立一定的标准和原则监控企业合并和兼并重组，消除垄断的威胁；其最关注点是总体的市场竞争状况，而不是某个特定产业市场的竞争状况，或者某个大企业。因此，两者在理念上是不同的。

第三，理论依据不同。

产业政策法理论依据有市场失灵、比较优势说、结构转换理论、规模经济理论;① 也有市场失灵论、赶超战略论、结构转换论、国际竞争论等理论依据,② 反垄断法则是基于矫正市场缺陷理论中排除障碍说。

笔者赞同以下产业政策法理论依据。

赶超说。产业政策法起源理论基础之一是追赶理论和市场缺陷理论。产业政策法正是日本为了赶超欧美发达国家,快速实现工业化,满足国民富裕之路的战略思想,而由政府将有限的资源集中配置到所选择的行业中,带动整个经济的发展,国家竞争力的提高,社会福利的增进。这个理论主要基于后发国家的"后发优势",利用后发优势,可以直接借鉴和吸收发达国家已经成熟的技术、管理经验,有意识地选择能起主导作用的产业,确定优先发展的产业,在短时间内缩短产业结构演进历程,实现工业化,赶超发达国家。

市场缺陷说。由于存在信息不对称、外部不经济、公共性等特点,使得市场出现失灵或市场障碍。市场失灵更多地表现为市场机制无法覆盖或不起作用的领域。由于市场失灵的存在,产业政策法能够主动补充市场无法覆盖的领域。以小宫隆太郎为首的经济学家的观点认为:"产业政策的中心是补充市场在配置资源过程中可能产生的失误。"因此,产业政策法针对一些投入多、投入期限长、风险大、私人资本不愿涉足的领域,或者对一些能够发挥外部经济辐射作用强的领域,如基础性产业、基础设施产业、高新技术产业等,政府积极运用产业政策法积极干预;对一些不能够依照市场快速退出的落后产业、落后产品,政府运用产

---

① 徐传谌、谢地主编:《产业经济学》,科学出版社 2007 年版,第 316—317 页。

② 王传荣主编:《产业经济学》,经济科学出版社 2009 年版,第 324—325 页。

业政策法通过行政手段强制这些产业或产品退出市场，从而弥补了市场缺陷。"市场存在缺陷" 也是欧美运用功能性产业政策干预的理论。1988 年，美国国会预算办公室发表了《用联邦研究开发促进商业化创新》的专题报告，这个报告里指明了联邦政府应该帮助有风险，可能带来技术进步和革命，而私人公司不注重或无力承担的技术研发。1993 年 2 月，克林顿总统和戈尔副总统发表了《促进美国竞争增长的技术——增强经济实力的新方向》报告，其第一项原则指出：要求政府帮助那些对经济增长起关键作用，但因投资回收时间太长，或因投资太大个别企业负担不起，而私营公司不充分资助的技术。第五项原则是 "反映美国企业的实际需要，使它们愿意分担研究费用或参加制定计划"。[①] 这两个报告明确指出美国产业政策运用时应该证明政府干预的合法性和正当性。即在市场存在缺陷的时候才帮助，而且联邦政府帮助的是能够带来技术进步和技术革命，或起着经济增长关键作用的技术，其中规定在私人企业不愿涉足，或长期投资回收时间太长的，或投资巨大，而企业无法承当的技术研究与开发条件下，联邦政府才给予干预。

国家竞争力或者国际竞争力说。随着经济全球化，WTO 规则的深入发展，世界各国几乎毫无例外地卷入了国际贸易浪潮中。由此，以国家利益为主的国家竞争力说或者国际竞争力说也成为产业政策法的理论基础之一。国家竞争力强弱或国际竞争力强弱是国与国之间在全球市场上获取竞争力的关键，是全球资源配置优化的基础。国家竞争力或国际竞争力取决于一个国家的大多数产业在国际市场上的竞争力。国家竞争力说或国际竞争力

---

① 景跃军：《战后美国产业结构演变研究》，吉林大学博士论文，2004 年 6 月，第 115 页。

说是各国以国家利益为本位，通过产业政策法的制定和实施，培育本国的冠军企业或优势产业，促进本国企业经济规模，提高本国产业技术，从而期望获得国家竞争力或国际竞争力。国际竞争力的争夺不仅以本国资源的比较优势，还以该国产业生产力先进水平、技术进步程度和创新能力、国际市场的市场份额为基础。

各国因为政治、经济、社会体制不同，而采纳和依据的理论不同，所形成的产业政策法也就有所不同。后发国家的产业政策法在经济发展阶段经济状况不同，其理论依据也有所不同。经济发展初期以市场缺陷说、赶超论为主。如：在经济发展初期，日韩主要以赶超说和市场缺陷说为主，所形成的产业政策法更多的是以政府积极干预为主，以产业结构法和产业组织政策法为核心，在一定程度上替代了市场功能；在经济高速发展期，则以市场缺陷说和国家竞争力说为主；而美国和欧盟各国以市场缺陷说中的市场失灵为侧重点，政府予以矫正或修正市场缺陷为主，产业政策法的内容更多的是表现为产业技术政策方面，其产业政策法没有替代市场功能，而是修正市场障碍或矫正市场障碍。

反垄断法是以市场缺陷说作为理论基础，但却是以市场缺陷说中存在的市场障碍为侧重点。市场障碍由于竞争的自发性、盲目性，导致市场出现垄断、限制竞争行为等危害市场竞争机制的因素。需要通过消除市场障碍来恢复自由、公平的竞争。市场障碍的理论更多的是以矫正市场障碍为主，绝不是替代市场功能。经济比较发达的国家、领先国家或者市场经济成熟的国家更多的是采用反垄断法来维护和保持市场自由、公平竞争，促进和维护其领先地位。

1.2 产业政策法与反垄断法之协调的理论基础

产业政策法更多地服务于宏观经济，或者准确地说是中观经济（中观经济即产业是由无数的企业组成），反垄断法则更多地服务于微观经济。其中产业政策法中关于市场准入、退出的具体措施会影响产业的发展；同样，扶持某些产业或"国家队"的行为，也无可置疑地影响到企业行为。反垄断法通过反垄断的行为，维护和创造公平、自由良好的市场竞争环境，不可避免地影响到产业政策法的运作。简而言之，两法相互之间，都受到对方法律的影响。因此，两法如何协调是促进经济发展的重要议题。

1.2.1 两法协调的经济学基础

第一，有效竞争理论的提出。

产业政策法鼓励企业做大做强，鼓励企业大规模生产，降低成本，提高经济效率，实现规模效益；但是大规模的生产集中会导致经济规模的扩大，垄断和市场支配力的形成；垄断的产生或市场支配力的产生，进而又扼杀反垄断法维护和保持的竞争机制，削弱创新和技术进步的动力，阻碍市场发挥配置资源机能。这种矛盾是垄断与竞争之间的矛盾。熊彼特在《经济发展理论》中就指出，大企业或具有垄断地位企业因雄厚的资金、敢于承担风险而具有创新的优势，而创新又会造成大企业垄断地位的形成，进而，垄断企业会阻碍竞争活力，扼杀技术进步和经济前进的动力。

由于市场经济的主体"经济人"逐利本性，市场竞争越激烈，生产经营就越来越规模化，生产集中越来越高，企业的经济力愈积聚，垄断愈是不可阻挡的一股趋势。但相关研究也表明：并不是企业市场规模越大越好，相反有可能出现"X无效率"情况。"X无效率"是指企业规模越大，市场支配地位越高，内部支配效率越低。这意味着在缺乏竞争压力下，企业可能故步自封，不思创新和进步，企业更多地追求现在安逸的经营环境，管理者的创业精神和创新能力下降。它表明规模经济是有限度的，而不是无限制可以扩大的，否则适得其反。X—效率的结果是企业因过分庞大，生产、经营管理运作慢，内部效率低下，所以完全垄断本身损害竞争。

另一种竞争理论是完全竞争的市场结构。由于竞争是市场经济的基础，保持市场的竞争活力是市场经济存在的前提。市场竞争的存在，通过残酷的"丛林法则"实现配置资源的优化功能，能够自发地实现资源最优化配置和经济利益最大化。但完全竞争的竞争格局，企业在规模经济上将遭受损失，且不利于技术创新。此外，完全竞争的市场结构只不过是理想化的一种市场结构。

如何既能维护竞争活力，又能充分实现经济的规模效益，一直是经济学家研究之重。即经济学家一直在研究是否有一种理论能够将垄断与竞争共处在一个竞争格局中，发挥它们的各自优势，规避它们的各自劣势。经济学家克拉克经过多年的研究提出了"有效竞争理论"，其有效竞争理论能够将经济规模效益与竞争活力融合在一起，并达到均衡。这一均衡状态既承认规模垄断，又保证市场竞争活力。

克拉克的"有效竞争理论"认为世界上不存在完全竞争市场状态和纯粹垄断市场状态，大多数市场处于不完美的市场竞争状态，即垄断和竞争是并存的。克拉克针对在这种不完美竞争市场状态下如何更加有效地促进经济效率的命题，指出企业在经济规模和有效率规模下生产，由于不断存在的竞争压力，必须保持不断地对技术、产品、制度进行改进和创新，从而使得整个市场保持一种动态的竞争状态。即如果一种竞争在经济上是有益的，而且根据市场的现实条件又是可以实现的，那么这种竞争就是有效的竞争（或可行性竞争）。[①] 克拉克的有效竞争理论作为两种制度调和的理论基点，意味着实现经济规模，仍能够保持一种动态竞争状态，从而防止了规模不经济效率的产生。史蒂芬·索斯尼克提出了 15 条判断有效竞争的标准。其标准是按照市场结构—市场行为—市场业绩分为三类。首先，市场结构标准：①不存在进入和流动的人为限制。②存在对上市产品质量差异的价格敏感性。③交易者的数量符合规模经济的要求；其次，市场行为标准：企业之间不互相勾结；企业不使用排外的、掠夺性或高压性的手段；在推销时不搞欺诈；不存在有害的价格歧视；对抗者对其他人是否会追随他们的价格变动没有完备的信息；最后，市场业绩标准：利润水平刚好足以酬报创新、效率和投资。质量和产量随消费者需求而变化；企业尽其努力引进技术上更优的新产品和新的生产流程；没有过度的销售开支；每个企业的生产过程是有效率的；最好地满足消费者需求的卖者得到最多的报酬；价格变化不会加剧周期的不稳定。[②] 有效竞争理论在实践中实现的市场结构主要是垄断竞争市场和寡头垄断市场。寡头垄断市场是一种普遍的市场结构形式。许多国家的汽车、钢铁、石油化工等都是这种类型市场结构。它的基本特征是：市场集中度高，产品基本同质或者差别较大，市场进入和退出壁垒较高。垄断竞争市

---

①　[美] 肯尼思·W. 克拉克森等：《产业组织、理论、证据和公共政策》，上海三联书店 1989 年版，第 169 页。

②　夏大慰主编：《产业组织学》，复旦大学出版社 1994 年版，第 17 页。

场结构的特点是产业集中度低，产品差别大、相互替代性不强，市场进入和退出壁垒低。两者都存在一定规模经济，只要保持竞争活力，就能够达到有效竞争的程度。德国康芩巴赫的最佳竞争强化理论是在有效竞争理论的基础上，针对德国的市场竞争状况，提出的"最佳竞争强度理论"。最佳竞争强度理论表现在竞争政策方面主要是两项原则：①在超竞争强度的情况下，采取非集中化措施，建立企业兼并申报批准制度；②在低于最佳竞争强度的情况下，促进企业间的兼并，提高产品同质程度和市场透明程度。具体说，要对不同市场结构采取不同措施。基本做法是，在多头市场，促进企业协作和企业兼并，使其向宽松寡头市场方向发展；在已存在的宽松寡头市场，实行兼并控制措施，阻止其向进一步集中的紧密寡头市场发展；在紧密寡头市场，通过拆散大企业，增加竞争者数量，对不能拆散的大企业实行有效的监控，迫使其采取竞争行为。① 这些措施的主要目的是实现宽松寡头市场结构，进一步保持适度产品差异的有效竞争状态。康芩巴赫的最佳竞争强度理论后来在德国的《反限制竞争法》中体现出来。可见，有效竞争论的提出，是以市场结构标准和市场行为标准为基础，辅助于市场绩效标准。

各国反垄断法关于限制和禁止垄断协议（共同行为）、企业合并等内容，以及在判断是否违法的标准和准则，时常考虑是否豁免的积极效果大于限制竞争的不利效果，基本上是以有效竞争论的市场结构标准、市场行为标准，兼考虑市场绩效标准的三个内容为依据。

欧共体在《关于控制企业合并的第 139/2004 号条例》正文第 2 条明确提出：维护的是共同体市场的有效竞争。即当合并不

---

① 陈秀山：《现代竞争理论与竞争政策》，商务印书馆 1997 年版，第 73 页。

会损害共同体市场或者其重大部分的有效竞争，特别是不会产生或者加强市场支配地位时，应宣布与共同体市场相协调。若严重影响损害时，则宣布与共同体市场不相协调，不得批准。其中《第139/2004号条例》中序言25中有一段话很好地反映了欧共体对有效竞争的市场结构的追求：它指出寡头垄断市场结构本身具有一定规模经济，若又能保持一定的适度竞争，是尤为重要的。但是当寡头垄断市场中的企业合并而使得寡头垄断市场的主体之间相互遏制力被削弱或消亡，或因数量减少了对其他竞争者的竞争压力，这项合并也不会批准，因损害了寡头垄断市场的竞争活力，即使寡头垄断企业之间没有迹象表明存在共谋和共同行为。它意味着某些行业的垄断竞争市场结构和寡头市场结构都可以是有效竞争理论实践的结果。但是值得注意的是，要维护这些寡头市场和垄断竞争市场的适度竞争，防止合并削弱竞争，否则会造成高垄断市场的危害出现。

因此，对于协调两法来说，"有效竞争理论"既能够鼓励规模扩大，又不削弱竞争，还能保护市场竞争活力，是一种最优选择方案。所以，克拉克的有效竞争理论对两种制度的调和提供了经济逻辑基点，既能允许最佳经济规模或一定程度的垄断存在，又能够充分保持竞争活力。

第二，两法协调策略。

产业政策法和反垄断法属于经济法不同领域和不同部门。产业政策法属于宏观调控法律，反垄断法属于市场规制法，本不会发生冲突，但是一旦产业政策法开始实施产业兼并重组政策，或者扶持、限制某产业发展，就与反垄断法（因规模经济、价值、资源配置机制等不同因素）发生冲突。这些冲突就会产生博弈现象。

产业政策法与反垄断法的关系从博弈论角度来说，实质上是两种制度的博弈。这种博弈包括非合作的博弈和合作化的博弈。

博弈是由四个要素组成：（1）局中人。局中人，即博弈的参与者。是博弈中选择行动以实现自己利益最大化的决策主体。（2）行动或策略。行动或策略指的是局中人为了赢得这场竞赛或斗争，而思考或提供给自己的众多行动方案或策略。产业政策法和反垄断法的博弈也有众多的行动方案或策略。（3）支付函数。每次博弈结束，总有赢输之分，也就是获得利益或效用。它是每个局中人想要追求的利益，或想实现效用最大化的东西。在产业政策法中局中人支付就是通过积极主动配置资源，追求资源配置最大化目标，实现政府行动效用最大化目标。反垄断法的支付函数就是通过维护自由、公平竞争，追求市场配置资源效用，实现市场配置资源最大化效应。（4）信息结构。局中人掌握的有关博弈局势的知识，特别是有关对方局中人的信息知识。如果每个局中人都能了解所有的博弈局势的信息，这是完全信息博弈，若不能则为不完全博弈。博弈论就是假设在不同的信息结构下，每个局中人都是理性人，都会采取理性行为来实现效用最大化的目的。如果局中人没有理性，也就没有理性行动，这场博弈结果就具有不合理性。

其中有关策略的内容是博弈人选定的方案。策略中有：A. 产业政策法适用、反垄断法不适用，B. 产业政策法不适用、反垄断法适用，C. 产业政策法优先于反垄断法，D. 反垄断法优先于产业政策法，E. 产业政策法与反垄断法相互妥协（互动发展），等等。不同策略会导致不同的博弈结果，有的策略方案（A、B、C、D）暂时表现为利益最大化，但最终由于不均衡状态，会导致重复博弈，最后达到均衡。由于博弈人都是经济人，会出于理性角度，总会选择利益最大化的策略方案。

产业政策法与反垄断法之间的博弈类似于博弈论中的"囚

徒困境"博弈结构。根据"囚徒困境"博弈结构启示：如果不合作，产业政策法与反垄断法之间都不会得到最好的绩效结果，只有合作才是最好的策略方案。因此，产业政策法与反垄断法之间的博弈也是如此。即 E 策略，产业政策法与反垄断法相互妥协（互动发展）是解决两法冲突最好的一种策略方案。

两者制度的博弈首先在经济发展过程中是一种非合作化博弈，这种非合作化博弈是一种重复博弈。我们可以从日本和韩国反垄断法来看，在经济发展初期和增长期，两国更多地关注产业政策法中的产业结构法和产业组织法，促使产业结构升级和高级化，以及规模效益，而反垄断法是反对企业联合，反对企业的垄断规模形式，因此两者是有矛盾和冲突的，这种博弈的结果是日本在 20 世纪 50—70 年代前，多次修订《禁止垄断法》规定众多的例外行为，使之适用范围狭小，基本上处于休眠期，从而为产业政策法的有力执行让道。韩国则是在 60—70 年代进行的四次《公正交易法》都是因为企业界反对，以失败告终，就没有反垄断法制约垄断行为。随着原有条件的改变，原有的博弈均衡也可能发生改变，相应的制度可能发生改变。① 到了 80 年代，日韩两国经济高速发展，工业化陆续实现，产业政策法的局限性显现出来，大财阀垄断市场，阻碍市场机制的正常发挥。两种制度又进行了一次博弈，博弈的结果是产业政策法仍处于主导地位，反垄断法则通过豁免制度和例外条款将产业政策法的合理化卡特尔、经济危机卡特尔等给予法律的认可，而使反垄断法开始起作用。到 90 年代以后，国际形势的变化，经济全球化，知识信息时代的到来，都使产业政策法与反垄断法再次进行了一次博弈，

---

① 卢现祥、朱巧玲主编：《新制度经济学》，北京大学出版社 2007 年版，第424 页。

这次博弈的结果是两部法律制度的修订。产业政策法更加关注技术方面的产业技术立法以及产业布局法，产业结构方面的法律，则通过法律法规整理，废止、修订了带有限制竞争内容的法律、法规，而反垄断法则是陆续取消豁免规定或例外规定。从而使两部法律相互补充，发挥功能组合作用。可见经过多次博弈，最终产业政策法与反垄断法达到了均衡状态。从日本产业政策法与反垄断法关系的历史角度来看，不断演绎着非均衡—均衡—非均衡—均衡的斗争过程，而形成了反垄断法中的适用除外和豁免制度等规则，产业政策法里的事前协调制度，实质上是两法博弈的结果。

产业政策法和反垄断法之间在个别时期也存在合作博弈的情况。合作博弈的本质特征及与非合作博弈的根本区别，允许存在自愿签订但有约束力的协议。① 产业政策法与反垄断法存在着共同的利益追求，就是追求社会整体经济效率，达到社会福利最大化，同时也存在不一致利益的地方。产业政策法在某种程度上会限制自由竞争，鼓励扩大企业规模，追求规模经济，而反垄断法则反对垄断规模，限制企业联合，追求自由竞争的个体利益。这种情形下，两者就有合作博弈的可能，两者就可以通过讨价还价达成利益分割的协议或合约。因此日韩两国对合并事项可能会形成过大的规模，造成垄断的状态，设置了标准，在这个标准下的合并行为是合法的，超出这个标准的合并则运用反垄断法加以反对。如韩国《限制垄断与公平交易法》第 7 条第 1 款规定："禁止企业合并的适用对象是资本金为 50 亿圆或总资产达到 200 亿以上的公司。"

总之，产业政策法与反垄断法的本质是两种制度的博弈，非

---

① 谢识予编著：《经济博弈论》，复旦大学出版社 2007 年版，第 346 页。

合作博弈的结果是两部法律的修订，以达到均衡状态。在合并事项上的合作博弈则形成了利益分割，达成了协议—合作规则的建立。

第三，产业政策法与反垄断法的互动发展。

由于产业政策法与反垄断法具备可协调的经济法学、经济学基础，产业政策法与反垄断法能够互动发展。其中互动发展表现为：

（1）反垄断法为产业政策法奠定市场基础，产业政策法更快实现反垄断法的目标。

反垄断法作为市场经济国家的"经济宪法"或"企业自由的大宪章"，通过遏制打击各种垄断行为、限制竞争行为、经济力控制，维护和保持自由竞争的市场结构，积极发挥市场配置资源机制，提高经济效率，促进消费者福利，增进社会总福利。反垄断法主要维护企业能够自由经营的自由市场外部环境，以此为各产业的发展奠定了一个公平的竞争基础。在竞争过程中形成的竞争规则是最公平规则，也是适合各产业、各企业发展的规则，因此，维护自由竞争的反垄断法为产业政策法奠定基础，为产业政策法的发展提供一个运行的地域空间。反过来，产业政策法对某些特定产业的扶持、鼓励扩大规模的一些政策手段，可以缩短时间，更快实现技术进步、提高产业竞争力、社会公共利益等价值目标。这些目标也是反垄断法的终极目标。只不过反垄断法的首要目标是维护自由竞争机制，实现竞争性市场结构，发挥市场配置资源的优势，创造一个充满竞争压力的外部市场环境，激发创新和技术进步的动力、制度革新的活力，更进一步提高经济效率。同样，反垄断法所保护的充满自由竞争活力的市场，也为产业竞争力的提高创造条件，最终实现社会总福利的增进，社会公共利益的实现。因此，产业政策法中关于技术进步的扶持、中小企业的保护可以缩短反垄断法终极目标实现的时间，更利于整个经济的健康运行。简而言之，产业政策法的实施有利于更快实现反垄断法的终极目标。

（2）产业政策法为反垄断法的实施提供更高质量的物质载体，反垄断法为产业政策法的市场主体提供更高层次的公平。

产业政策法侧重经济效率和效益，它运用国家力量，集中社会资源，扶持某些战略性产业，积极帮助高新产业，鼓励扩大规模，实现规模效益等，以点带面促进整个国家经济的繁荣，满足人民的物质生活，解决国家落后，赶超发达国家。尤其它缩短配置资源的优化时间，尽快提供给社会更多更好的商品、技术等物质。反垄断法则打击垄断，遏制产业间、产业内部的限制竞争行为，控制企业集中，来维护和保护竞争性市场结构，直接目标是提供市场经济主体一个自由、公平竞争的环境。产业政策法的经济效率的实现为反垄断法的实施提供了物质载体，而反垄断法公平价值的实现可以落实到"经济人"，使得反垄断法的公平价值没有成为纸上谈兵的笑话（空谈）。反过来，反垄断法为产业政策法的市场主体提供了更高层次的公平，即建立在效率之上的公平价值是更高层次的公平。如果国民的需求不足，投资需求不足，供给不足，大批企业停产或倒闭，工人失业率增加，意味着整个国民经济出现滑坡，人民生活水平下降。这时就谈不上有经济效率，也就谈不上公正、公平分配等价值问题，而只是如何刺激消费，增加投资，扩大内需，提供丰富的产品满足需求，促进社会经济效率的问题。因此，只有在具有一定经济效率的基础上，才能谈到公平、自由、民主价值的问题。德国学者艾哈德曾经精辟地说道："与其喋喋不休地争辩国民财富的分配，倒不如集中所有的人来增加国民财富要明智得多……一个较大的蛋糕，不难让每个人分到较大的一份，如果按只有一个较小的蛋糕，不管怎么分法，总不可能使每个人多得一点"。① 换句话说，高效率带来的高产出可以提高公平的层次。拿我国计划经济时期来说，我国的国民经济是严格按照计划配置生产，城市公民几乎平等地享有各种福利，而教育、就医、住房等福利都有单位来承担。但是往往国民拿上发的供应券，却没有钱买自己想买的产品，有了供应券，也没有可供选择的产品，甚至产品不足以供应市场，仍是买不上。其中一个重要原因是社会效率低下，社会财富供给不足，这种公平可以说是一种处于"贫困中的公平"状态，最终还是无法解决社会不公的问题。"② 产业政策法所追求的人民富裕、物质丰富的经济效率，为实现反垄断法的公平价值提供了更高层次。

（3）反垄断法和产业政策法相互兼容。

产业政策法主张壮大规模，鼓励大企业或大公司，实现规模效益，而反垄断法并不否定规模经济，它不反对大企业，不反对在竞争过程中逐渐壮大起来的大企业，更不反对依靠技术进步和创新取得垄断地位的企业，而是反对限制竞争、阻碍竞争的大企业的一些行为，反对大企业的无限扩大规模，影响市场竞争活力。因此，反垄断法在立法时规定经济力集中不得超过法律规定的"度"，它禁止实质上阻碍了竞争、造成市场支配力的经济力过度集中。而这个"度"就是产业政策法与反垄断法相容的一个表现形式。另一方面，反垄断法的相关条款中规定相关产业政策法的价值和目标，如适用除外制度和豁免制度，产业政策法的价值目标得以实现。产业政策法中也兼容一些反垄断法的反垄

① ［德］艾哈德：《来自竞争的繁荣》，祝世康等译，商务印书馆1983年版，第13页。

② 杨志勇、张馨编著：《公共经济学》，清华大学出版社2005年版，第39页。

断、限制竞争的相关内容。这些产业政策法规定，若做出限制竞争的行为，需要经过公平贸易委员会的同意，才能得到本行业行政部门的批准。如：日本《保证税后利润的酒业协会和措施法》第42条、第43条和第94条规定酒业协会制定的有关白酒出售、储存等有关规则，只要能够有利于降低成本、提高效率、便利酒类交易和保护消费者利益的卡特尔协议，可以获批。但必须在财政部征求公正交易委员会意见后，获得财政部的批准，可以不受《禁止垄断法》的约束。同样，日本关于中小企业卡特尔的认可（如日本的《卫生行业合作与促进法》第13条），首先须经过相关的主管行政部长与公平委员会磋商，才可得到相关行政部长的批准，并且《卫生行业合作与促进法》第19条还规定了限制条件。即没有实质限制竞争、没有损害消费者利益的情况出现。否则，因违反《禁止垄断法》禁止条款规定，而不得获批豁免。这些反映产业政策法与反垄断法之间的博弈，一开始以对立、冲突，最后以相互融合达成了均衡状态，而这种均衡状态的博弈结果又被谱写进入法律制度当中。

1.2.2　两法协调的经济法基础

第一，两法都是社会本位法。

产业政策法与反垄断法都是生产高度社会化、资本高度集中的结果，是商品经济不断演进和市场社会化的产物。在市场经济发展过程中，个人、团体和政府全被卷入市场的旋涡，不再能够分出哪些是个人、团体、政府利益，而上升为社会整体利益。当对社会整体利益保护的同时，也就保护了大多数利益。因而，两法都以社会整体经济利益作为实现目标。社会整体经济利益不是个人利益、不是团体利益，而是以社会整体为实现对象的一种经济利益。即以社会整体为本位，属于社会本位法，为实现社会利益最大化终极目标而服务。社会整体利益也不是国家利益，也不是简单的个人利益或团体利益的相加，而是以社会整体为实现对象的一种公共利益。这种社会公共利益有时会与国家利益相融合，但并不就是国家利益。国家利益有时可能代表某些政治上统治阶级的阶级利益、集团利益，有时代表了全体社会成员的整体利益。只有当国家利益和社会民众利益相一致时，国家利益和社会公共利益才能相融合。

产业政策法与反垄断法都是国家经济政策的法律，具有国家经济政策特点，目的是实现社会公共利益这个终极目标。尽管产业政策法侧重效率价值，但是通过选定某些产业给予援助或者优惠性措施的手段，相应的，就限制了其他产业或企业获取资源配置量和配置优化机会，是一种不公平价值的体现，这种不公平的价值是通过资源配置起点上的不公平，来实现国家富强，人民安居乐业的结果。可以说产业政策法的最终目标绝不是保护或扶持某些产业部门或大企业的利益，而是通过手段的倾斜——对某个部门或产业进行扶植或限制，最终目的是促进产业结构优化、高级化，带动整个国民经济的增长，实现国家整体利益，而不是部门利益或某个产业的利益。有时产业政策法通过产业布局政策来实现国家内各区域之间协调发展，促进社会公平和增进公平。由于国家内部各区域的资源禀赋不同，各区域的主体经济和生活状况有所不同，通过产业布局政策法的实施，将财政支付转移到不发达地区和贫穷地区，促进经济增长和收入增加，以此实现全国范围的公共利益。可见，产业政策法通过以点带面，促进整个国民经济的增长，满足人民的需求。

反垄断法作为经济宪法，也被称为自由企业的大宪章。它通过维护企业的自由竞争，使得市场上的企业个体通过追求利益最大化的理性行为，无意识地最终促进了社会公共利益的实现。可以说，"无意识的市场个体行为最终可以促进社会公共利益的实现。"①

可见，两法最终达到的目标就是实现国家的经济结构和经济运行协调、稳定与发展。从产业政策法角度来看，产业政策法集中社会资源、鼓励或促进某些产业或某些产业技术的进步和发展，从而带动整个经济的发展。从各国反垄断法的宗旨来看，都是为了国民经济的繁荣和健康发展的这个社会公共利益的终极目标。如《韩国垄断规制与公平交易法》第 1 条指出反垄断法的目的是"以推动自由、公平竞争，鼓励企业创新，保护消费者权益，实现国民经济的均衡发展为目的。"日本《禁止垄断法》第 1 条的目的"是通过禁止私人垄断、不合理的交易限制及不公正的交易方法，防止事业支配力的过度集中，排除因集中、协定等方式对生产、销售、价格、技术等的不合理限制以及其他一切事业活动的不合理限制，促进公平、自由的竞争，发挥事业者的创造力，繁荣事业活动，增加就业及国民实际收入水平，以确保普通消费者利益，促进国民经济民主、健康地发展为目的。"1992 年台湾地区《公平交易法》第 1 条规定："为维护交易秩序与消费者利益，确保公平竞争，经济之安定与繁荣，特制定本法；本法未规定者，适用其他有关法律之规定。"这些"国民经济的均衡发展"、"国民经济民主、健康发展"、"经济之安定与繁荣"等字眼，本身就是社会公共利益的反映。

第二，价值之调和——衡平原则的提出。

产业政策法和反垄断法的冲突之一可以归结为公平与效率价值之间的矛盾。产业政策法注重产业发展，在价值理念上更侧重

---

① ［美］詹姆斯·布坎南：《自由、市场和国家——80 年代的政治经济学》，上海三联书店 1989 年版，第 40 页。

经济效率价值，通过鼓励扩大规模，实现规模经济效应，提高经济效率。而反垄断法侧重公平价值理念，维护自由、公平的市场竞争，通过打击垄断行为，遏制滥用市场支配力，控制经济力集中，实现企业自由竞争权利。解决效率与公平之间的冲突一直是哲学家的问题之一。以往理论一般要么强调效率优先，即蛋糕做大，再均衡分配。要么强调公平优先，即规则公平，再做蛋糕。解决这种效率与公平冲突，我们要摒弃只要效率，不讲公平；或只要公平的黑白关系。阿瑟·奥肯曾说过，一味追求经济上的平等，抑富济贫，势必损伤人们追求效率的积极性，从而有损于经济的发展。[①]

为什么不能边提高经济效率，边增进社会公平，而不是等待实现效率后，第二步才考虑公平价值的实现。只是兼顾两者价值的实现，其本身就是哲学界和法律界的一个难点问题。近年，漆多俊先生提出了"效率与公平"的衡平思想，即尽量找到最佳的界限、度或均衡点。[②] 衡平思想为效率与公平的解决提供了一个很好的思路。既能提高效率，也能实现公平价值。归根结底，效率与公平的衡平思想就是寻找一个最佳的界限，在这个界限，反垄断法愿意接受其经济效率价值，产业政策法也愿意接受其公平价值，从而达成利益的均衡。

1.3　协调模式

协调模式是指产业政策法与反垄断法在市场经济国家中地位

---

① 李龙：《法理学》，人民法院出版社、中国社会科学出版社 2003 年版，第251 页。

② 漆多俊主编：《经济法学》，高等教育出版社 2007 年版，第 65 页。

的变化，以及在市场经济活动中以谁为主或为重的一种动态演变关系。

各国由于政治体制、经济体制、法治程度、市场经济成熟程度、历史文化传统不同，因而在两法冲突过程中，演绎出不同协调模式。

日韩两法动态演变发展趋势开始是以产业政策法为主，反垄断法为辅，随着经济发展和工业化的完成，日韩两法最终形成以反垄断法为主、产业政策法为辅的动态演变趋势。日韩两国作为后起国家，市场的形成和培育是由国家自上而下主动推动，市场经济不成熟，其工业化过程就通过政府采取倾斜性产业政策推动，缩短了工业化发展的时间。此外，与市场配套的各项规章和规则尚未确立竞争的意识和相关内容。作为后发国家由于技术落后，更多地依靠比较优势获得竞争优势，这种比较优势大多利用本国人力或资源禀赋，以低廉价格进行竞争，更多的是模仿先进国家技术和引进先进设备，而不是依靠技术创新。正是由于有追赶任务，关注的是追赶发达国家，尽快实现工业化，尽早进入富裕国家行列，满足人们各种追求。所以，日韩等后发国家往往以市场到处充满缺陷为假设，通过政府干预替代市场某些功能，或扩张市场机能，推动经济发展。在两法关系中，产业政策法这种带有市场扩张机能的制度更加适合后发国家的国情，成为追赶战略过程中起着重要作用的法律。长期以来，作为宏观调控的日韩产业政策法占据着重要地位，其产业政策法在国家干预中最强、力度最大，反观反垄断法则在很长时间一直处于弱势地位。但随着市场经济的成熟和完善，日韩政府和公众对反垄断法的"经济宪法"地位的认识和重要作用的回归，促使政府放弃培育某产业或大企业的方式，转向更加关注经济自由、经济公平的价值理念。渐变过程中，国家干预的形式、内容和目标开始转变，最后形成以最小程度的政府干预之法——反垄断法为主的协调模式。

美国是最发达的市场经济国家，也是法治最完善的国家，其宪法、预算法和国会都在制约产业政策法的起草和运行，因而其产业政策法的作用是有限的。美国产业政策法是零星的、偶然的、不典型的，更多的是对产业技术研发的扶植，或者对普适性技术的研发的支持。即使这种产业政策法的干预也是在法治框架下的一种干预，未经国会授权，总统内阁不得随意干预私人企业的生产、资源配置。美国是一个法治完备的国家，用法治促进经济发展。完备的法律体系是美国政府干预的保障和控权的依据。美国通过预算法和宪法体制约束制约产业政策法，使得产业政策法的内涵和范围狭窄，美国的产业政策更加注重产业技术政策，而更多地与反垄断法结合在一起，互相配合，共同促进本国经济发展。两法更多的是通过促进产业技术发展，提高经济效率，增进社会总福利。美国作为先进发达国家，市场自由化程度是最高的一个国家。它没有明确的经济战略目标，其市场经济体制发育早，成熟程度高，也有着与市场经济体制相配套的产权、股权、人力资源培训机构、市场化程度高的金融机构和健全的财政制度、辅助政府有限行为等规章制度和一系列通过市场竞争筛选的机制，并把创新与研发作为各项制度制定的基础。因而，美国作为先进国家更加关注创新和研发的激励和培养。因此，他们的国家政府更加关注排除损毁创新和研发的制度建设。由于没有经济追赶任务，类似于美国的发达国家不需要国家主动推动经济发展，政府只需保持自由市场竞争制度，维护良好的市场机制，实现市场经济主体之间的自由、公平竞争，市场经济主体就能实现其利润最大化，国家也就能实现社会福利最大化。因而，从一开始，以维护和保护自由市场，消除竞争障碍的反垄断法就成为了市场经济的重要法律。可以说，与日韩、欧盟国家相比，美国产业政策法是最小程度的国家干预。美国形成以反垄断法为主线、产业政策法为辅线，交集于创新或动态效率的特点。

欧盟产业政策法的运行有着悠久的历史，它意味着产业政策法干预力度大。但自欧共体条约建立之日起，就将产业政策法与竞争法的内容融合到欧共体条约等相关的国际协调型条约和法律当中，统一于欧盟经济一体化和建立统一的大市场的总目标之中，使两者统一于国际条约中。另外，欧盟考虑到冲突之处，通过欧盟条约或条例引导两法之间冲突的和平解决，如欧盟条约第3条m款规定，产业政策在加强产业竞争力不得与竞争法相悖，扭曲欧共体市场的竞争（第157条第1款）。欧盟第139/2004号条例确定有效竞争的市场结构，允许垄断寡头垄断市场结构的存在，但又规定对相关企业的寡头垄断市场结构的并购，若减少了竞争压力等不予批准。而且，通过颁布国内竞争法和众多的条例规定"研究与开发、专门化、中小企业创新投资"等产业政策相关内容的规范，有效地将产业政策法的运行纳入在竞争法的框架内考虑，将可能发生冲突的产业政策相关内容和有关部分纳入到竞争法领域，成为竞争法的管辖范围。这些特征决定了欧盟两法协调模式是竞争法框架下的产业政策法与反垄断法的和谐模式。

各国产业政策法与反垄断法在市场经济活动中的协调模式决定着各国采纳或设计的协调制度的不同思路，也意味着各国设置的具体协调制度也将有所不同。

第2章

适用除外制度和事前
协商制度研究

产业政策法与反垄断法在长期的博弈过程中，总会达成某些均衡，形成一些规则，固定下来，这些规则总和就演变成两法的协调制度。产业政策法与反垄断法之间的协调制度有事前协商制度、适用除外制度、卡特尔豁免制度、企业合并控制制度、部长特许制、美国反垄断和解制度六种协调制度。根据其协调制度之间的关联性，分为三组。

事前协商制度和适用除外制度分为一组的原因在于它们两个制度都是预先或超前解决冲突之处，其特点是从宏观上或制度上就解决了两法矛盾和冲突，有效地将冲突消灭在立法和运行前。事前协商制度是确立产业政策法起草和运行前，两法通过提前协商避免冲突，而后产业政策主管机关才能公布产业政策法律和实施其产业政策具体规则。适用除外制度则是将两法各自的管辖范围加以确立，避免了在管辖范围上发生冲突的协调制度，通过适用除外制度特点是将可能的冲突之处提前或超前解决。

2.1 适用除外制度研究

产业政策法与反垄断法在管辖领域上的斗争形成适用除外制度。适用除外领域的大小反映两法之间的斗争情况。

要理解适用除外制度首先要将适用除外制度（exception）和豁免制度（exemption）区别开来。许多学者将适用除外制度和豁免制度视为同一个概念或一个制度，如曹士兵在 1996 年的《反垄断制度研究》，王晓晔在 1999 年的《竞争法研究》都视为同一个术语。但实际上这两个概念或制度有着重要区别。

适用除外制度是指某些特定产业或行业由于其行业本身的性质或出于政治、经济因素而排除适用反垄断法的一种法律制度。适用除外制度是排除在反垄断法的适用范围之外。豁免则是某些行为属于反垄断法的适用范围之内，只是符合某种事由而由反垄断执法机构加以审核，免除其处罚。

适用除外制度和豁免制度的主要区别：

（1）法律规定不同

适用除外制度是由反垄断法和其他法律专门规定不适用反垄断法，大多数是在其他法律中明文规定某些领域或某些领域一些行为不适用反垄断法，主要是针对某些产业或行业不适用反垄断法。适用除外制度从一开始就不适用反垄断法，也就无从运用反垄断法判断斟酌之事；如：日本颁布的《关于日本〈禁止垄断法〉的适用除外的法律》中规定了不适用反垄断法的领域或行业；以及日本 20 世纪 50—60 年代在各种限制竞争性的多种产业临时振兴法或临时措施法中明文规定哪些领域不适用《禁止垄断法》，如《电子工业振兴临时措施法》、《机械工业振兴临时措施法》等法律中都规定了电子、机械工业的联合行为不适用反垄断法。韩国《工业发展法》（1986 年）规定，商工部经合法程序指定的合理化业种的合并、联合行为不适用关于反垄断、公正竞争的法律；凡是被韩国商工部指定为合理化业种的行业不适用反垄断法。而豁免制度一般是在反垄断法的条文中体现出来，属于反垄断法适用范围之内，是运用反垄断法斟酌的结果，主要是行为予以豁免。如 1988 年德国《反限制竞争法》第 2 条—第8 条规定了关于标准和型号卡特尔、条件卡特尔、专门化卡特尔、中小企业卡特尔、合理化卡特尔、结构危机卡特尔和部长特许卡特尔等卡特尔豁免事由；以及第 42 条中规定部长特许合并豁免制度。豁免制度需要根据反垄断法条文中规定的免责条件，按照一定标准判断其合理因素，是否符合产业合理化、提高效率，促进国际竞争力等标准，经审核，权衡其有利因素大于限制竞争的不利因素，或者符合社会公共利益，而由反垄断执法机构宣布有条件的不适用反垄断法的一种结果，一般对有利因素大于不利因素，不予禁止；利小于弊的，则禁止。如我国反垄断法第28 条规定，对于限制禁止或排除竞争的经营者集中能够证明有利影响大于不利影响，或者符合社会公共利益，国务院反垄断执法机构不予禁止。

（2）合法性不同

适用除外制度属于合法性行为，不属于反垄断法管辖效力之内，一般用于某一类行为或行业，其特点是产业主管部门可直接适用除外制度以抗辩反垄断法的效力；豁免制度则是违反了反垄断法的禁止条款，属于违法性行为，由于存在限制竞争、损害公正的竞争秩序的行为，所以应当禁止。豁免制度既然属于反垄断法效力范围之内，属于不合法行为，但必须经过审核或有关程序予以批准或禁止。豁免制度意味着更多地依靠反垄断执法机关的判断。如果这种限制竞争的消极效果小于促进技术进步、产业合理化、经济效率提高、国际竞争力等积极效果，则由反垄断执法机关依据豁免制度中合理性原则判断和权衡利弊，予以许可或批准的行为。豁免制度针对的具有某些事由的行为，由反垄断法专项条款规定豁免标准、豁免的程序。

2.1.1　产业政策法与反垄断法适用除外制度

反垄断法作为维护竞争的法律、经济法的基本法，原则上适用于所有的产业或行业的一切经济活动。但是在现实中，由于各国的经济状况不同、政治态度不同，反垄断法也并未如本意起着主导地位，或者一般法地位。一般各国政府会制定众多的与反垄断法相冲突的、限制竞争的产业政策立法（适用除外特别法或根据法），允许不适用反垄断法，这就是适用除外制度的产生。适用除外制度是各国的共同法律制度，是产业政策法与反垄断法之间在管辖领域上分工或者说是一种协调纽带；也可以说是反垄断法对产业政策法的一种妥协，即将产业政策法欲扶持某些产业不纳入反垄断法管辖范围之内。由于各国政治、法制、经济制度不同，各国反垄断法适用除外制度的具体内容和范围不同，但总是以当前产业政策法的目标为出发点。

从产业政策法角度，反垄断法适用除外制度是对产业政策法扶持某一产业或行业做法的认可，是最大限度地体现和维护国家整体利益。[①] 即适用除外制度就是将某些特定产业基于产业政策法的政策导向，特别是产业结构法所想要实现的产业结构合理化和高级化的原因，排除适用反垄断法的一种法律制度。产业政策法是国家或政府运用国家权力，集中社会资源，在不同产业

---

① 　张守文主编：《经济法》，科学出版社 2008 年版，第 487 页。

之间进行优化配置的一种法律方案，以实现国富民强的目标。只不过这种方案是法定的，它放弃配置资源的市场机制，针对某些市场机制的缺陷予以弥补或补充扩大市场机能。其中产业结构法是促进产业结构的合理化和高级化的政策目标，其核心内容就是选择产业发展的优先顺序的安排，一般以"基础产业和基础设施产业"为先，其次才是主导产业和支柱产业。产业选择的优先顺序安排随着本国经济的发展状况，产业结构高低程度而变动。其中有基础产业和基础设施产业的支持、幼稚产业保护、主导产业的扶植和培育、衰退产业的援助和调整。反垄断法就是将产业结构法所欲安排的产业选择的优先顺序（基础性产业或基础设施性产业——支柱性产业和主导产业——衰退产业），通过适用除外制度的设定，优先发展。适用除外制度有效地将产业结构法的产业目标与反垄断法协调起来，它既能够体现反垄断法的基础作用，又能体现最终实现技术进步、经济效率提高、产业竞争力增强等产业政策法的社会公共利益价值目标。可以说，是从宏观层面上维护国家整体利益和社会公共利益。

2.1.2 反垄断法适用除外制度中的基本产业类型

产业政策法扶持的产业与反垄断法的适用除外有着密切关系。本质上，反垄断法适用除外制度是国家总体上实行竞争政策为基础的一个例外，是给产业政策法预留的空间。

第一，农业指的是农林牧渔业。

农业作为第一产业，一直是整个制造业发展的物质基础，是人类生存和社会发展、进步的前提条件，是一个依靠自然条件而存在的薄弱产业，一般不适合过度竞争。为了降低各种竞争风险，鼓励农业生产作业的积极性，大多数国家对农业采取了相应程度的保护。例如：美国《凯普—伏尔斯蒂德法》对农产品的生产者的联合行为，予以不适用反托拉斯法，同时对农业生产一直采取国家给予补贴做法，鼓励建立农业合作社，共同抵御来自大自然的风险和来自市场的风险。美国《克莱顿法》也同样规定，不禁止农会和园艺协会为合法目的而采取互助措施的联合行为。欧共体也规定了竞争法不适用农产品等内容。1990年加拿大《竞争法》规定，渔夫和渔夫协会同特定的人或其协会之间关于在特定条件下捕鱼并以特定价格向该特定人供鱼的契约、协议或协定不适用竞争法。我国《反垄断法》第56条规定，农业生产者及农业合作社在生产、加工、销售、运输、储存等联合或协同行为不适用反垄断法。1998年德国《反限制竞争法》第28条第1项规定，农业生产者和企业不适用卡特尔禁止条款。

第二，基础性产业和基础设施性产业。

基础性产业和基础设施性产业属于国家的瓶颈产业，一般也是经济发展初期，各国努力培养、关注的产业对象，更是产业政策法中优先发展对象。基础性产业和基础设施性产业主要指的是煤、电力、水利等基础产业，或者交通运输、公路、铁路、航空等交通基础设施。这些基础产业和基础设施产业本身具有经济外部性，一般基础产业落后，基础设施建设老化、陈旧，会严重制约其他产业的发展，形成瓶颈制约障碍，但一旦完善，会发挥辐射效应，吸引投资，利于商品流通统一大市场的建立，促进整个国民经济发展。因此，各国对煤电、水利等产业和铁路、海运和空运一般不适用反垄断法，属于适用除外的产业。同时，这些基础产业和基础设施产业从规模经济角度，被称为自然垄断产业。有一些国家对这些产业实行国家垄断或国营的政策，在这些国家里，又被称为公用事业或公营事业。因此，基础产业和基础设施产业、自然垄断产业和公用事业、公营部门是从不同角度来说，但指的产业仍旧是电力、煤、水利、交通运输业这些基础性产业或基础设施产业。由于这些基础产业和基础设施产业投资巨大、回收周期长、盈利较低，民间资本一般不愿进行投资，或者国家本身财力不雄厚，民间资本还未真正发展起来，因此，后发国家的政府必须集中有限的资源，采取各种优惠措施（优先贷款、税收减免、折价等办法）优先扶持瓶颈产业和基础产业的发展。产业组织政策是鼓励电、煤、水、铁路、公路航运等基础产业和基础设施产业壮大规模，实现规模效益。如日本 1952 年的《企业合理化促进法》，1952 年 5 月 31 日《石油及可燃性天然气资源开发法》、《水产资源保护法》、《航空法》、《电力资源开发促进法》、《临时煤矿矿灾复兴法》、《关于电力临时措施法》，1954年《关于振兴出口水产品法》，1956 年《电力资源开发促进法》等产业立法，有力地推动合理化卡特尔的形成，甚至一定程度鼓励垄断生成，为大企业集团以及现代大财阀产业结构的形成做了充分的准备，为日本经济复兴打下了基础。这些有关基础产业和基础设施产业的法律也被视为日本《禁止垄断法》适用除外的根据法。

1998 年的日本《禁止垄断法》第六章第 21 条规定，自然垄断行业（基础产业和基础设施产业）不适用《禁止垄断法》。其条文明确规定，不适用于铁路事业、电力事业、煤气事业及其他性质上为当然垄断事业的经营人所实施的其事业所固有的生产、销售或者供应行为。这里面既包含基础产业，也包含基础设施产业。我国台湾地区在 1992 年《公平交易法》第 46 条第 2 款规定"公营事业、公用事业及交通运输事业，经行政院许可之行为，于本法公布后五年内，不适用本法之规定"，确认了基础产业和基础设施产业的适用除外立法的合法化。

第三，支柱性产业或主导产业。

由于基础产业和基础设施产业的优先建设，可以改变本国过去落后、陈旧的面貌，完善基础建设，解决瓶颈问题，所以一旦经济开始起飞，产业政策的导向开始从基础性产业向支柱性产业发展。各国一般会根据本国情况选择某些产业作为支柱性产业，通过产业政策法支持它们发展。支柱性产业可以是钢铁、石油、机械等重工业。如日韩根据本国情况，在经济发展初期，有意识地选择了钢铁、石油化工产业、机械电子、造船制造业作为支柱产业；在高速增长期（1955—1979 年），全力推进重化工业化，选择经济效益高的产业，如钢铁、石油、化工、汽车、机械、电力、家电工业作为重点支柱产业，促进高速发展。这类产业对其他部门或行业影响和拉动能力大，是国民经济推动的主导力量，具有主导产业的性质，这些产业的快速发展能够带动国民经济的快速发展，实现日本经济的自立、赶超欧美发达国家的愿望。同时，日本针对这些支柱产业，颁布了众多的特定产业振兴政策法：1955 年《石油化学育成对策》，1956 年《机械工业振兴临时措施法》，1957 年《电子工业振兴临时措施法》，1961 年《落后地区工业开发促进法》，1962 年《建设新工业城市促进法》、《石油工业法》，1964 年《电气事业法》，1967 年《石油开发公团法》，1971 年《特定电子工业和特定机械工业发展临时措施法》、《工业重建调整临时措施法》、《飞机工业振兴法》等产业政策法。而日本《禁止垄断法》则积极配合产业政策法的运用，将其纳入反垄断法效力之外。其第 22 条规定，"不适用就特定事业有特别法律而事业者或者事业者依据该法律或根据该法律发布的命令所实施的正当行为。前款的特别法律，以法律另行指定。"可以说，日本政府为振兴支柱性产业，在实施限制竞争或促成垄断时，避开了反垄断法的监控。此外，日本于 1947 年专门颁布《关于〈禁止私人垄断及确保公平交易法〉的适用除外的法律》，再次将政府选择的支柱性产业归为适用除外法律范围之内，不予适用反垄断法。如《煤炭矿业合理化临时措施法》、《纤维工业设备临时措施法》、《机械工业振兴临时措施法》、《电子工业振兴临时措施法》等一系列临时法。算下来有 40 部法律之多。

第四，国防产业。

国防产业包括宇航、军事武器等产业，具有军事秘密性产业，涉及国家领空的安全和领土的完整。各国对军事、国防产业一直作为反垄断法的适用除外领域。如美国的产业政策的出台，最初正是出于军事上的考虑，目的是与苏联进行军事对抗，开展军事竞赛，赢得军事上的胜利。二战后，美国从战争中获得了巨大的利益，成为世界上经济发展最快的国家，且在世界上保持经济和技术领先的地位。但是苏联的存在依然被认为是美国最大的政治敌人，两国之间在国防、太空开展了长期的军事竞赛和对抗。而美国在宇航，巨型计算机和互联网技术上取得胜利，正是美国对国防产业的支持。同样，其他国家对国防也是一直采取各种优惠措施支持发展。

第五，有关国计民生的金融、保险业等服务业。

金融、保险业等是关乎国计民生的第三产业，由于所运用的资金数量大、风险大，而且牵涉到国家的金融安全、社会的稳定，千家万户的利益，一般国家专营。为了配合产业政策关于优先发展不同类型的产业的顺序，国家一般需要财政政策和货币政策作为支援型政策，全面聚集资本，配合产业政策的运作，辅助产业政策的实施。国家掌控财政政策和货币政策，就掌握了无限资本，就能够全面扶持基础产业或其他产业的发展。此外，产业政策需要掌握的资本不是几千、几万、几十万，几百万，动辄达到上千万，甚至达到上亿元或万亿元的数额，而这些全部需要国家金融机构来积极支持。如：2008 年国家对重大基础设施产业投资四万亿，十大产业振兴政策对衰退产业的振兴的资金，都需要国家金融机构的支持，欧盟的 ESPRIT、EUREKA、JESSI、HDTV 等项目，也都需要花费上亿欧元。以日本为例，日本对产业的扶植财政投资性贷款政府的来源包括政府拨款来自日本开发银行、日本输出入银行；邮政储蓄资金、社会保险基金、简易生命保险、邮政年金等资金[①]，优惠利率、低额准备金等资金，这些资金的运用都需要银行、保险公司的配合。由于这些行业都关乎国计民生，国家对第三产业银行、保险、邮政储蓄等这些行业进行垄断控制，实行垄断经营，具有重要意义。因此，各国政府将银行、保险业、邮政业等归属于反垄断法的适用除外领域，在很长时间内实行国家专营、国家垄断，被排除在反垄断法管辖领域之外。

对日韩等后起发展国家来说，产业政策法的这种做法，在短短二三十年里就能够实现老牌资本家用一二百年走完的工业化历程，完成了赶超战略任务，促进后发国家超常规发展具有重要意义。通过反垄断法的适用除外制度将其排除在外，最大限度地帮助实现国家产业政策法的目标，体现了维护国家整体利益的本意。

第六，国家对外贸易的产业。

从产业政策法角度来看，对外贸易产业是出于国家利益的考虑，保护本民族产业和民族产品在国际市场上的竞争力。无论发达国家还是后发国家，经济起步时，都会有来自国外的竞争对手

[①] 金明善：《战后日本产业政策》，航空工业出版社 1988 年版，第 152—153 页。

的竞争压力和对抗，本国产品会受到外国产品冲击。从保护本国利益出发，为了保护民族产业和民族产品，鼓励本国产业积极出口产品，在国际市场上获得竞争力，各国一般会采取保护性措施针对进出口贸易行业，来对抗国外竞争对手。如：美国《克莱顿法》第 6 条规定本法不适用涉及与外国之间的贸易或商业（除了进口贸易或出口贸易）的行为。该法意味着出口贸易不适用美国反托拉斯法。同时，美国《克莱顿法》设定"不得对国内的进口贸易产生直接、实质和可合理预见的影响"的必要条件。1918 年美国《韦布—波默林法》、1982 年《对外反托拉斯法修正法》和《出口贸易公司法》都规定对外贸易领域不适用《反托拉斯法》。尤其在经济发展初期，一般后发国家实行出口主导型经济政策，为了国家经济利益，产业政策法一向以出口退税、补贴等各种措施配合支持出口型产业和出口型企业发展，来赢得后发国家在国际市场上一席之位。因此，无论发达国家还是不发达国家都把出口贸易行业排斥在反垄断法管辖之外。

第七，有关知识产权的适用除外领域。

产业技术政策法是有关促进技术进步和创新的法律，其具体内容包含技术引进、技术研发、技术转化等。知识产权实际上是产业技术政策法结出的硕果。

20 世纪 90 年代以来新经济的发展，使得创新和竞争成为新经济的特征，促进了计算机、信息、生物工程、新材料等新兴产业产生，如何保护创新也就成为一项课题。各国大都通过将知识产权归为适用除外领域，有效地保护技术创新的动力，激发创新继续。

知识产权的保护本身就是出于创新的激励和保护而设置的制度。知识产权意味着对创新产品或技术创新、计算机程序产品的独占权以及财产权。法律因这种财产权有利于技术进步和社会公共利益而加以保护。企业的竞争力的高低取决于是否企业具有核心竞争力，这种核心竞争力包括商标、质量和技术、工艺流程、计算机程序的编码的创新程度。各国的产业技术政策法一向鼓励企业在市场上要争取自己的核心竞争力。其中专利权是技术创新而取得的一种独占权或合法垄断权。它是一种因技术创新而产生的享有的独占权，其在市场上必然会形成技术优势或产品优势，导致市场上的市场支配地位，这种独占权属于一种合法垄断，有利于激励创新者继续创新，有利于创新成果的保护。工艺流程的编写和计算机程序的编写属于著作权，商标属于一种产品的标志性独占权，具有财产性内容。反垄断法对这种因技术创新和计算机程序编写给予排除适用反垄断法的优厚待遇。各国一般把知识产权作为适用除外领域。如 1998 年日本《禁止垄断法》第六章第 23 条【行使无形财产权的行为】规定，不适用于该认为是行使著作权、专利法、实用新型法、外观设计法或商标法规定的权利的行为。我国也不例外，把它纳入到适用除外领域当中。

2.1.3 适用除外制度的特点

第一，适用除外制度的立法层次高，由国家立法机关颁布。

适用除外制度是将产业政策法所扶持的基础性产业或基础设施性产业、支柱产业等排除适用反垄断法，从而产业政策法的政策导向可以通过反垄断法的适用除外得以实现。但却造成反垄断法作为基本法的地位受到挑战。一般各国通过提高适用除外法律立法层次，来保证法律的统一。

（1）反垄断法的专门条款

各国反垄断法基本上都是国家立法机关制定颁布，本身具有较高的法律效力。一般在反垄断法的专章、专节、专项条款中做出明文规定适用除外的条件和范围，如：德国《反限制竞争法》第 5 章关于农业、保险、金融、著作权、体育等行业的规定。1999 年台湾地区《公平交易法》第 7 章 45—46 条款关于公用事业、公营事业、交通运输业、农业、知识产权等适用除外规定。1994 年韩国《公平交易法》第 58—61 条规定了适用除外领域。其中第 58 条规定"不适用于依据法律或符合法命令而实施的正当行为"；第 59 条规定无形财产权的行为；第 61 条规定金融保险业不适用《公平交易法》。美国《克莱顿法》第 6 条规定了工会和农会、园艺协会不受反托拉斯法的制约，第 7 条"有些联邦电讯委员会、联邦电力委员会；州际商业委员会；证券委员会授权的交易特定产业和商业活动"，根据第 7（A）条 a 节（c）条规定：联邦成文法规定豁免于反托拉斯法的交易等。因此，这些产业和商业活动不适用《反托拉斯法》。

（2）反垄断法的特别法律。

2004 年实施的《欧共体在执行欧共体条约的 81 条和 82 条竞争规则的 1/2003 号条例》第 32 条规定了欧盟适用除外领域包括：（a）欧共体第 4056/86 号的第 1 条第 3 款（a）项规定的国际不定期船舶服务；（b）欧洲共同体第 4056/86 号条例第 1 条第 2 款规定的在一个且同一个成员国的港口之间的海上运输服务；（c）共同体机场与第三国之间的航空运输。① 1996 年日本新修订的《关于〈禁止私人垄断及确保公正交易法〉的适用除外的法律》，第一条规定了适用除外行为的根据法。即事业者或事业者团体根据下列法令或基于该法令的命令而进行的正当行

---

① 孔少飞译：《欧共体理事会 2002 年 11 月 16 日执行欧共体条约第 81 条和 82 条竞争规则的 1/2003 号条例》，载王晓晔主编《经济全球化下的竞争法新发展》，社会科学文献出版社 2005 年版，第 337 页。

为，不适用 1947 年颁布的《禁止私人垄断法》的规定；（1）海上交通事业调整法第二条第一款第六项—第七项，以及与此相关的同条第二款。（2）关于计算损害保险费率团体的法律。（3）渔船损害等补偿法第四章第一节。（4）根据《接受波茨坦宣言而发布的命令》的命令，仍有法律效力。

（3）产业政策法和其他法律中专项条款。

1986 年韩国的《工业发展法》第 6 章补则第 26 条规定，为了确保国家竞争力提高，经营者自己努力很难有效实现合理化的产业，或者由于国内外经济条件的变化，产业长期处于不正常状态，需要实行合理化，经工商部长官接受其产业全部数量的经营者或大部分经营者申请，并审核，规定一定期间该产业类型为合理化业种，若根据合理化计划实行合并、营业的全部或主要部分的让渡、受让等事业协同和共同行为，不适用垄断限制和公正往来的法律。

美国 1918 年的《韦布—波默林法》第 1 条规定，从事出口企业签订的协议，从事的活动将免受反托拉斯法制约，但其协议或者从事的活动不得限制国内贸易，也不限制其他国内竞争者出口，同时不得共谋，在国内故意提高或压低出口产品的价格或者实质地限制国内竞争或国内贸易。1922 年的《凯普—伏尔斯蒂德法》授权农资公司中的农民、大农场主、牛奶工人可以在市场上联合、协作起来，关于农业方面的合作形式不适用反托拉斯法。1945 年《麦克卡兰—费古森法》规定了保险业的反托拉斯豁免。1984 年的《全国合作研究法》规定，对一些研究与开发产业或企业免于反托拉斯法起诉。可以说，这些适用除外条款的规定为保持美国的综合竞争力，为研究与开发顺利开展提供了便利。

日本则在各种特定产业振兴临时措施法中规定不适用反垄断

法。以 1956 年《机械工业振兴临时措施法》① 为例，该法所采取的措施包括了限制企业的生产品种、生产数量，限制使用落后技术，限定原材料的采购方法等方法，目的是淘汰落后企业和落后产品，促进企业规模生产，帮助日本机械工业很快进入规模经济和现代化的进程中。可以说这些限制竞争的特定振兴产业的法规就是组织大批量生产，充分发展规模经济，促进规模效应。同时，日本还出台了允许或承认部分垄断的产业政策立法，如《卡特尔促进法》、《进出口交易法》、《渔业生产调整组合法》、《保险法》、《特定不景气产业稳定临时措施法》、《中小企业团体组织法》等法律，② 排除反垄断法适用。

第二，适用除外领域随着两法动态演变而变化。

"在一个国家的法律体系中，反垄断法比任何法律部门都更容易受到本国的经济形势、产业政策、政治动态甚至经济理论的直接影响，从而表现出较强的变动性，相应地，适用除外的内容也随之变化。"③ 可见，适用除外领域与各国产业政策和竞争政策在国民经济发展中的动态演变有着密切关系。

考察西方国家的反垄断法，在创制竞争法律制度的初期，由于要扶持、振兴、改善本国经济结构，或者符合国家管理公共事务的要求，几乎无一例外地强调市场竞争同时，界定了竞争法适

----

① 还包括其他法律：如 1955 年《石油化学育成对策》，1957 年《电子工业振兴临时措施法》，1961 年《落后地区工业开发促进法》，1962 年《建设新工业城市促进法》和《石油工业法》，1964 年《电气事业法》，1967 年《石油开发公团法》和《工业重建调整临时措施法》，《飞机工业振兴法》等各部门产业政策法，使得日本工业很快进入规模经济和现代化的进程中。而这些临时措施法实质上又是限制《禁止垄断法》实施的部门法。

② 刘淑琪：《日本市场经济模式研究》，济南出版社 1996 年版，第 146—147 页。

③ 刘桂清：《适用除外的基本特征及对我国立法的启示》，载《山东法学》1999 年第 6 期。

用除外领域和行业。① 不同国家在经济发展中对待竞争政策或者
反垄断法态度的不同，它们的适用除外领域随其态度而变化。美
国和欧盟由于市场经济发展得早，经济发达，成熟程度高，市场
经济法律完备，采纳了凯恩斯主义的需求管理理论，更多地运用
财政政策、税收政策、货币政策及相关法律来调控整个经济，产
业政策法从来不是很重要的市场经济法律。由于资本主义已从自
由资本主义发展到垄断资本主义，严重威胁到了资本主义市场经
济的发展，垄断行为和限制竞争行为已成为经济发展的一个绊脚
石，阻碍了市场经济的基石——竞争机制发挥正常功能，严重阻
挠经济发展、技术进步、社会福利增进。所以，美国政府针对刚
萌芽的垄断和限制竞争行为，率先制定和实施了《反托拉斯
法》，将其可能的消极后果消灭在萌芽状态。美国反托拉斯法就
是这样一部普遍适用于市场经济的基本法律。即打破垄断格局，
恢复竞争性市场结构，遏制各种限制竞争行为，控制企业规模或
企业合并。所以美国的适用除外领域是狭窄的。同样，欧共体竞
争法基本也是普遍适用于市场经济，其适用除外领域也是非常狭
窄的，美国和欧盟竞争法都规定知识产权、农业、国际交通运输
等领域为适用除外领域。

　作为后发国家的日本，由于本国经济落后、物资匮乏、人民
贫困，有追赶或超过欧美发达国家的意愿，故采纳供给管理理
论，主动提供制度供给，即产业政策法来帮助扶持产业发展，带
动经济起飞。此外，日本官方认为企业规模小，存在过度竞争，
因而运用产业政策法鼓励兼并重组，壮大企业规模，实现规模效
益；改善产业结构，促进产业结构合理化和高级化；其中更多的

---

　① 吴宏伟：《我国反垄断法与产业政策、竞争政策目标》，载《法学杂志》
2005 年第 2 期，第 19 页。

是采取各种措施扶持基础性产业和基础设施产业，支持支柱性产业，振兴衰退产业等来实现产业的繁荣、产业竞争力的提高和经济发展，美国政府为日本制定的《禁止私人垄断法》一度被搁置。日本针对本国选定产业，为支持和扶持所选定产业而制定众多的限制竞争的产业经济立法（也称为适用除外的特别法），用以规避反垄断法适用，实现产业政策法的意图。经济发展初期，适用除外法律和领域是最多的；直到日本完成工业化历程，产业政策法引发各种社会、经济矛盾，即过度、过多地适用除外特别法，干预了市场机制的运行，导致经济倒退或停滞不前，严重的通货膨胀，日本政府才开始重视《禁止垄断法》的实施。从日本产业政策法与反垄断法的动态历程来看，长期以来都是以产业政策法为主、反垄断法为辅，日本适用除外领域是最广泛的，它包括各种产业振兴法或产业临时措施法等各类别产业经济立法，如日本《机械工业振兴临时措施法》、《电子工业振兴临时措施法》、《纤维工业设备临时措施法》、《煤炭工业设备临时措施法》等。加上后来反垄断法的附属立法《关于〈禁止垄断法〉的适用除外的法律》的制定，为各种限制竞争的产业政策排除适用反垄断法打开绿灯。如：1956 年公布的《机械工业振兴临时措施法》中有关限制生产品种、生产数量、限制使用落后生产技术、限制零部件和原材料的采购方法、限制使用落后设备等，其目的是促进机械工业的现代化和合理化，实现规模经济效益。据统计，1947 年的《日本禁止私人垄断及确保公正交易法》中关于适用除外的法律，加上《航空法》、《海上运输法》、《保险法》等大约有 44 部法律不适用反垄断法。

日本产业政策法大多是临时措施法，具有短暂性、临时性、变动性特点。一般在立法时，日本就规定了产业政策法失效的时间。此外，随着技术的进步、产业政策所扶持的一些基础产业和基础设施产业的完善、某些重点产业的成熟，一些特定产业振兴方面的临时措施法就会废止或失效，作为反垄断法的适用除外制度的根据法就被删除或废止，适用除外领域也就急剧减少。自20 世纪 90 年代以来，以创新和竞争为特征的新经济的出现，经济全球化的深入，日本政府和公众形成共识，市场是市场经济的基石和核心，市场机制是配置资源最好的手段，反垄断法开始优于产业政策法，日本政府基本上再没有制定有关限制竞争的产业政策法，自此日本适用除外领域开始缩减，2005 年的日本《禁止垄断法》仅保留了知识产权、中小企业商会、农会、维持转售价格等三种适用除外。

第三，适用除外领域陆续取消或减少，逐渐转为行为豁免制度。

随着经济的发展、技术的进步，某些被扶持产业成长为支撑着整个国民经济发展的主导产业。此外，20 世纪 80 年代以来，国际私有化浪潮涌动，各国政府开始解除过去国家垄断或专营行业的管制，确认了市场基础性地位和反垄断法的重要作用，逐渐取消了许多产业或行业适用除外特权，于是适用除外领域中许多产业逐渐纳入到反垄断法的管辖范围，接受反垄断的审查。可见，适用除外制度在逐渐减少或陆续取消，这意味着产业政策的影响开始减弱，竞争政策开始上位。如：1999 年新修订的台湾地区《公平交易法》关于适用除外制度导入了以竞争政策为主，产业政策为辅之观念，修正了公平交易法之除外规定。[①] 取消了1991 年《公平交易法》关于公用事业、公营事业和交通运输业的适用除外的规定，保留了第 45 条规定知识产权的适用除外规

---

① 赖源河编审：《公平交易法新论》，中国政法大学出版社、元照出版社 2002年 5 月版，第 82 页。

定。同时，对其他法律规定的行为排除适用时，设定"与不抵触《公平交易法》立法旨意范围内"的前提条件，可以优先适用该其他法律之规定。若与《公平交易法》立法旨意相抵触，则不得排除适用《公平交易法》。

（1）各国保留的适用除外领域是农业产业，知识产权则是有限的适用除外领域。尽管适用除外领域的国际发展趋势是越来越缩小，但是各国一般都明确保留农业（包括农林牧渔业）为适用除外领域，至于其他的适用除外领域开始被取消或者开始转变为行为豁免制度。在产业政策法中，农业的自身特点和作为一切人类生存和工业发展的基础产业，一直是处于被扶持、保护的领域，各国一般采取国家补贴、税收减免，鼓励建立合作社等优惠政策和措施，扶持发展农业。知识产权作为因技术进步和创新而获得法律保护的垄断权而享有适用除外规定，但随着各国逐渐认识到：享有知识产权的主体，也可以滥用合法垄断权，行使限制竞争的、有碍技术进步和继续创新的行为，各国对于知识产权规定了有限的适用除外反垄断法。

（2）废除水利、电力、煤炭、石油化工、铁路等基础产业和基础设施产业的适用除外规定，转为根据行为权衡利弊、实行行为豁免。随着时间的流逝，某些基础产业和基础设施产业已经建成；加上技术的进步，一些基础产业（如电力、水利、煤气）已能够将需要实现规模经济的生产环节与不需要实行规模经济的环节分开，于是这些基础产业和技术设施产业就失去了庇护的合法理由。如1947年日本《原始禁止垄断法》第21条规定，基础产业和基础设施产业，铁路、电力、煤气以及其他性质上属于当然垄断行业的经营人实施的其行业所固有的生产、销售或者供应行为，不适用《禁止垄断法》。1999年日本政府废止了根据其他法律的适用除外；2000年5月日本通过了《对禁止垄断法修改的相关法律》，全面废止《关于〈禁止垄断法〉的适用除外的法律》，将《禁止垄断法》原来的第21条的"铁路、电力、煤气以及其他性质上属于基础产业和基础设施产业且自然垄断行业的适用除外"废止，从此2000年6月电力和煤气等得适用反垄断法，2005年新修订的《禁止垄断法》删除第22条关于基于法令的正当行为。即废除了适用除外的其他法律根据，只保留知识产权和一定商会行为和维持转售价格的适用除外。与此同时，德国也进行了反垄断法适用除外法律的整理工作。1999年第六次修正的德国《反限制竞争法》取消了第99条运输业和第103条公用事业的适用除外领域；而第130条明确规定："本法也适用全部或一部分属于公共部门所有或公共部门管理或经营的企业，该条第3项《能源经济法》的规定并不影响《反限制竞争法》第19条和第20条法规的适用。"从此德国《反限制竞争法》取消了公用事业、能源和交通运输业的适用除外领域，使得能源、交通业这些公共事业纳入了反垄断法的管辖范围，保留了农业、金融业、保险业、知识产权、体育业（转播权不适用，但涉及业余体育）可以适用除外。欧共体交通运输业的适用除外最早于1962年第141号条例确定了享有除外特权，但最终于2002年11月颁布的《1/2003号条例》中废除了交通运输业的适用除外。我国台湾地区最先在1992年的《公平交易法》第46条第2项规定，"公营事业、公用事业及交通运输事业，经行政院许可之行为，于本法公布后五年内，不适用本法之规定"；由此确认了适用除外立法的合法化。其中包括《工会法》、《农会法》、《渔会法》、《合作社法》、《农业发展条例》、《农产品交易法》、《能源管理法》、《电业法》、《自来水法》、《铁路法》、《公路法》、《民用航空法》、《航业法》、《邮政法》、《电信法》、《私立学校法》、《证券交易法》17部法律都属于适用除外的根据法。1999年新修订的台湾地区《公平交易法》取消了第 46 条第 2 项关于公营事业、公用事业及交通运输业的适用除外的规定，将水电煤、交通运输业纳入到反垄断法的管辖范围。但同时规定，可根据反垄断法的行为豁免规定，因符合社会公共利益适用而享有行为豁免。

（3）对外贸易领域、转入行为豁免。对外贸易领域无论后发国家还是发达国家都是争取国家经济利益，赢得国际产业竞争力的重要领域。一国在对外贸易领域所给予的特殊优惠政策（包括产业政策和贸易政策）和反垄断法适用除外制度，若是发生在一个封闭的市场内，不影响他国，必然有效。但是随着经济全球化、国际性地域市场逐渐建立，一国对外贸易领域中产业政策的优惠措施有利于本国市场和本国的经济利益的同时，却损害进口国的市场和他国经济利益，一定程度严重扭曲国际竞争市场。若各国都从本国产业政策出发，扶持对外贸易领域；反垄断法再将对外贸易领域作为适用除外领域，那么国家之间商业贸易无法成交，商品就无法流通。只有各国建立公平、自由的竞争规则，才利于国际市场形成，才利于全球资源在国际市场上优化配置，利于各国产品在世界范围内流通。因此，各国改变了对外贸易领域的适用除外的态度，采取要么废止，要么将其转为行为豁免制度，如：1997 年日本废除《进出口贸易法》中关于出口贸易的适用除外的规定。我国台湾地区 1992 年《公平交易法》第 14 条第 4 项规定，为了确保或促进输出，而专就外国市场之竞争予以约定者；第 5 项规定为加强贸易效能，而就外国商品之输入采取共同行为者；针对进出口贸易采取的共同行为，若经中央公平交易委员会可以许可，豁免于反垄断法关于禁止垄断协议相关法律条文。可见，台湾地区对对外贸易领域已纳入到反垄断法管辖范围，由公平交易委员会进行斟酌，根据有关标准和条件，实行进出口卡特尔豁免制度。

(4) 取消了银行、保险业的适用除外领域的规定转入行为豁免。银行、保险业过去是适用除外制度领域，这些金融保险机构涉及国家经济安全、经济利益和每个经营者的个体经济利益，若过度竞争，则会引发类似于美国的次贷危机和后来的金融危机；若过度封闭，则会形成市场进入壁垒，造成行业垄断，严重损害消费者福利，动摇社会安定。各国最初对这些行业一直采取限制竞争的做法，但随着经济全球化的发展，产业规制放松，许多国家取消这些行业适用除外制度。例如：1998 年德国《反限制竞争法》第 29 条规定，金融、保险行业的限制竞争协议若经过金融保险监管部门的同意或监督不适用《反限制竞争法》，而 2005 年德国第七次修订的《反限制竞争法》取消了银行业和保险业的适用除外，转为有条件的行为豁免。1994 年韩国则在《公平交易法》第 11 条规定禁止金融机构和保险机构相互出资，且无表决权，同时规定了豁免条件，a. 从事金融业或保险业的公司，为经营金融或保险业务而持有股份；b. 为有效运用和管理保险财产，得到《保险法》等认可后取得或持有股份；c. 该公司的国内系列公司（仅限于《证券交易法》规定的上市公司或注册协会法人）的股东大多会决定有关董事和高级管理人员选任或解任、章程变更、其系列公司与其他公司之间合并以及有关全部或部分营业转让。从而放弃了金融、保险业的适用除外，转为行为豁免，由反垄断法执法机关决定是否豁免。

(5) 废止支柱性产业的适用除外领域。电子、机械工业、石油、化工等支柱产业在接受扶持后，很快成长起来，可以接受国内外对手竞争压力。这些支柱产业的扶持主要体现在日本和韩国，日韩两国通过颁布特定产业振兴法，将其排除适用反垄断法，修正了反垄断法禁止垄断的严格条款，为产业政策法运行提供了便利，但由于这些振兴措施法具有时间段、暂时性特点，一旦随着它们的失效时间的到来，这些适用除外领域也随着废止。

以上适用除外领域的取消与各国不断加强竞争政策，以竞争政策为主的趋势相符合。

第四，适用除外法律与反垄断法发生冲突，优先适用特别法。

适用除外的法律形式有三种：反垄断法的专章、专节、专项条款，反垄断法的附属法（如《日本的〈禁止垄断法〉的适用除外的法律》），和其他法律规定。前两种形式，在反垄断法相关章、节、条款和有关专属适用除外制度的法律中做出明确规定：不适用反垄断法或不受反垄断法的制约的内容，所以在适用时，一般不会发生优先适用谁的问题，如法国 1987 年修正的《公平交易法》第 10 条规定，依据法律或其实施细则的行为不适用《公平交易法》的非法联合行为的竞争和滥用支配地位的行为。美国《克莱顿法》第 6 条规定了工会和农会、园艺协会不受反托拉斯法的制约，第 7 条有些联邦电讯委员会、联邦电力委员会；州际商业委员会；证券委员会授权的交易特定产业和商业活动，则根据第 7（A）条 a 节（c）条规定："联邦成文法规定豁免于反托拉斯法的交易等。"

仅仅第三种有关产业政策法和其他法律规定的适用除外才会出现特别法与一般法的问题。如：日本早期在《禁止垄断法》规定了基于法令的正当行为，使得许多限制竞争、垄断性质内容的产业个别立法排除反垄断法适用而合法化。接着，日本通产省和其他产业部门制定了大量的有关产业的适用除外法律。如《进出口交易法》（1953 年制定）、《关于进出口产业振兴的法律》（1954 年）、《机械工业振兴临时措施法》（1956 年）、《电子工业振兴临时措施法》（1957 年）、《关于中小企业团体组织的法律》（1958 年制定）、《改善特定产业结构临时措施法》等。这些产业政策立法与反垄断法是同一个立法机构制定，立法层级相当，若两法内容不一致，才会发生矛盾、冲突时，但一般在反垄断法相关条文中都会规定优先适用特别法。如 1999 年台湾地区《公平交易法》第 46 条则规定"事业关于竞争之行为，另有其他法律规定，在不抵触本法立法意旨的范围内，优先适用其他法律的规定"，明确地规定了特别法优于反垄断法。

至于不是同一层次的法律则不会发生一般法与特别法的冲突。如果其他法律是行政法规或各种行政规范性文件，那么根据我国《立法法》的规定，反垄断法是基本法，其法律效力高于行政法规和各种行政规范，其他行政规范和行政规范性文件不得与反垄断法相抵触。若违背反垄断法的基本立法目的，必须修改或废止行政法规。

2.2 事前协商制度研究

事前协商制度最早起源于日本。日本自二战后，为实施赶超战略，实现追赶欧美发达国家的愿望，大量颁布带有各种限制竞争内容的产业政策立法，有效地制约了《禁止垄断法》的运行。但随着经济发展，带有限制竞争、促成垄断的产业政策立法造成市场竞争活力不足、经济发展停滞不前等不良后果和社会矛盾，引发民众的不满。民众要求遏制垄断，禁止限制竞争行为，呼唤重用《禁止垄断法》的呼声不断高涨。代表产业政策立法的日本通产省在代表公平交易委员会的民众反对下，其所起草的产业政策立法不能获得国会通过而成为废案。于是，通产省采取了一种迂回方式，事前与公平交易委员会协商，达成一致意见，以便通产省关于产业政策的主张能够在国会通过，成为法律文件，从而能够将自己的产业政策意图得以实现。

从本质上说，事前协商制度是日本、韩国、法国等行政主导型国家经过多年寻找到的一个协调路径或方法。事前协商制度的建立，一开始就避免了两法的冲突。日韩作为行政主导型国家，由于采用有效供给管理理论，更多的是以产业政策法为主，财政政策和货币政策则作为产业政策或产业政策法的支援性政策，帮助实现产业政策或产业政策法的意图。从产业政策法与反垄断法两者的政府干预程度比较来看，作为产业政策法的干预经济的程度更强大，程度更高，范围更广，反垄断法则是最小程度的国家干预。在日韩国家经济活动中，产业政策法起着重要作用，反垄断法的颁布和实施激发了两者矛盾和冲突。为了避免高强度干预的产业政策法，减损反垄断法效力，通过建立事前协商制度，可以将产业政策法与反垄断法的冲突消灭在萌芽阶段。

2.2.1 事前协商制度的立法

事前协商制度既可体现在产业政策法中，也可体现在反垄断法相关条款中。

事前协商制度可在产业政策法中规定。如日本 1957 年颁布的《电子工业振兴临时措施法》第 11 条规定，关于电子工业的联合行为中涉及品种的限制、各类品种产量的限制、技术的限制、零件或者原材料的采购方法四种类型联合行为，不适用《禁止垄断法》中关于禁止联合行为的相关条款。但同时规定，通商大臣采取上面四类限制措施时，必须与公平交易委员会协商，并将采取联合行为的时间和内容公布于众。若采取的限制竞争的四类行为的情况已经发生变化，不符合相关规定，应当修改或废除时，通商产业省大臣应通知公平交易委员会。后来的

1993 年的日本《促进能源等使用合理化以及再生资源利用的事业活动临时措施法》、1995 年《事业创新顺利化临时措施法》等法都规定事业主管大臣和公平交易委员会协商的制度。1986 年韩国《工业发展法》规定，商工部长官有权根据申请实施产业合理化业种的认可，一般规定了三年的限制，可不适用垄断限制和公正往来的法律；但商工部应当就制定包括合并、营业的全部或主要部分的让渡、受让等事业合作和共同行为事项的业种别合理化计划，必须事先和经济企划院长官协商。1999 年新的韩国《产业发展法》制定，废除了旧的《工业发展法》。旧的《工业发展法》追求工业合理化，而新的《产业发展法》第 1 条就显示追求"产业结构合理化"，即允许通过企业之间的共同行为达到零部件的标准化或公用化，共同研发技术或商标，相互支持技术、人力等。同时针对这些共同行为，由于属于韩国《公平交易法》的不当共同行为，《产业发展法》第 11 条规定了必须与公平交易委员会协商是否对其加以支持。

事前协商制度可在反垄断法中规定。如：1990 年匈牙利《禁止不正当竞争法》第 60 条规定，部长必须就所有涉及限制竞争（特别是限制经营或限制进入市场）、保护独占权以及有关价格或销售条件的法律草案征求经济竞争局的意见。1994 年韩国《限制垄断与公平交易法》第 7 条规定，公平交易委员会准备认可产业合理化或增强国际竞争力的卡特尔时，必须预先与主管部门负责人协商。

2.2.2 事前协商制度的阶段

事前协商制度可分为两个阶段：

（1）产业政策法律起草时协商

法国 1987 年修正的《公平交易法》第 6 条规定，对用于建立新制度而直接产生下列效果的行政命令草案，竞争审议委员会必须被政府咨询——强制咨询，主要包括：a. 对职业活动或进入市场为数量上的限制。b. 在某些地区创设排他权利。c. 强制实施同一价格或出售条件。即有关带有限制市场进入、地区限制市场竞争、固定市场价格或销售条件等行政法规或规范性文件草案，必须与法国竞争委员会协商，得到其同意。

韩国 1994 年《公平交易法》第 13 章的补充条款中，第 63 章都有关于行政机关执行或修订法律时，在对厂商或厂商团体发布、宣布有关限制竞争事项的内容，该行政机关领导人必须事先与公平交易委员会协商过的法律规定。若认为不合适，可向行政机关领导人提出修改意见。

1990 年匈牙利《禁止不正当竞争法》第 60 条规定，部长必须就所有涉及限制竞争（特别是限制经营或限制进入市场）、保护独占权以及有关价格或销售条件的法律草案征求经济竞争局的意见。第 61 条规定，经济竞争局主席参加政府会议和经济竞争局职权范围内有关问题的磋商，并有权发表意见。经济竞争局依政府和部长的请求通告其工作情况，但正在进行的竞争监督审理除外。

（2）产业政策法运行前的协商。

1966 年日本通产省向公平交易委员会提出了《关于推进产业结构改善反垄断法运用》的照会，在这份文件中通产省指出"在推进产业调整时，应十分注意避免发生垄断弊害，完善进行公正有效竞争条件；另一方面，由于产业界存在一种误解，认为反垄断法有碍于结构调整……因此，通产省应对运用反垄断法和产业结构调整之间的关系加以说明"。公平交易委员会答复没有异议，就此，日本通产省就有关推进产业结构改善过程中，有关投资调整、相互协商、限制企业投资、淘汰过剩设备、合并事项等有关产业政策法的内容得以贯彻执行。自此,公平交易委员会在这样背景下逐渐与通产省等在产业政策法的运用上形成了定式化的协调方式。

此外,日本想要实现中小企业系列化、专业化,那么关于中小企业的联合(卡特尔)也必须事前经过相关的主管行政部长与公平交易委员会磋商,才可得到相关行政部长的批准。如:日本的《卫生行业合作与促进法》第13条规定,合作卡特尔需经过卫生行政部长与公平交易委员会磋商,卫生行政部长才可批准,且规定了其合作卡特尔协议没有关于实质限制竞争、没有损害消费者利益(第19条)的内容存在。

1987年的法国《公平交易法》第1条规定,关于特定时期,市场出现不正常情势,需要实行价格管制,在征询竞争委员会意见后,可以经中央行政法院认可条例管制价格。

1994年韩国《公平交易法》第63条规定,行政机关欲宣布某项限制竞争的措施时,如淘汰产品或设备、限制进入门槛等内容的措施,必须事先与公平交易委员会协商。

2.2.3 事前协商制度的特点

事前协商制度,实际上是反垄断法逐渐强大,开始侵蚀产业政策法,产业政策法不得不做出的让步结果。这种事前协商制度在起草、实施产业政策法时,总是将反垄断要求予以考虑进去,使得产业政策法为所欲为的态势被遏制。其特点是:

第一,事前协商制度建立的政治背景是行政主导型市场经济国家。

日韩作为行政主导型市场经济国家,其倾斜性产业政策的出台,就具有其他国家所不可比拟的超强国家干预性,有效地压制了反垄断法的实施和运行,由此,反垄断法作为"经济宪法"

的地位无从体现。但是在两法漫长的磨合过程中，形成的事前协商制度有效地解决了产业政策（法）过度干预反垄断法的运行。可以说，事前协商制度就是日本、韩国等行政主导型市场经济国家经过多年寻找到的一个协调路径或方法。

作为后发起国家的日韩两国，其产业政策法的产生理论依据与欧美发达国家的产业政策法有所不同。欧美发达国家有着上百年资本主义工业化发展历程，经济发达，技术先进，它们本身没有赶超的战略任务，政府更多的是保持本国的经济地位，更多地运用财政政策和货币政策调控宏观经济，而不是选择运用干预强的产业政策或产业政策法；政府在调控微观经济领域时，更多的是把反垄断法作为市场经济的主角，让其发挥着"经济宪法"的作用。因而欧美发达国家的产业政策法理论根源是"市场缺陷说"，欧美产业政策法称之为功能型产业政策法或者水平式产业政策法。水平式产业政策主要指非部门产业政策或非倾斜性产业政策，主要是指采取了水平措施的产业政策。欧美产业政策法主要针对风险大、投资周期长的项目，投资者不愿投资的项目，或者创业风险大、利润回报少的领域，即针对市场缺陷的部分，欧美政府积极运用产业政策法积极干预，弥补市场功能无法发挥的部门或领域，矫正市场缺陷。"市场存在缺陷"是欧美运用功能性产业政策干预的理论。1992 年欧盟《马斯特里赫特条约》XIII 章节里允许产业政策发展定位于市场缺陷的矫正，且第 4 条款和第 5 条款（新的数字）施加给成员国和欧盟产业政策一个限制条件，即所有的政策和措施行为，都"需要与统一自由竞争的一个开放的市场经济相一致"。第 87 条款（1）针对通过偏向于或优待某种企业或者某种商品的生产，指出若任何国家救援将会扭曲竞争，或者对竞争产生威胁，一定程度上影响成员国之间的贸易，都被认为是"与共同体大市场相抵触"，将会施加禁令。美国国会预算办公室在 1988 年发表的《用联邦研究开发促进商业创新》的专题报告里指明，联邦政府应该帮助有风险，可能带来技术进步和革命，而私人公司不注重或无力承担的技术研发。这些都指明欧美国家政府运用产业政策应该针对的是市场缺陷部分。

日韩两国属后进性国家，资源稀缺，人口众多。为摆脱经济落后状态，在短时间内实现赶超欧美发达国家的任务，日韩两国政府选择了强有力的国家干预理论，通过国家（政府）选择某些产业加以优化资源配置，促使资源最大化利用，以达到经济效率的最大化。因此作为宏观调控的产业政策法占据着重要地位。两国产业政策法的出台也是"赶超战略理论"的结果，其产业政策法被称之为倾斜性产业政策法或部门产业政策法。部门产业政策法或倾斜性产业政策主要指政府集中社会资源，在产业之间选中某些产业进行资源优化配置。日韩采纳有效供给理论意味着日韩政府通过制定和实施产业政策法调控宏观经济，财政政策和货币政策则是作为产业政策或产业政策法的支援型政策。因而在日韩国家调控宏观经济的政策中，产业政策（法）是最重要部分。反观日韩两国反垄断法则通过修改法律、缩小其适用范围或者久未出台，积极为产业政策法服务。日本《禁止垄断法》为了配合国民经济的发展，于 1949 年、1953 年修订法条，通过豁免规定给予合理化卡特尔组织和反萧条卡特尔组织以合法性生存身份。日本大量地适用豁免制度，在最高时期，高达 1000 个以上。这些豁免规定对于保护本国产业并促进其发展起到了积极作用，但也缩小了日本原始《禁止垄断法》的管辖领域和适用范围。因此在很长一段时间，日本两部法律冲突的结果是产业政策法处于主导和优势地位，反垄断法则为其服务。而韩国在1964—1972 年期间，《公平交易法》的立法在进行了四次尝试以后，终因企业界人士的反对而夭折。同时，韩国通过颁布带有限制内容的特定产业法和特定产业振兴法，限制进入市场的门槛，排挤了竞争对手，缩小了市场竞争的范围。

从日韩产业政策法与反垄断法两者的政府干预程度来看，产业政策法的干预经济的程度更强大，更高，范围更广；反垄断法则是最小程度的国家干预。从调节机制来看，产业政策通过政府积极配置资源，表现为事前调节机制，反垄断法则为事后调节机制，只在经营者违反了反垄断法规定的禁止条款时才予以制止和惩罚。因此，为了避免产业政策法的高强度的干预，减损反垄断法的效力，通过建立事前协商制度，一开始就能够避免两法的冲突。考察世界各国的反垄断法和产业政策，可以寻觅到事前协商制度主要发生在日韩这类行政主导型市场经济国家，这类国家通过建立事前协商制度，可以将产业政策法与反垄断法的冲突，消灭在萌芽阶段。

日韩产业政策法与反垄断法的法律规范的特性，事前、事后调整机制导致了产业政策法的高强度的政府干预，与反垄断法的最小程度的政府干预模式。由此，日韩产业政策法与反垄断法产生矛盾。本质上，每一种制度供给社会，总是想将其制度效益最大化，而不是最小化，因此，日韩产业政策法与反垄断法在日韩政府干预领域里发生的冲突就表现为两法努力争夺有利于其制度的政府干预的强度和方式，而排斥另一方的制度干预。总之，从日韩产业政策法与反垄断法两种制度来看，高强度的政府干预型的产业政策法总是千方百计削弱或排除弱度的政府干预型的反垄断法的运用。在这种情况下，日韩两国为了配合行政主导型制度供给的政治背景，满足发挥政府产业政策的功能，又要防止削弱反垄断法作为"经济宪法"的基本功能，在长期的产业政策法与反垄断法博弈过程中形成了事前协商制度。

事前协商制度不仅表现在日韩这种行政主导型市场经济国家，也表现在其他国家干预较浓的法国、匈牙利等国家。如：法国1987年修正的《公平交易法》第1条规定，关于特定时期，市场出现不正常情势，需要实行价格管制，在征询竞争委员会意见后，可以经中央行政法院认可条例管制价格。第6条规定了强制咨询制度，即对用于建立新制度而直接产生下列效果的行政命令草案，竞争审议委员会必须被政府咨询：（1）对职业活动或进入市场为数量上的限制。（2）在某些地区创设排他权利。（3）强制实施同一价格或出售条件。即有关带有限制市场进入、地区限制市场竞争、固定市场价格或销售条件等行政法规或规范性文件草案，必须与法国竞争委员会协商，得到其同意。①

1990年匈牙利《禁止不正当竞争法》第60条规定，部长必须就所有涉及限制竞争（特别是限制经营或限制进入市场）、保护独占权以及有关价格或销售条件的法律草案征求经济竞争局的意见。第61条规定，经济竞争局主席参加政府会议和经济竞争局职权范围内有关问题的磋商，并有权发表意见。经济竞争局依政府和部长的请求通告其工作情况，但正在进行的竞争监督审理除外。② 第62条规定部长、国家资产管理局、地方自治管理机构和其他的国家管理机构依经济竞争的请求通告有关竞争监督工作的情况。1996年匈牙利新修订的《禁止不正当竞争法》继承了有关限制市场竞争方面的行政机关发布法律、法规草案都必须征求经济竞争局意见的法律规定。匈牙利竞争局在1999年收到

---

① 《各国反垄断法汇编》编选组编：《各国反垄断法汇编》，人民法院出版社2001年版，第252、254页。

② 同上书，第589页。

过要求提供咨询意见的法规草案 300 多件，竞争局对二分之一的草案提出了自己的意见和看法。① 1995 年《俄罗斯关于竞争和在商品市场中限制垄断活动的法律》第 12 条联邦反垄断法局有下列权利："在需要制止违反反垄断法规的行为并消除其后果、恢复原状、强行分解经济实体的下属机构、发出或更改与反垄断法规相抵触的契约、与另一经济实体签订契约、或者将因违反反垄断法规而获得的利润转交给联邦国库时，对经济实体下达有约束力的指令。在需要废除或修改已通过的违法的法令、制止违法行为、撤销或更改已经签订但与反垄断法规相抵触的契约时，对联邦行政权力机构和各市当局下达有约束力的指令。向联邦行政权力机构、俄联邦各部门的行政权力机构和各市政当局提供下列建议：采取或取消专利权，修改顾客收费表，采用或取消配额，分配税收减免、优惠贷款和其他形式的政府支持……"② 2002 年 10 月俄罗斯第 8 次修订的《关于商品市场的竞争和禁止垄断行为法》规定，俄罗斯联邦反垄断委员会有权就企业设立、重组和停业等与竞争相关内容等行政机关制定的产业政策，反垄断委员会有权审查和制止。

第二，日韩两法事前协商制度实现的程序保障。

事前协商制度主要是产业政策的主管部门在起草和实施前，必须与反垄断法执法机关协商（咨询或认可）的一种制度。它意味着反垄断执法机关拥有较大的权威性和高度的独立性，才能保证事前协商制度的实现，才能保证不受产业政策法的影响和产业主管部门的干扰。即日韩两国的事前协商制度需要有程序

---

①　王晓晔主编：《中华人民共和国反垄断法详解》，知识产权出版社 2008 年版，第 71 页。

②　《各国反垄断法汇编》选编组选编：《各国反垄断法汇编》，人民法院出版社 2001 年版，第 601—602 页。

保障。

在反垄断法领域，完全立法过程只是一个初步成就，更大的挑战实际上存在于后续的实施过程中。[1] 产业政策法作为一种高强度的政府干预强烈干扰着反垄断法的运行。即反垄断执法的有效性常常受到产业政策法的影响，也意味着事前协商制度能否实现将受到法律赋予的反垄断执法机构职权大小的限制。通过在立法中赋予反垄断法执法机构强大职权，反垄断法才能够真正成为市场经济的基本法或经济宪法，也因为反垄断法执法机构可以享有高于产业政策法实施机关的权限，有效地限制产业政策法的不公开性、随意性和不透明性。这种制约是建立在强大权力的赋予基础上，若没有这种权力赋予，反垄断法的执法也将流于形式。因此，基于国家产业政策法与反垄断法的冲突，事前协商制度的实现是与反垄断法执法机构的权威性和独立性休戚相关。一个国家如何设置反垄断法执法机构和赋予怎样的权限，决定了反垄断执法机构是否具有权威性和独立性，由此决定反垄断执法机构与产业政策法实施机构之间的力量斗争。反垄断法执法机构的权威性来自于被反垄断法赋予的权限。就产业政策法与反垄断法之间的协调而言，产业政策法与反垄断法之间谁为优先适用地位，就决定反垄断法执法机构的权限大小。市场经济国家一般给予反垄断法为市场经济法律基本法或经济宪法地位，其他法律包括产业政策立法都以反垄断法为基础，其反垄断执法机构的职权非常大，能够制约产业政策法的运作；而转轨经济国家，由于市场经济不成熟，市场规则运用还不很熟练，国家引导市场经济的发展，产业政策法处于优先适用地位，常常需要执行产业政策法所要达到的目标——提高技术、促进经济效率、环境保护、国家

---

[1] 李国海：《英国竞争法研究》，法律出版社2008年版，第4页。

竞争力、地区区域间经济均衡等。相应地，转轨市场经济国家的反垄断法执法机构职权小，没有制约产业政策法运行的职权。但是，在转轨市场经济国家，若该国已经接受市场经济，竞争规则成为普遍规则，反垄断法则成为该国市场经济的基本法，反映到反垄断法执法职权就大。可见，反垄断法执法机构的权威性和独立性设置是关系事前协商制度实现的一个程序保障。

反垄断法执法机关的权威性来自于其权限的赋予，权限的高低决定了以产业政策法为主还是以反垄断法为主。

日韩两国则赋予反垄断法执法机构驾驭产业政策法运行机关之上的职权。首先，反垄断法赋予反垄断执法机关或公平交易委员会强大的职权。1994年韩国《限制垄断及公平交易法》第36条规定公平交易委员会管辖"有关管制滥用市场支配地位行为的事务；有关管制企业合并和抑制经济权势集中的事务；有关管制不正当竞争行为和厂商团体限制竞争行为的事务；有关管制不公正交易行为和维持转售价格行为的事务；有关限制不正当国际契约的事务；有关促进竞争政策（对限制竞争的法令和行政措施进行协商、调整等）的事务；其他法令规定的由公平交易委员会管辖的事务"。① 其中第36条第6项赋予公平交易委员会对有关促进竞争政策（对限制竞争的法令和行政措施进行协商、调整等）职权。即对有关限制竞争的产业政策法或规范性文件进行协商或调整的职权，是如何协调两法的最重要的法律规定。日本1996年的《禁止垄断法》规定公平交易委员会隶属内阁府，总理大臣管辖公平交易委员会，有权行使执掌下列事务：

---

① 《各国反垄断法汇编》选编组选编：《各国反垄断法汇编》，人民法院出版社2001年版，第649页。

"一、有关私人垄断的规制。二、有关不合理交易限制的规制；三、有关不公正交易方法的规制；四、有关垄断状态的规制；五、就实质性限制一定交易领域竞争的行为的规制、对可能会妨害公平竞争的行为的规制、为防止事业支配力过度集中的规制以及其他的对手的对事业活动不正当限制的规制，而进行有关事业活动及实际状况的调查或者调整经济法令等；六、除以上各项规定外，根据法律（包括根据法律规定的命令）规定属于公平交易委员会掌管的事务。"① 其中公平交易委员会执掌第四项和第五项事务，可以说明，公平交易委员会拥有反垄断状态的权力。即当某个产业处于高度垄断状态或者某个行业是垄断行业时，公平交易委员会有关规制改变其垄断状态，维护竞争性市场结构。

其次，在相关反垄断法和相关的产业政策立法中赋予公平交易委员会的协商权。韩国《公平交易法》规定，有关产业行政部门发布限制竞争的法令必须与公平交易委员会协商。1994 年的韩国《公平交易法》第十三章的补充条款第 63 条规定，在制定和实施有限制竞争性质的法令方面可以进行协商。即"有关行政机关在制定或修订法律时，在对厂商或厂商团体发布命令、宣布处理措施或给予认可时，若含有第 19 条第一款各项及第 26 条第一款所具限制竞争事项的内容，该机构的领导人必须事先与公平交易委员会协商。有关行政机关的领导人在实施了本条第一款所定命令、处理措施或认可后，必须就该命令等的内容通报公平交易委员会。公平交易委员会受到通报后，如认为，制定或修订的规则、公告中包含限制竞争的内容，可以向有关行政机关首

---

① 《各国反垄断法汇编》选编组选编：《各国反垄断法汇编》，人民法院出版社 2001 年版，第 430 页。

长，提出限制竞争修订意见。"① 第 64 条有关行政机关领导人的
协调。

日本于 1993 年的《促进能源等使用合理化以及再生资源利
用的事业活动临时措施法》、1995 年的《事业创新顺利化临时措
施法》等法律规定，在各产业主管部门发布行政命令或有关产
业措施时，赋予公平交易委员会的协商权，有效地避免了产业政
策法与反垄断法内容相冲突，减损反垄断法执行效力。

日韩国家还赋予公平交易委员会对一些个别产业政策立法中
有关限制竞争内容的卡特尔协议的认可权。1999 年的韩国《产
业发展法》第 1 条就显示了"产业结构合理化"，即允许通过企
业之间的共同行为达到零部件的标准化或公用化，共同研发技术
或商标，相互支持技术、人力等。但是这些行为属于《公平交
易法》的不当共同行为，《产业发展法》第 11 条规定由公平交
易委员会认可，才可豁免于《公平交易法》。

日本则赋予公平交易委员会对个别产业政策立法中反萧条卡
特尔的认可权。尽管大量的限制产量、销售、采购原材料、引进
技术、设备的卡特尔协议是产业政策立法的合法依据，但其萧条
卡特尔需经过申请，由公平交易委员会认可。如日本《保证税
后利润的就业协会和措施法》第 42 条、第 43 条和第 94 条规定
酒业协会制定的有关白酒出售色号、储存等有关规则，只要能够
有利于降低成本、提高效率、便利酒类交易和保护消费者利益
的，卡特尔可以豁免《禁止垄断法》的制约，但必须在财政部
征求公平交易委员会的意见后，获得财政部的批准之后，才可以
不受《禁止垄断法》的约束。

---

① 《各国反垄断法汇编》选编组选编：《各国反垄断法汇编》，人民法院出版社
2001 年版，第 654 页。

　　有时日本通过公平交易委员会制约产业主管部门的行政指南。行政指南或行政指导常常是产业政策法中一种形式。行政指南是根据日本 1994 年公平交易委员会颁布的《关于〈禁止垄断法〉中行政指南的规定》，指行政机构为了实现某项管理目标，或者为了完成那些在行政机构职责或权力范围内无法完成的行动而发布特定个人从事或禁止从事某些活动的指南、建议和通知。① 也是我国产业政策法经常适用的一种低级形式，就是以意见、通知、指南方式推行政府实现调控产业的政策目标。这种行政指南包括强制性和非强制性内容。如强行淘汰某些设备，限制产量，提高市场进入壁垒，限制市场进入、禁止使用某项落后技术，或者非强制性的，带有鼓励、引导内容的产业政策。日本《关于〈禁止垄断法〉中政府指南的规定》要求行政机构制定的关于价格、市场进入、限制数量和设备的政府指南，若没有法律或法规的授权，行政机构制定的相关内容不得对市场竞争造成损害，否则，公平交易委员会可以不予豁免。针对 20 世纪 60 年代，日本由于石油危机，产业部门下达了价格方面的行政指导意见，该石油行业在其产业主管部门的行政指南下形成了石油卡特尔，但就是这项卡特尔因违反《禁止垄断法》被法院宣布违法而告终，使得产业行政部门的有关行政命令或行政指导，处于公平交易委员会和最高法院监控之下。因而解决了产业主管部门制定法令或行政指导与反垄断执法机关各自为政的局面，使得公平交易委员会的职权在一定程度上是驾驭在产业主管部门之上。可见，日本通过公平交易委员会的执法确认或否认行政指南中关于限制性竞争内容的实现。

---

　　① 高桥岩和：《日本产业政策与竞争政策的关系》，载王晓晔《经济全球化下竞争法当然新发展》，社会科学文献出版社 2005 年版，第 130 页。

这些内容的规定使得日韩公平交易委员会的权力在一定程度上是驾驭在产业主管部门之上的。

2.3　制度评析

适用除外制度和事前协商制度在立法上的确定可以有效地将产业政策法与反垄断法之间的矛盾消灭在萌发阶段，避免了面对面的冲突。适用除外制度就是产业政策法与反垄断法在关于管辖领域上的协调，大部分国家采用适用除外制度，通过适用除外制度将两法管辖范围或效力予以明确化，但是各国的适用除外领域大小是不同的，越是市场经济成熟的国家，适用除外领域越小，体现了反垄断法在市场经济活动中的基础地位；越是市场经济不成熟的国家，适用除外领域越大，体现了产业政策法在国家经济活动中的重要作用。适用除外制度随着产业政策法废止或转变扶持某些产业，其制度效力范围也在变化，其发展趋势是将逐步取消或转为行为豁免制度，适用除外制度适用的严格性等特点。

事前协商制度主要存在于行政主导型市场经济国家或偏行政主导型市场经济国家。它包括法律起草、实施前的事前协商，有利于在冲突发生前解决他们之间的矛盾。日韩两国作为行政主导型市场经济国家，由于资源稀缺、经济落后，出于赶超战略，需要政府运用产业政策法集中社会资源，扶持选定产业发展，通过以点带面促进国民经济的发展，满足人民幸福生活。与此同时，产业政策法随着经济发展，引起创新活力不足、竞争机制的遏制、市场不活跃、垄断促成等弊端，与反垄断法的宗旨和本意基本上是相矛盾的。事前协商制度从本质上说就是日本、韩国等行政主导型市场经济国家，经过多年寻找到的一个协调路径或方法。

由于日韩两国采用有效供给管理理论，在这些国家里产业政策法起着重要作用，而反垄断法的作用则大打折扣或直接被搁置起来，从而激发了两者的矛盾和冲突。因此，为了避免产业政策法的高强度干预，减损反垄断法效力，通过建立事前协商制度，从一开始就能够避免两法的冲突。考察世界各国的反垄断法和产业政策，可以寻觅到事前协商制度主要发生在日韩这类行政主导型市场经济国家，这类国家通过建立事前协商制度，可以将产业政策法与反垄断法的冲突，消灭在萌芽阶段。

简而言之，事前协商制度就是提供给产业政策法和反垄断法之间一个协调的机会，在冲突发生前就予以协调，避免两者出现不应有的矛盾，影响经济的发展。这个协商过程实质是不同利益主体就不同利益诉求的博弈过程。通过冲突前的协商运作，两者达成一致，实现均衡。

在日韩国家中事前协商制度就是两国政府既考虑到产业政策法的需要，也考虑到了市场机制的必需性。两法在长期博弈过程中形成了起草前或运行前产业主管部门首长必须与公平交易委员会协商，才可出台、运行产业政策法，有效地制约了产业政策法。

第3章

卡特尔豁免制度和企业合并控制制度研究

卡特尔豁免制度和企业合并控制制度之所以归为一组，在于两种制度有相关性。即卡特尔豁免制度和企业合并控制制度都是产业组织或企业组织运行过程中，协调两法冲突的制度，尤其主要解决规模经济与反垄断之间的冲突。卡特尔豁免制度主要是实施有关鼓励中小企业联合，促进创新和技术进步，鼓励联合研发，统一质量、规格，降低成本，提高经济效率等有益的产业政策法目标时，与反垄断法普遍禁止垄断协议产生冲突之后，双方各自妥协，形成的协调制度。合并控制制度更是在实施产业兼并重组政策中，既要实现规模经济，又要禁止垄断状态和垄断行为产生的过程中形成的协调制度。

3.1 卡特尔豁免制度研究

卡特尔豁免制度指的是某些限制竞争的卡特尔行为，因符合产业政策法的价值取向或追求目标，经反垄断执法机关判断、斟酌后，豁免于反垄断法处罚。豁免制度适用于那些本身触犯了反垄断法的禁止性条款。尽管这些被豁免的行为是限制竞争的行为，但反垄断法执法机构出于社会公共利益价值目标的考虑，而予以有条件的豁免。

3.1.1 产业政策法与卡特尔豁免制度

垄断协议，即排除、限制竞争的协议、决定或者其他协同行为。卡特尔协议根据 1998 年德国《反限制竞争法》第 1 条可知，卡特尔协议是指"处于竞争关系中的企业之间达成的协议、企业联合组织的决定以及协同行为"，同时规定，"如果是以阻碍、限制和扭曲竞争为目的，或者产生阻碍、限制和扭曲竞争后果的"，卡特尔协议是要被法律禁止的。因为垄断协议或卡特尔协议从根本上促进垄断，遏制竞争，所以各国都以反垄断法的明文条款规定为禁止垄断的协议，例如：固定价格、限制产量和销售、划分市场的协议认为属于硬核卡特尔，无需经过审查，就可适用本身违法原则快速决定。我国《反垄断法》第 13 条和第 14 条规定，禁止的垄断协议包括价格垄断协议、数量垄断协议、分割市场垄断协议、联合抵制协议、固定转售价格垄断协议和维持最低转售价格垄断协议，都属于公认的本身违法原则的垄断协议。即卡特尔或者垄断协议或限制竞争协议，台湾地区称为联合行为。无论卡特尔或联合行为都主要指的是两个或两个以上的具有竞争关系的经营者或者交易相对人达成有关排除、限制竞争的协议、决定或者其他协同行为。在这里笔者统一称为卡特尔。

卡特尔的内容包括：价格确定，产量或销售数量限制，分割和划分市场，限制新技术、新设备的引进或限制研究开发新产品、新技术，也被称为硬核卡特尔。竞争是市场经济的基础和核心，通过价格机制来实现市场资源配置优化功能，在存在竞争压力下，来促进和引导企业通过提高技术、降低管理成本、节约生产成本等方式，降低价格，创造自己的品牌，拥有核心技术，来提高自己的竞争力。一般来说，卡特尔或者垄断协议很明显损害自由竞争，侵害消费者权益，影响经济发展和技术进步，应该一律禁止。卡特尔行为作为限制竞争、损害竞争机制的一种行为，是破坏技术进步、经济进步和发展的一种力量，各国反垄断法一般普遍禁止卡特尔行为。虽然本身属于一种违法行为，但是由于世界是复杂的，经济行为呈多样性，卡特尔也不是绝对有损竞争、一律无利，反垄断法不能不加以区分一律禁止。例如：一些有利于技术进步、提高经济效率、改善生产条件、提高国际竞争力等垄断协议或卡特尔是有益的，是产业政策法和反垄断法共同追求和鼓励的目标。这些有益的目的往往体现在产业政策法的各项内容里，通过各种优惠措施来帮助实现这些目的，反垄断法则通过卡特尔豁免制度将其放行。

　　从反垄断法角度说，一些卡特尔行为不是绝对地损害竞争。产业组织法有关中小企业促进法，鼓励中小企业联合行动，走系列化和专业化发展之路，增强其市场竞争力；其目的是通过提高中小企业经济效率，促进中小企业现代化、专业化，促进中小企业创新或引进技术，增强中小企业竞争力，来对抗大企业在市场上垄断地位或市场优势地位；产业技术政策法包含着鼓励联合和共同研究与开发，促进技术进步和技术改进与创新，降低成本，提高效率等；其目标是鼓励技术创新、技术进步，鼓励新技术、新产品更快转化和市场化，以及鼓励促进技术实现产业结构高级化。产业结构法包含对关乎国计民生的基础产业和基础设施产业的扶持和对支柱产业的扶植，关于统一产品技术标准、质量标准、环保标准和产品的规格、形式、包装等内容；对衰退产业振兴，主要针对不景气产业而制定有关规划，消除产能过剩，限制市场进入，达到供需均衡；对出口产业和保护本民族产业，国家往往通过各种优惠产业政策措施扶持或支持进出口产业等内容，其直接目标是促进产业结构合理化和高级化；产业结构合理化和高级化，需要整顿本产业，限制和淘汰落后产能，统一产品的标准、规格、形式，引进先进产能和设备，提高整个产业效能，实现产业结构合理化、产业结构高级化。这些目标都是有益的目标，它会带来技术的进步和技术革新，经济进步和经济发展，人民福利的增进等积极效益。

经过长期的各国反垄断法实践证明，某些垄断协议或卡特尔协议不仅限制竞争的危害后果小、影响小，而且在另一方面更有利于促进竞争，或者有效地实现产业结构合理化和调整，技术进步和经济增长，而这一部分往往又是国家产业政策或其他贸易政策的目标。于是禁止垄断协议也从绝对禁止演化为一般禁止，允许有例外的存在，由此形成了卡特尔豁免制度，作为反垄断法禁止垄断条款的有益补充。即反垄断法针对这种有益目标，往往通过对中小企业联合行为、技术研发、提高经济效率、改变不景气状态的联合行为，适用豁免制度来支持、配合，以实现产业政策（法）的诸目标。

卡特尔豁免包括合并豁免都是产业政策法与反垄断法之间合理的度。这种度的掌握，是由反垄断法执法机关根据相关标准，判断是否具有合理性，是否利大于弊，进行决定是否豁免。

3.1.2　各国立法例

《欧共体条约》第81条第3款规定了卡特尔豁免制度基本内容：如果企业间一项或一类协议，行业协议的一项或一类决策，一种或一系列彼此约定的行为方式，有助于提高产品的生产或分配、促进技术进步，能够使消费者合理分享好处，同时还不致使：（a）有关企业遭受实现上述目标并非不可或缺的限制；
（b）有关企业免除在相关产品中的竞争，那么欧共体委员会将
批准豁免，不再适用第一款禁止性规定。1962 年欧盟部长理事
会第 17 号条例（17/62 号）规定了集群豁免（有学者称之类型
豁免）和个案豁免（又叫个别豁免）。集群豁免主要是由欧共体
理事会和欧盟委员会通过立法规定。集群豁免有时无需经过事先
审核，就可获得豁免。而个别豁免是欧盟委员会可以授予。这些
个案豁免必须申请，一般实行一事一议原则，由欧盟委员会进行
审核，授予豁免。欧共体竞争法中集群豁免包括白色清单和黑色
清单。白色清单规定在任何情况下都可以获得豁免的限制竞争条
款，黑色清单规定在任何情况下都不能获得豁免的限制竞争条
款。其中标准是根据其市场份额、销售额、卡特尔的期限、消费
者利益等指标进行卡特尔豁免审查。

　　欧盟关于集群豁免的特点：a. 集群豁免是通过欧盟理事会
和欧盟委员会立法规定，而且集群豁免的类型众多。欧共体委员
会就有关豁免曾发布了一系列的条例，其中欧共体竞争法关于集
群豁免的条例有：1962 年第 62 号条例关于农业部门的豁免；
1962 年第 141 号条例和 1968 年第 1017 号条例关于公路、铁路和
内陆水运部门的适用；1986 年第 4056 号条例海运的类型豁免；
1987 年第 3975 号和 3976 号条例对空中交通的豁免；1983 年的
独家销售协议第 1983 号条例；1985 年 417 号关于中小企业专门
化条例、第 418 号研究与开发合作协议；1992 年 3932 号条例；
1995 年 870 号关于海运协议，等等。b. 集群豁免程序简便，无
需欧盟委员会事先审核就可获得豁免。由于明确的立法规定，只
要符合条例的范围和条件，无需欧盟委员会审核就可获得豁免。
对于超过条例的范围，必须经过欧盟委员会进行个案审核、批准，
才可获得豁免权。c. 集群豁免具有时间限制。一般时间为十年或

者最多十五年。d. 集群豁免的撤回。欧盟委员会经过调查认为集群豁免有损有效竞争市场，造成市场支配地位，可以撤回。

个别豁免是对不在欧盟理事会和欧盟委员会共同通过的集体豁免条例的范围之内的个别案件，根据欧盟委员会接受当事人的申请，经审核，认为符合《罗马条约》第85条第3款的条件而予以批准获得豁免。个别豁免要符合下列条件：符合《罗马条约》第85条第3款的相关条款：有助于提高产品的生产或分配，促进技术进步，在消费者合理分享好处的同时还不致使：a. 有关企业遭受实现上述目标并非不可或缺的限制；b. 有关企业免除在相关产品中的竞争。对个别豁免非常严格，据统计，欧共体委员会迄今对于企业提出的个别豁免统计总共授予不足100个豁免。①

1990年加拿大《竞争法》第45条第（3）款规定了交换统计资料、确定生产水平、交换信贷信息、统一贸易、行业或专门职业的术语的定义的卡特尔；限制广告和推销的联合、协定、研究与开发卡特尔、统一标准或规格卡特尔、度量衡公制、环境保护等可以卡特尔豁免制度，但对于不适当减少或可能减少竞争，则不得豁免。第45条（5）项规定了出口卡特尔豁免。

1998年德国《反限制竞争法》规定了八种类型豁免，并规定了不同类型的豁免程序，第2条至第4条规定了标准和型号的卡特尔、专门化卡特尔、中小企业卡特尔适用申请登记程序（3个月的审期，没有驳回视为豁免）。第5条至第8条规定了合理化卡特尔、结构危机卡特尔、其他卡特尔和经济部部长特许卡特尔，需向卡特尔局申请批准，经批准后可享受豁免。

1996年日本《禁止垄断法》规定了企业合理化和旨在克服

---

① 王晓晔：《欧共体竞争法》，中国法制出版社2001年版，第138页。

萧条的卡特尔豁免。1992 年韩国《限制垄断和公平交易法》规定了产业合理化、研究与技术研发、克服萧条、调整产业结构、提高中小企业竞争实力、实现交易条件合理化卡特尔豁免。

1999 年我国台湾地区《公平交易法》第 14 条规定了提高经济效率和研发卡特尔、企业合理化卡特尔、统一规格卡特尔、出口卡特尔、进口卡特尔、反不景气卡特尔、提高中小企业竞争实力等卡特尔豁免。

我国《反垄断法》第 15 条规定了垄断协议豁免情况包括：a. 为改进技术、研究开发新产品的；b. 为提高产品质量，降低成本，增进效率，统一产品规格、标准，或者实行专业化分工的；c. 为提高中小企业经营者经营效率，增强中小企业经营者竞争力的；d. 为实现节约能源、保护环境、救灾救助等社会公共利益；e. 因经济不景气，为缓解销售量严重下降或者生产明显过剩的；f. 为保障对外贸易和对外经济合作中的正当利益的；g. 法律和国务院规定的其他情形。

3.1.3　卡特尔豁免事由

卡特尔豁免事由或目的，大致分为以下几种：

第一，中小企业卡特尔。

中小企业卡特尔是指中小企业为了提高生产效率、对抗大企业，进行一种协作和合作的联合。中小企业对增强市场活力、增加就业、稳定社会起着重要作用。中小企业促进法是产业政策法保护、扶持、引导或限制的一部分内容。我国《中小企业促进法》就属于关于扶持中小企业的产业政策法，主要包括贷款优惠、税收减免、技术引进和技术创新的扶持等内容。

中小企业保护、扶持的内容属于产业政策法中的产业组织政策内容，产业政策法之所以把中小企业发展列入到产业组织政策之中，原因在于：①中小企业在市场起步阶段，是弱势企业，无法同大企业相竞争，如果不扶持，很可能刚萌芽就被扼杀在摇篮之中。通过允许中小企业联合，增强其市场竞争力，有助于参与相关市场的竞争，进而很快成长起来，增加市场参与者数量，更加有利于有效竞争。②从经济发展历史来看，中小企业是最有活力、最有创造力的因素，是保持市场竞争活力必不可少的因子。如微软公司、腾讯、淘宝等企业都是从中小企业发展而来。③从企业和市场的发展来看，经营者集中和市场趋于集中是一个发展趋势，中小企业在如此情形下，生存和发展都将举步维艰。卡特尔豁免制度绝不是不要竞争机制，不是对无效率的或效率低的中小企业予以庇护，而是中小企业与大企业能够在起跑线上保持一致而已。中小企业卡特尔豁免给予中小企业同样的生存机会、创业机会，即机会公平的给予。通过反垄断法的豁免制度将产业政策法的中小企业促进发展内容纳入到反垄断法的轨道中，既能实现促进竞争的反垄断的主要目标，又能实现保护中小企业的生存权和发展权的产业政策法次要目标。

第二，产业合理化卡特尔或企业合理化卡特尔。

产业合理化是一项产业政策中想要实现的目标，是从根本上改善产业状况。包括企业内部的合理化、企业外部条件的合理化、行业的合理化以及产业结构的合理化。①

企业合理化联合行为是通过调控整个参与合理化企业的共同行为，提高整体性和有效性，是为了促进企业合理经营的共同行为。这种合理化包括提高技术，促进新技术转让、转化，提高产品质量，节约成本，降低管理成本，提高经济效率等合理化联合

---

① 杨栋梁：《国家权力与经济发展——日本战后产业合理政策研究》，天津人民出版社1998年版，第8页。

行为，更多的是为了提高企业竞争力。主要包括：标准化联合行为；专业化联合行为；研发联合行为。

标准化卡特尔是指参与标准化卡特尔的企业生产的产品采用统一规格、型号、标准质量，而不采用生产其他规模、型号、标准。这种产品的标准、规格、型号有利于经营者大规模生产，降低生产成本，提高经济效率。德国、加拿大和我国都规定了标准化卡特尔。

专业化或专门化卡特尔是就产品生产过程（原材料采购、加工，零部件和产品的生产、运输、销售、售后等环节）进行专业化分工的卡特尔，有利于提高技术、产品质量和效率，生产和销售。专业化生产意味着某些企业只生产某些产品的零部件，有些企业则生产另外的零部件或加工原材料，有些企业部门只进行物流运输环节的分配工作，从而使得整个生产、销售进行了专业化分工。各国一般规定，只有提高经济效率和专业化的卡特尔可以被豁免；但同时规定，这种提高专业化的卡特尔不得加强市场支配地位、限制竞争，否则不得豁免。共同研发联合行为，是联合企业共同提供研究经费，提供共同的技术人员，共同分享研发过程中的灵感和新奇思想，更有助于研究与开发产品和市场。

第三，不景气卡特尔。

不景气是指经济处于萧条时期，需求量出现持续减少，行业出现产能过剩，供大于求，产品滞销，市场出现一片萧条。不景气卡特尔是指在这个时期，为了尽快走出不景气，振兴市场，解决产能过剩、产品滞销状况，企业之间联合起来建立不景气卡特尔，限制产能，淘汰过剩设备或落后设备，共同限制价格等促进供求均衡的共同行为。

不景气的发生，可能是由于整个世界经济萧条、经济危机发生，本国国内经济受到严重影响，出口需求缩减或取消；或者供求均衡被打破，某些产业的生产供给大于需求，造成产能严重过剩，大量企业倒闭，国民经济健康发展受到严重影响。这种处于不景气的产业，被称为衰退产业，衰退产业需要政府振兴，进行整顿，将一些效率低、浪费资源、设备落后的企业予以破产，或鼓励大企业将它们兼并，或者通过积极扶持、帮助贷款、税收优惠等措施，帮助它们复兴，度过不景气时期。各企业之间通过建立卡特尔的共同行为，依据卡特尔协议限制产量、销售数量、淘汰落后产能方式，克服经济不景气，度过经济危机。各国采用鼓励卡特尔的方式，以扶持、帮助企业度过艰难时刻。由于各企业按照协议或协同行动，采取限制产量，淘汰产能，或者销售数量，固定共同价格，本身具有限制竞争之嫌，因而各国对不景气卡特尔非常谨慎，需具备严格程序或条件才许可豁免。如：1999年台湾地区《公平交易法施行细则》第19条规定，参与不景气卡特尔的企业要提供最近三年每月特定商品的平均成本、平均变动成本与价格之比的资料；最近三年每月的产能、设备利用率、产销量、输出量和存货量的资料；最近三年间该行业厂家数的变动情况；该行业的市场展望资料；除联合行动，已采取或拟采取之自救措施；实施联合行为的预期效果。再经过公平交易委员会审核批准。或者对不景气卡特尔予以取消。日本于1999年废止不景气卡特尔豁免制度。德国《反限制竞争法》则取消了不景气卡特尔，而以结构危机卡特尔取代，施以谨慎态度许可豁免。根据德国联邦卡特尔局的统计，1986年共有321个合法卡特尔，但结构危机卡特尔只有一个。①

第四，研究与开发卡特尔。

这是涉及产业技术进步或经济进步的卡特尔。共同研发一向

---

① 王晓晔：《竞争法研究》，中国法制出版社1999年版，第215—216页。

是产业政策所支持的联合行为，它的联合行为有助于更快地完成技术开发的任务，更好地提供新产品，有利于提高产品的竞争能力。

研究与开发（research and development）是创新的前期阶段，是各种人力、财力、物力资源的投入阶段，是创新成功的物质基础和科学基础。研究与开发是一种综合的、复杂的概念，由教育、制度、文化等元素构成；它也可指一种过程，如技术过程、组织过程、管理过程、生产工艺过程、营销过程等；它也包括人类想象力、直觉和创造力的整合。一般讲，所有涉及创新相关的内容都属于创新活动。研发一般分为基础研究、应用研究和实验研究。但是，研发工作并不必然导致创新成果的产生，存在着失败的风险。研发本身是一种风险项目，意味着创新思想没有转变为产品之前，可能失败。更不用说，它的起始成本不会得到回报或者得到利润，也就存在投入资本无法得到回收的可能。许多投资家在做出决定之前，将进行权衡成本和收益之比，最终将会选择风险少的又获利的项目投资，放弃有风险、看起来似乎无利润或利润少的创新活动。

20 世纪 80 年代末，新经济的产生，使得创新和竞争成为新经济的特点，也使得创新的研究与开发成为世界各国竞争的一个项目，谁先研究与开发出产品、技术、新设备，谁就能够拥有产业的国际竞争力。

各国的产业政策法鼓励共同研究与开发或合作研发，有利于集思广益，共同集中人力、物力、资源进行合作研究与开发工作，避免资源的浪费，减少技术开发成本，减少可能失败的风险，提高研发的效率，共同享有研发灵感，有利于研究与开发等创新工作顺利进行。

同样，各国反垄断法一般采取积极许可方式，积极鼓励研究与开发卡特尔。美国最早于 1984 年在《国家合作研究法》中就对研发合作和联合行为进行认可。其相关条款规定，允许竞争企业进行合作研究开发，并从法律上明确合作研发豁免于反托拉斯法惩罚。欧盟于 1985 年关于《研究与开发合作协议第 418 号条例》规定，非竞争者之间关于研究与开发合作协议可以从销售新产品之日得到五年的豁免。竞争者之间的协议如果形成的新市场份额不超过 20%，协议可以得到豁免。五年之后，如果新产品的市场份额超过 20%，合作协议取决于协议的执行情况。我国《反垄断法》第 15 条第 1 款"为改进技术、研究开发新产品的"而形成共同研发的卡特尔豁免适用反垄断法。

3.1.4 卡特尔豁免制度的发展特点

有些学者提出卡特尔豁免的发展特点具有：变动性、范围逐渐缩小、控制标准逐渐加强。[①] 笔者认为卡特尔具有如下特点：

第一，政策性。

从产业政策法角度说，卡特尔豁免制度本身具有一定社会公益性，能够帮助实现产业政策法的一些社会公益性目标：有利于改善产业结构调整，促进产业技术进步和创新，提高经济效率，发展国民经济。但毕竟这种卡特尔豁免制度是反垄断法实体制度中卡特尔禁止制度的例外情况，是产业政策法与反垄断法妥协的结果，更是产业政策法侵入反垄断法领域的一种表现方式。因而，不可避免地带有浓厚的经济政策性。政策性意味着它随着产业政策法的变动而变动，随着产业政策法的地位变动而变动，随着产业政策法的发展而发展，具有明显的政策性和被动性。一般

---

① 游钰：《卡特尔规制制度研究》，法律出版社 2006 年版，第 201—204 页。

产业政策法与反垄断法的卡特尔豁免制度成反比例关系。若一国在市场经济中是以反垄断法为主、产业政策法为辅时，该国的反垄断法执行反垄断和禁止卡特尔的行动就更严厉，卡特尔豁免案件也就随之缩减。若反垄断法执法机构放宽反垄断和卡特尔执行力度，卡特尔豁免范围就扩大。因而，卡特尔豁免表现出明显的政策性。

第二，豁免事由的发展性和开放性，呈扩大趋势。

产业政策法的政策性是与经济发展状况有着密切联系的。随着经济发展，国家对产业规制的放松和私有化浪潮的兴起，国家产业政策所要振兴的某些产业任务的完成，适用除外领域逐渐地缩小或取消，因而大部分适用除外产业开始引入竞争机制，纳入反垄断法管辖范围，为反垄断法提供了更多的可供适用豁免的产业或行业，卡特尔豁免就呈扩大趋势。

此外，经济的发展，人们对竞争机制的重视，产业政策法自身内容的变化，促使产业政策法中某些内容随着时代的进步和发展而呈现发展和开放的特点，因而，卡特尔豁免事由具备开放性和发展性特点。

（1）有些豁免事由已被取消。豁免制度作为劈开反垄断严谨一面的另一面，虽有其灵活特点，但总是可以看到各国的豁免制度受到各国反垄断任务的经济条件和政治条件的制约。在经济不发达时期，或者经济发展初中期，给予反垄断法执法机构适用豁免的更多权限，积极鼓励某些限制竞争的协议或合并行为发生，以实现某种产业政策或贸易政策的政治或经济意图。在经济高速稳定期，随着技术的进步，全球市场形成，经济学认识的深入，一些垄断协议或卡特尔协议豁免逐渐被取消。如德国取消了折扣卡特尔豁免和出口卡特尔；折扣卡特尔是指因买者购买量大，给予一定的数量折扣。欧盟 2002 年的《1/2003 号条例》废止了交通运输业豁免。

（2）有些卡特尔豁免或取消或变动。如1999年日本众议院通过了《关于反垄断法适用除外制度的整理法案》修正和废除第24条第3项、第4项的不景气卡特尔和合理化卡特尔豁免。其中各国对进出口卡特尔豁免的态度是变动最大的。进出口卡特尔是由对外贸易领域的适用除外制度取消，转变为行为豁免制度而来。进出口贸易尽管符合国家的产业政策，为反垄断法所允许，但是全面排斥反垄断法适用于进出口卡特尔的做法，已经不适应经济全球化的发展趋势，阻碍了国际贸易交易和商品的流通，阻碍了世界市场的形成和全球竞争。一国在反垄断法中规定了对外贸易领域排除适用反垄断法，很可能在外国市场就演变成限制他国的民族产业发展，引发两国之间的贸易大战。另外，当我们用产业政策工具促进特定部门或者产业时，我们可能会招致其他国家的报复（例如反倾销和反补贴税）。在艰难时刻，这个无论在发达国家还是在发展中国家尤为明显。在2009—2010年期间，有太多的案件针对中国提出特保案以及反倾销案。仅仅在2009年1—8月期间，有17个国家对中国发起了大约80起贸易救济调查，其中反倾销50起，反补贴9起，保障措施13起，特保案7起，同比分别增加了16%以及121%。对中国发起贸易救济调查案数量最多的是印度，22起，美国是14起，阿根廷10起，欧盟和加拿大各10起。印度采用的贸易救济措施数量最多，对农产品尤其奶制品以及钢铁产品和纺织品影响最为严重。① 实际上部分原因是各国采取的贸易保护主义，部分原因在于中国确实存在违反WTO的规则。

---

① 郎咸平：《郎咸平说新帝国主义在中国》，东方出版社（北京）2010年版，第169页。

有的国家则干脆取消进出口贸易的行为豁免。如德国 1999
年新修订的《反限制竞争法》已经取消进出口卡特尔豁免。有
些国家则取消有关对外贸易适用除外规定，而将其纳入各国反
垄断法管辖范围。即使这些国家对进出口贸易转为行为豁免，
也规定了详细的施行条件，并经过严谨审核其行为后才予以豁
免。如台湾地区针对进出口卡特尔豁免在 1999 年发布的《公
平交易法施行细则》第 17 条规定了出口卡特尔应在评估报告
书详载事项："一、参与事业最近一年之输出值（量）与其占
该商品总输出值（量）及内外销之比例。二、促进输出之具体
预期效果。"第 18 条规定了进口卡特尔应详载事项。即"依本
法第 14 条第 5 款规定申请者，联合行为评估报告书应详载下
列事项：一、参与事业最近三年之输出值（量）。二、事业为
个别输入及联合输入所需成本比较。三、达成加强贸易效能之
具体效果。"

（3）有的国家增加了一些新型豁免事由。经济行为复杂性
和多变性，过去无法考量，现在为产业政策法所鼓励和提倡的新
型经济行为，已经极大推动了经济发展，也使得反垄断法的豁免
类别或事由不断增加。如研究与开发卡特尔，节约能源、环境保
护卡特尔，社会公共利益类型卡特尔等开始出现。卡特尔豁免事
由呈现不断扩大趋势。包括社会公共利益卡特尔，环保、节能型
卡特尔，救灾救助、社会公益型卡特尔豁免和废弃物再利用的卡
特尔豁免类型。

社会公共利益卡特尔是在 1998 年的德国《反限制竞争法》
第 8 条中规定的部长特批卡特尔豁免中体现的。它规定联邦经济
部长可以出于整体经济和公共利益方面的重大事由批准限制竞争
的协议和决议。这里的整体经济和公共利益的字眼，可以看出不
仅包含经济利益，还包含政治利益或其他社会利益，例如：公民

的卫生健康，因公民的卫生健康而规定的统一的产品质量标准。我国目前规定的面粉中不得掺杂增白剂，牛奶中规定的安全标准，不得添加三聚氰胺等化学物质。现在新的建筑法规定，有些地区要添加防震材料或做防震处理，这些都属于社会公益。这种部长特批卡特尔只有在特别严重的个别情况下才是合法的，且该行业的大多数企业面临着无法生存的直接威胁，没有其他救济路径，只有采取限制竞争的共同行为，才能够提交到联邦经济部长特许。

节能型卡特尔、环保型卡特尔豁免类型的提出。这种卡特尔具有深刻的时代背景。21世纪的到来，随着人们对地球的新认识，人们意识到地球资源不是取之不尽，而是有限的，某些资源耗尽，意味着不可再生；过去的高耗能、低效、高污染的生产方式，以及只注重经济效率，过度开发矿产资源，破坏环境的利用方式，不仅使得地球资源在减少或消失，臭氧层变得稀薄，气候变暖，冰层消失，江河污染或枯竭，以及地球居住人口的增加、地球生存负担的加重，导致人类可用水减少，未来的孩子、将来的人类可利用资源的减少，各种怪病、癌症发病率频繁，癌症的低龄化、儿童血铅加重等悲剧现象出现。"救救地球"的呼喊已经成为各国的共同心声，还原一个晴天碧海的地球成了各国共识。各国除了注重节能型产业的发展，还加强了对环境破坏的后果认识，把环保型产业及环保型和清洁技术的开发与研究作为21世纪的主题。2010年全球关于气候变暖会议在哥本哈根召开，各国达成了节能减排、保护环境的共识。各国的产业政策也开始向环保、节能型产业政策发展，鼓励研究与开发环保、节能型产业，鼓励节能型和环保型产业内部企业之间相互合作和联合。欧共体于1993年就发布了《欧共体委员会关于环境保护国家援助指南》，通过国家对投资援助和销售援助，鼓励减少污染、保护环境。2010 年中国政府也开始注重绿色汽车、环保汽车的开发。因而，反垄断法的卡特尔豁免类型增加了节约型卡特尔、环保型卡特尔豁免类型。

同样，在大自然面前，各种地震、海啸、火山爆发、泥石流、核辐射等天灾人祸的频繁爆发，整个地区的人类大部分生命的消失，该地区的大部分产业和企业遭到毁灭性打击，国家经济和市场遭到严重破坏。人类和企业面对强大的天灾人祸，要求形成合力、共同抵御灾害，积极团结起来互相帮助，共渡难关。因此，为救灾救助、社会公益型卡特尔得到了反垄断法的豁免。

废弃物再利用的卡特尔豁免类型的提出是在 2001 年 6 月 26日，日本公平交易委员会发布的《关于与废弃物的再利用相关联的共同实施行为的禁止垄断法上的指导方针》中。其背景主要为配合政府主张的建立循环型社会基本法目的，鼓励经营者共同投入废弃物再利用事业（抑制废弃物的发生、回收或搬运废弃物以及再资源化等）。由于废弃物再利用的投入需要经营者继续追加资本，但与经营者的利润和业绩没有直接利益关系，经营者一般没有再投资的欲望，因而，需要政府通过法规制定相关义务，经营者须积极配合政府实施这项有利于社会公共目的和社会利益的事业。公平交易委员会充分考虑经营者之间的废弃物再利用共同行为对废弃物再利用市场的竞争秩序的影响，以及对社会的贡献，对有关"决定废弃物的再利用率所达成的目标；统一容易进行废弃物再利用的零部件规格及其通用化；共同研究开发容易进行废弃物的再利用的产品；统一废弃物管理申明书的样式，并强制使用；有关废弃物再利用之费用的共同投入；构筑保证金"① 等行为认为不构成禁止垄断法的共同行为。这种新类型的卡特尔随着各国对建立循环型经济和循环型社会普遍认可，必然被各国所接受，成为反垄断法卡特尔豁免的一个新事由。

第三，卡特尔豁免实行一事一立制度，强化卡特尔豁免的控制标准。

由于卡特尔的豁免事由是不同的，如中小企业卡特尔、产业合理化、调整产业结构、不景气卡特尔或者研发卡特尔等多种事由，各国一般对这些不同类型的卡特尔豁免审查，采取一事一立制度。即就不同类型的豁免设置分别的详细的豁免标准和具体条件，而不是对不同类型的豁免卡特尔采取笼统的豁免标准，实行放之四海而皆准的标准，从而使得卡特尔豁免的认可或许可显得尤为严格。大多数国家包括我国台湾地区、韩国、日本、德国都采取一事一立原则，分别就不同类型的卡特尔豁免设置了不同的条件和标准，如 1987 年韩国《限制垄断与公平交易法施行令》第 24 条之 3 规定，"对具备下列条件的有利于技术研发的共同行为给予认可：（a）研究技术开发对强化产业竞争力相当重要，其经济影响效果显著；（b）研究技术开发所需投资金额过多，经营者难以单独筹措；（c）有必要分散研究技术开发成果的不确定性造成的风险；（d）与限制竞争效果相比，研究技术开发效果更为显著。"台湾地区 1999 年《公平交易法施行细则》就研发卡特尔的豁免条件，要求分别提供不同的评估材料和证明文件证据来证明：个别研究及共同研究开发所需经费之差异；提高技术、改良品质、降低成本后增进效率之具体预期效果。欧盟针对不同类型的卡特尔豁免，颁布了 417 号、418 号、17 号、2658

---

① ［日］根岸哲、舟田正之：《日本禁止垄断法概论》，中国法制出版社 2007年版，第 177 页。

号、2659 号、1/2003 号等众多的集体豁免条例，分别规定了不同的豁免条件和申请文件。

在具体操作中，一方面，由于反垄断法律规范的不确定性，容易被产业或企业以产业合理化或萧条为借口，将实质上实施限制竞争的共同行为或者垄断行为，往往得到豁免。另一方面，各国担心反垄断执法机关强大的行政自由裁量权，容易因自身行政部门属性而被滥用，反垄断法实施意义就消失殆尽。所以各国对卡特尔豁免的控制标准越来越严格，实行谨慎的态度，防止产业政策或产业政策法又回归到上位位置，干扰市场为基础，发挥市场配置资源的基础功能。因此，即使采取了一事一立，也是要严格设置不同类型卡特尔豁免标准和条件。如：欧盟委员会《关于专门化分工类型的协议适用条约第 85 条第（3）款的第 417/85 号条例》明确规定了豁免的必要限度。即卡特尔豁免应当是一种限定豁免，防止产生任何对有关产品的主体部分取消竞争的可能；强调"本法规仅在这种条件下执行，即协议的参与企业所占的市场份额和实现的营业额都不得超过所规定的限度"；在第 1 条还规定了不适用豁免的条件。即"自己不生产或者不安排生产特定的产品，而让其他参与专业化协议的合作方去生产或者安排生产这些产品；只生产或者安排生产共同确定的产品的；"达成的相互承诺在协议期限内进行专门化的协议不适用第 85 条（3）款的豁免规定。

各国反垄断执法机关还发布了众多规章、条例、实施细则，详解卡特尔豁免标准和控制程序。1998 年德国《反限制竞争法》规定了八种类型豁免的标准，并规定了不同类型的豁免程序，第 2 条至第 4 条规定了标准和型号的卡特尔、专门化卡特尔、中小企业卡特尔适用申请登记程序（3 个月的审期，没有驳回视为豁免）。第 5 条至第 8 条规定了合理化卡特尔、结构危机卡特尔、其他合理化卡特尔和经济部部长特许卡特尔，需向卡特尔局申请批准，经批准后，可豁免。此外，1998 年德国《反限制竞争法》针对社会公共利益的卡特尔豁免事由，规定了严格的经济部长控制程序，先要经过卡特尔局作出禁止卡特尔的决定，经申请提出部长特批。在经济部长作出决定之前，经济部长必须咨询垄断委员会的意见，并将有关卡特尔的事由和咨询意见公布于众。欧共体委员会发布了众多的集体豁免条例，弥补了卡特尔豁免标准的抽象性的缺憾。如：1962 年第 62 号条例关于农业部门的豁免，1962 年第 141 号条例和 1968 年第 1017 号条例关于公路、铁路和内陆水运部门的适用，1987 年第 3975 号和 3976 号条例对空中交通的豁免，1986 年第 4056 号条例海运的类型豁免等条例。

随着反垄断执法经验的丰富，各国开始设定豁免的批准界限，强化豁免控制标准。如 1987 年韩国《公平交易法施行令》第 16 条之六设定了豁免的批准界限："经济企划院长官批准卡特尔豁免时，对为实现该共同行为之目的而可能超过必要限度时；或担心可能不正当地损害需要者及有关事业者的利益时；或在该共同行为之参加事业者之间，进行共同行为方面有不适当的差别时。不得批准。"日本 1995 年《禁止垄断法》规定，关于反萧条卡特尔和合理化卡特尔除了符合其萧条的相关条件和进行合理化的要件，还需要符合限制条件。如：反萧条卡特尔豁免的限制条件：旨在克服反萧条卡特尔的事态而没有超过必要程度；没有不正当损害消费者福利或其他经营者利益；没有采取差别对待；没有限制参加或脱离共同行为条件。2005 年德国《反限制竞争法》在条文中规定了卡特尔豁免除了要满足上述目的，还设定了豁免的界限："不得排斥该商品市场大部分竞争；参与企业没有承担了非必要的限制义务。"1990 年加拿大《竞争法》第

45 条第（4）款规定，属于卡特尔豁免的合理事由是：若出现价格、生产的数量或质量、生产或消费、销售的渠道或方法等方面不适当地减少或可能减少竞争，则不得批准该卡特尔豁免。欧共体关于研究与开发卡特尔豁免规定，若研究与开发共同协议中存在限制产量或销售、固定转售价格等目的的，则不予适用豁免。

由于这些认可或批准界限的设置，反垄断法执法机构认可的卡特尔豁免案件是有限的，而不是泛滥的，有效地减少了产业政策法干扰反垄断法的力度。豁免控制标准越严格，反垄断执法机关豁免的案件越少。

总之，反垄断法执法机构在进行审核卡特尔豁免案件时，有着较明确的操作原则和规则可运用，使得反垄断法执法机关在进行产业政策法与反垄断法利益权衡时，尽量减少反垄断法执法的自由裁量权的随意性，防止了符合产业政策法、但严重或实质地限制竞争的卡特尔被豁免，体现了产业政策法与反垄断法在卡特尔豁免制度上的一个度，即必须不得损害有效竞争的市场结构。只有没有超过必要限度的，又符合产业政策法所导向的卡特尔案件，才能被豁免。

第四，卡特尔豁免是一种有时间限制、附条件，且可以撤销或变更。

卡特尔豁免尽管具备法律规定的法定事由，但毕竟是一种限制竞争的共同行为或协议，各国一般批准豁免时，规定了时间限制和附加相关条件。各国一般对某个豁免事项不给予长期豁免或者无条件豁免，其本义是将损害竞争的危害一面降低到最低点。同时，反垄断法对于经过许可的卡特尔行为或协议，如果因为许可事由（经济危机或经济周期不景气、产业结构调整、研究与开发等）消灭、经济情况发生好转，或参与卡特尔的企业超过了豁免的许可经营的必要限度，反垄断法执法机关可以撤销或采取必要措施。我国 1999 年台湾地区《公平交易法》规定了三年的合理期限，但可以于期限届满前三个月内，以书面向"中央主管机关"申请延长期限，续延展期限，每次不得超过三年。1998 年德国《反限制竞争法》规定了五年的豁免期。欧盟竞争法明确规定豁免是有一定期限的，而不能无期限，但如果继续符合法律的有关规定，可以申请延长豁免期限。如：欧共体的研究与开发卡特尔豁免在 2659/2000 号条例规定由于研发时间比较长，其豁免有效期为十年，可继续豁免七年。

1999 年台湾地区《公平交易法》第 16 条规定了豁免权的撤销、变更制度。当"联合行为经许可后，如因许可事由消灭、经济情况或事业逾越许可之范围行为者，中央主管机关得废止许可、变更许可内容、命令停止、改正其行为或采取必要更正措施"。《欧共体理事会第 1/2003 号条例》的第九章豁免条例第 29 条规定了具体案件的撤销权；其第一项设定了委员会的撤销权。"当委员会通过理事会条例如欧洲经济共同体第 3976/87 号、第 1534/91 号或者第 479/92 号条例被授权可适用第 81 条之第 3 款时，如果它已经宣布条约第 81 条第 1 款不适用于某些类型的协议、企业协会的决定或者协调行动，它可以根据自己的动议或者他人的申诉，撤销那些条例所给予的豁免，其条件是它认为在个别案件中得到了豁免的协议、决定或者协调行为产生了与条约第 81 条第 3 款不相协调的后果。"第二项则规定了成员国的竞争机构的撤销权。"在具体案件中，当第 1 款意义上的委员会条例可适用的协议、行业协会的决定以及协调行为在某个成员国的领土上或在其具有独立地域市场全部特征的一个部分，产生了与条约第 81 条第 3 款不相符合的效果时，该成员国的竞争主管机构可以撤销他们在这个相关地域内因条例而取得的豁免。"① 1998 年德国《反限制竞争法》第 12 条规定了豁免的撤回、变更或附加负担，但须具备下列要件：决定豁免的决定性意义的关系发生根本的变化；参与企业违反豁免附加负担；或者豁免是由于不正确的陈述或者恶意所为；当事人滥用豁免等可以撤回豁免。

第五，申请豁免的当事人负举证责任。

反垄断法禁止卡特尔是一般规定和原则规定，由调查机关举证或社会公众举报启动反垄断的程序。但是规定，由申请卡特尔豁免的当事人负举证责任，证明自己的卡特尔行为符合法律规定的合法事由；且有相关的证据材料能够证明没有超过限制竞争的必要限度，或者损害竞争的效果极小，或者是国家法律规定的中小企业等事由，经过反垄断执法机关判定，许可其豁免。若证明事实不符，证据材料不足以证明其限制竞争行为是产业合理化或反不景气必须的，或者限制竞争的效果使得大部分市场竞争减少，则不予批准。根据欧共体理事会 1/2003 号条例的规定，一般由指出违法行为的一方或主管机关承担证明垄断协议的存在或者滥用市场支配地位的举证责任；但是主张豁免权利（第 81 条第 3 款）的由行使豁免权的企业或企业协会承担举证责任。1994 年韩国《限制垄断与公平交易法》第 7 条规定，公平交易委员会准备认可产业合理化或增强国际竞争力的卡特尔时，必须预先与主管部门负责人协商。在这种情况下，有关厂商必须提供有关产业合理化和增强国际竞争实力需要的证明。我国《反垄断法》第 15 条规定，经营者能够证明所达成的协议属于卡特尔豁免事由，则不适用反垄断法禁止垄断协议的相关规定。

---

① 王晓晔：《经济全球化下竞争法的新发展》，社会科学文献出版社 2005 年版，第 332 页。

3.2 合并控制制度研究

合并控制制度是产业政策法与反垄断法在企业合并或者说在经济力集中上长期斗争后形成的一种法律协调制度，这项制度是通过反垄断法合并控制制度监控产业政策法中产业兼并、集中行为。

3.2.1 产业兼并重组政策与合并控制制度

产业兼并重组政策是企业扩大经济规模的主要形式。它有利于推动资产存量的流动，使生产要素向优势企业集中，优化组合，产生规模效益和专业化效益，从而提高产业组织化程度；有利于促进衰退产业的收缩和新兴产业的壮大，从而达到优化产业结构的目的。[①]

产业兼并重组政策对反垄断法有着深刻影响，反之，反垄断法排斥维护垄断地位、形成独占地位和优势地位的企业合并，也对产业兼并重组政策有着反作用。产业兼并重组政策的实施，会导致垄断地位或市场支配力的加强，企业往往会滥用市场优势支配力，限制竞争的行为时有发生。反垄断法则通过控制企业合并（或称经营者集中），维护市场正常的竞争秩序，发挥市场配置资源的优化机能，实现社会资源最大化利用，促进国民经济发展。因此，产业兼并重组政策与反垄断法在壮大规模方面有着冲突之处。反垄断法企业合并控制制度集中反映了产业政策法与反垄断法的妥协，这种妥协正是两种制度背后的政治力量博弈的结

---

① 刘吉发主编：《产业政策学》，经济管理出版社 2004 年版，第 205 页。

果。在各国企业经济力集中（企业合并）历史上，曾经发生过产业政策法与反垄断法之间的激烈斗争。如 20 世纪 70 年代以后，美国产业的国际竞争力开始受到其他国家产业竞争压力。这种压力使得美国经济强国的地位受到了挑战，于是美国政府开始实施强化各产业的国际竞争力，提高经济效率的产业政策，并希望弱化反托拉斯法对企业集中的控制。1982 年，美国政府向国会提出了反托拉斯法修正案。其中涉及产业政策法有：《合并现代化法案》、《管理人员兼任法案》、《外贸反托拉斯改善法》、《促进衰退产业竞争力法案》，这些法案的目的之一就是要求缓和反托拉斯法对企业的集中控制，提高美国产业在国内和国外的竞争力，实现美国产业政策旨意。由于这种动议在国会审议过程中成为废案，从而使得美国政府主张的产业政策没有形成法律，但是美国反托拉斯法执行机构在具体审理案件中，放宽合并控制要求，得以实现政府的产业政策意愿。日本最初在《禁止私人垄断法》中，虽然没有规定企业集中控制豁免制度，但也曾发生产业政策法与反垄断法在企业集合上的斗争。如日本于 1963 年由通产省制定《特定产业振兴临时振兴法》，这个法案要求汽车、特殊钢、石油三个产业进一步加强企业合并，扩大设备投资，并制定出相应的优惠政策。由于当时日本已经加入 WTO，要求其实现对 WTO 的承诺，扩大市场自由竞争，反对垄断。因此，这部法律因带有强烈垄断倾向，先后三次提交国会都未能完成审议而最终成为废案。这种产业政策法要求加强企业集中的主张，虽没有通过，但也反映了产业政策法与反垄断法之间关于企业集中控制上的斗争。这种斗争、冲突经过长期的博弈，在有些国家的反垄断法中形成了一些制度以协调两者在产业兼并重组政策和反垄断任务之间的矛盾。王为农明确指出："特意将与企业集中有关的竞争政策和产业政策在法律上比较明确地加以区分，并且将它们分别在反垄断法中置于一定的位置的，到目前为止则仅有德国的《反限制竞争法》一个。"① 其他国家则没有严格区分，产业兼并重组政策和反垄断法之间则混合形成了一些合并申报标准和企业合并豁免制度。

3.2.2 企业合并违法性评价基准

企业合并分为广义上和狭义上的。狭义合并指的是两个企业合并成为一个企业，包括新设合并、吸收合并。新设合并是形成一个新公司，吸收合并是一个主公司吸收另一个公司。广义企业合并，除了狭义合并，还包括股权或者资产控制权，以及通过合同对其他企业控制权。

根据我国《反垄断法》第 20 条，我国的企业合并是广义企业合并，指的是下列情形的经营者集中："（1）经营者合并；（2）经营者通过取得股权或者资产的方式取得对其他经营者的控制权；（3）经营者通过合同等方式取得对其他经营者的控制权或者能够对其他经营者施加决定性影响。"

企业合并违法性评价基准不仅考虑反垄断和维护竞争的需要，还常常考虑产业政策法所追求的价值目标。往往在判定是否违法性的具体标准时，一般以是否形成或强化市场支配地位或排除、限制竞争效果的概括性标准；具体要从市场占有率、市场集中度、潜在竞争者进入、替代者的难易程度作为反垄断执法机关审查企业合并的实体规则。各国主要采取实质地限制竞争违法性评价标准，其目的是创造有效竞争论所希望的市场结构、市场行为和市场绩效标准。如：1996 年日本《禁止垄断法》第 15 条规

---

① 王为农：《企业集中规制基本法理——美国、日本及欧盟的反垄断法比较研究》，法律出版社 2001 年版，第 154 页。

定，该合并导致在一定的交易领域实质地限制竞争；或者该合并
是以不公正交易方法而进行的，公司不得实施合并。根据 1996
年修订的《关于审查公司合并等的事务处理基准》规定，实质
性地限制竞争是指"因竞争本身削弱、特定事业人或事业人团
体能够以其意志在某种程度上自由地左右价格、质量、数量及其
他条件，从而支配市场的状态"。"因合并而实质性地限制竞争"
是指因该合并，市场结构与合并前相比较变为非竞争性的，从合
理的观点来看，它形成、维持、强化了无法期待实际有效竞争状
态。[1] 竞争的实质性限制主要从市场占有率、供货商或需求者情
况、替代产品、市场进入难易程度等各种经济条件，加以综合判
断。同时把"国家竞争力"、"技术进步和经济发展"、"社会公
共利益"等产业政策法因素，以列举方式呈现出来，而后者往
往是反垄断法的企业合并禁止例外的豁免制度。在这样的情况
下，在政府推行兼并重组政策的过程中，运用反垄断法的经济力
集中监控制度，禁止排斥、限制竞争的企业合并，放松具有带有
产业政策色彩的技术进步和经济发展、社会公共利益等积极因素
大于限制竞争的不利因素的企业合并。反垄断法的审查企业合并
的实体规范，往往体现了各国政府对产业兼并重组政策的态度。
即反垄断法对市场占有率和市场集中度规定得越高，意味着越接
近产业政策法的意图。2004 年欧盟的《1/2004 号条例》序言 32
节规定了合并的评价标准："在不违反条约第 81 条和第 82 条的
前提条件下，如果相关企业在共同体市场或其重大部分的市场份
额没有超过 25%，这个合并与共同体市场相协调。"同时，第 2
条规定，"如果合并严重损害共同体市场或其重大部分有效竞

---

① 《各国反垄断法汇编》编选组编写：《各国反垄断法汇编》，人民法院出版社
2001 年版，第 540 页。

争"，则不予批准。欧共体对企业合并监管的规定，体现了欧共体对企业合并持放宽的态度。

美国尽管不承认产业政策，但是在相关的企业合并规制判例中，如1974年通用电力公司案件中，针对该案件中的企业合并，美国联邦法院在判决中指出：需要考虑煤炭产业属于夕阳产业。这些或多或少体现出产业政策的影响。随着经济全球化的发展，世界市场的形成，国际贸易和国际投资事件急剧增多，为了适应国际化竞争，各国纷纷鼓励扩大规模，扶持国家冠军队，本国反垄断法则通过放宽规制标准，使得更多的合并不在审查范围之内。

企业合并监管的目的是以实现有效竞争的市场结构。如欧共体《1/2004号条例》序言第3节、第4节指出，建立内部市场和经济货币共同体、扩大欧盟以及降低贸易和投资壁垒将不断引起重大的企业活动，特别是企业合并活动；第4节指出，只要这些重组活动是生气勃勃的市场竞争结果，能够增强欧洲产业的竞争力，改善共同体发展的条件和提高生活水准，它们应受欢迎。序言第5节指出，重组的过程应确保不对竞争构成持续的损害。最后指出，共同体法必须制定相应的规则，以规制那些将严重损害共同体市场或其重大部分有效竞争的企业合并。

3.2.3 经营者集中的事先申报程序和申报标准

从产业政策法角度来说，各国反垄断法的经营者集中的申报标准本身就是对本国产业的经济发展水平、产业规模、市场竞争程度等多项考虑。依据市场销售额、市场集中程度、资产总额、市场壁垒来确定经营者集中申报标准。若申报标准过高，企业兼并重组行为无须申报就可合并，结果是：市场过度集中的企业合并或一些跨国并购的无需审核就被放行，容易形成国内某个行业的市场垄断或国际垄断地位，影响了竞争机制发挥作用。当然，这是反垄断法给予产业兼并重组政策的实际支持。若申报标准过低，绝大部分企业合并就需申报，产业兼并重组政策无法实现企业做大做强的意愿。所以，反垄断法经营者集中标准既要符合产业兼并重组政策的政策导向，实现大企业、大公司战略，大企业、企业集团的构建，有利于国家经济结构的转换，又要防止规模过大，阻碍市场竞争，形成 X 无效率——规模不经济的局面。可见，企业合并（经营者集中）申报标准既不能过宽，也不能过低，才利于反垄断法监控无效率、规模过大的企业合并，才利于产业政策法实现规模经济效益，促进整个国民经济效率和产业的国际竞争力的提高。

各国采用评判经营者集中的办法主要有两种：经营者申报标准和市场集中测度。

第一，经营者申报标准

各国基本上规定了符合相关申报标准，要向主管机关申报，未经申报，不得实施合并，若其自行合并，反垄断法执法机构将予以惩处。通过事先申报，将符合产业兼并重组政策指导下的企业并购，但又不符合反垄断、维护竞争的反垄断法的政策意图的合并禁止在批准之外。各国关于企业合并申报标准逐渐放宽。

（1）美国关于合并企业的销售额或其资产超过 1 亿美元，且被合并企业的销售额或资产超过 1000 万美元。

（2）欧盟《139/2004 号条例》合并审查的适用范围是：参与合并的而且要在世界范围内的销售额超过 50 亿欧元；并且，在能够参与合并的企业中，至少两个企业在共同体的销售额超过 2.5 亿欧元。除非参与合并的各企业在共同体销售额的 2/3 以上出自于一个且同一个成员国。或者下列合并的企业在世界范围的销售总额超过了 25 亿欧元。

（3）日本规定的其中一个公司总资产额不低于 100 亿日元，且另一个企业总资产不低于 10 亿日元。

（4）英国合并对象在联合王国的总营业额超过 7000 万英镑，或在联合国造成或增加的总市场份额达 25%。

（5）德国参与合并的企业总营业额在 5 亿欧元以上，在德国境内的营业额至少为 2500 万欧元。

（6）加拿大参与合并企业的联合资产或销售额达到 4 亿加元，且被合并企业销售额或资产达到 5000 万加元。

（7）中国国务院于 2008 年 8 月 3 日发布的《国务院关于经营者集中申报标准的规定》，规定参与集中的所有经营者在全球范围内的营业额超过 100 亿元人民币，且其中至少两个经营者在中国境内的营业额均超过 4 亿元人民币；或者参与集中的所有营业者在中国境内的营业额合计超过 20 亿美元，且其中至少两个经营者在中国境内的营业额均超过 4 亿元人民币。

通过各国企业合并申报标准对比，一国经济发展水平高、市场规模大，企业合并申报标准就高；一国经济水平中等，该国的企业合并申报标准设定就处于中等。日本和美国处于中间水平，德国和英国就较严格，欧盟较为宽松。[①]

各国不同的企业并购申报标准，在一定程度上，既反映了产业政策法中兼并重组目标和意图，又反映了反垄断法监控企业合并趋势的双重政策意图。

第二，审查市场集中度的不同测度方法。

市场集中度的不同测度方法，主要有两种。

第一种是市场份额的测度。根据市场份额，比较简单明了、

---

① 于立、吴绪亮：《产业组织与反垄断法》，东北财经大学出版社 2008 年版，第 132 页。

直观、便于操作。市场份额测度方法是根据行业内规模最大的前几位企业的生产、销售、资产或职工的总数占整个行业市场的生产、销售、资产或职工的份额。一般计算前4位或8位企业的市场份额。这种市场份额的测度方法相对比较容易，能较好地反映产业内产业集中状况，显示市场垄断程度。但是由于市场份额的测度是以前4位或8位企业作为权数，更多反映了前几位企业的市场集中程度，很难把握产业内部全部企业的集中程度。

德国则采取市场份额的测度方法。德国1998年《反限制竞争法》第19条第3款规定"如果一个企业市场份额达到1/3；3个企业或者3个以下企业共同达到市场份额为1/2；5个或5个以下企业共同的市场份额达到2/3，推定为具有市场支配地位"。我国台湾地区1999年《公平交易法》也采用"一事业的市场份额达到1/2；二事业的市场份额达到2/3；三事业的市场份额达到3/4"的市场份额测度方法。

第二种是赫尔芬达尔指数的测度。赫尔芬达尔指数指的是特定产业内所有企业的市场份额的平方和，是一种反映市场集中度的综合指标。其特点：更能反映市场集中程度，也易于了解不同市场集中程度。但需要计算每个企业的市场份额权数，技术性强，操作麻烦，要求官方统计数据完整、真实。

美国最初也是采取市场份额的方法，后在1984年公布的兼并准则规定了集中度与市场份额的相互关系及衡量兼并导致集中度变化的3个指针，即赫尔芬达尔指数：HHI <1000为低集中度市场，即竞争性较强的市场结构，不论兼并双方的市场份额如何，其兼并一般都可以得到批准；1000 <HHI <1800为中集中度市场，即相对垄断市场，如果HHI值的上升小于100，一般可以得到批准；HHI >1800为高集中度市场，即垄断性市场，此时，任何兼并，如果HHI值的上升在50—100之间，有可能得不到批准，如果 HHI 的上升小于 50，一般就会得到批准。

欧盟也采用赫尔芬达尔指数，HHI < 1000，1000 < HHI < 2000，且 HHI 值上升小于 250；HHI > 2000 且 HHI 上升值小于 150。

赫尔芬达尔指数便于分析不同行业的市场集中度来进行合并审查，具有一定的正确性，但操作难度较大。从目前发展趋势来看，赫尔芬达尔指数逐渐被许多国家接受。如：日本和韩国最近采取赫尔芬达尔指数。日本 1998 年《企业合并指导方针》采用 HHI 赫尔芬达尔指数，赫尔芬达尔指数是根据有关的一定的交易领域内各个产业内的企业数的市场占有率的平方和计算出来的。根据 HHI 指数可以判断出各市场中的市场集中度，也就是寡占市场结构与否及其程度。未满 1000 的市场，其市场结构并非寡占市场结构，可以批准该合并。HHI < 1500，1500 < HHI < 2500，且 HHI 值的上升小于 250，HHI > 2500，且 HHI 值上升小于 150。韩国在 2005 年《公平交易法》禁止实质性地限制竞争的企业结合，并在《实施令》中参照欧美的审查标准，规定赫尔芬达尔指数在 1200—2500 之间，赫尔增加值高于 250 的，或者赫尔指数值在 2500 以上，赫尔增加值高于 150 的，可推定为实质性限制竞争可能。从而使得有效竞争理论在司法实践中得到了明确。

3.2.4　企业合并豁免制度的基本事由

企业合并是反垄断法严格控制的实体内容，而合并又是政府运用产业兼并重组政策实现规模效应的一种方式。企业通过合并能够降低成本，提高经济效率，获得先进的技术人才和管理人才，科研能力提高，企业的竞争力提高。但与此同时，企业合并使得企业规模更加庞大，所占的市场份额、销售额更大，所支配的市场力更强；企业合并也使得市场上的竞争对手数量急剧减少，自由竞争的压力减少，容易形成滥用市场力的限制竞争行为。因此，各国对企业合并进行法律控制，规定反垄断法禁止实质性损害竞争的企业合并。但是有关限制竞争、危害后果小的企业合并，各国往往通过豁免制度而批准其合并。即各国都是以谨慎态度对待合并控制制度。当维护市场有效竞争目标的企业合并，与技术进步、成本下降、经济效率提高和提高国际产业竞争力之间的目标发生冲突时，各国反垄断执法机构都在权衡取舍，如果这项企业合并没有实质性地影响有效竞争，或者该项合并的有利影响大于不利影响，则予以批准豁免，但如果实质影响大，或者这种积极效果可以通过其他途径得到，则不予以批准。一般来说，各国都公认一些企业合并（经营者集中）的事由，并加以豁免。

企业合并豁免事由：

（1）中小企业合并豁免

市场上经营主体出于经济人的理性，出于天然的逐利性，在特定市场进行激烈的角逐，自发实现自然资源的优化配置，这才是市场机制发挥功能的原因。企业合并是提高产业或企业自身竞争力、技术进步和国家竞争力的一种最简便路径，因而，企业合并已成为各国壮大规模、实现规模效应的一种方式。从市场上企业合并来说，合并有三种形式：第一种大多是大企业占主导优势，往往是大企业与大企业合并形成强强合并，大企业变得更大更强；第二种是大企业不断兼并中小企业，一定程度造成规模扩大；至于第三种情形，小企业与小企业的合并即弱弱合并比较少，也就是中小企业之间合并，形成一股新的较大势力。市场上企业合并是以第一、第二种情形为常态，在这种常态下，中小企业生存更加举步维艰。因为第一和第二种合并往往造成市场上几个大企业或大型垄断企业的独占市场，就自然排挤了其他竞争对手，特别排挤中小企业，减弱了市场竞争的数量，削弱了市场机制的正常功能。熊彼特的"经济发展理论"和创造性毁灭理论曾经指出，大企业因资金雄厚，能够承担研究和开发、创业的风险，是创业和创新的主力；而中小企业由于灵活的思维和灵活的管理方式，具有创业和创新的活力。因此，中小企业具有大企业所不具备的一些优势，各国政府不应忽视中小企业的力量，积极帮助扶持中小企业发展，鼓励第三种形态的合并——中小企业之间的合并。即鼓励第三种非常态企业合并——弱弱合并，防止中小企业还没有站稳脚跟就被大企业吞并。通过中小企业之间的合并，弱的中小企业有机会壮大规模，提高抗御市场风险的能力，增强与大企业对抗的竞争能力，这不失为保护竞争性市场结构的一种好的方法。产业政策法中有关中小企业促进的内容，属于产业组织法，通过扶持中小企业、给予各种优惠待遇，目标就是帮助中小企业起步，壮大中小企业，有效地增加市场竞争主体数量，使得中小企业在充分竞争的环境下很快变成一个有着竞争力的成熟企业。因此，对于中小企业合并，反垄断法一般采取了豁免方法予以批准。我国目前由于过去的小而全的国有企业发展战略，不合理的产业布局政策，在很多方面，低水平的投资和重复建设的现象比比皆是，不仅导致我国企业基本上处于规模小且效率低下的状况，而且这些实力薄弱、效率低下的企业严重影响整个行业的经济发展速度和未来经济发展趋势。我国《中小企业促进法》本意就是加强中小企业合作或者鼓励合并，反垄断法则通过给予中小企业合并豁免，既防止中小企业被兼并和吞并，又能增强市场竞争的参与者数量，促进中小企业提高竞争力，有利于市场竞争机制更好的发挥。

（2）中小创新企业合并豁免

1994年韩国《公平交易法》规定，"《中小企业创业促进

法》所规定的中小企业创业投资公司或中小企业创业投资合伙
与创业者或风险投资企业之间的企业结合；《信贷专业金融业
法》所规定的从事高新技术的金融业者或高新技术产业投资合
伙与《技术信用保证基金法》所规定的新技术经营者间的企业
结合"，① 可以享受豁免。

（3）与破产企业的合并豁免

破产企业属于竞争中处于劣势的企业或者衰退产业中的企
业，由于经营管理不善，长期处于资不抵债、亏损状态，难以维
持其生存和参与市场竞争。从产业兼并重组政策来说，通过鼓励
兼并破产企业，不浪费破产企业的产能设备，对受让企业来说，
扩大产能、生产规模；从产业来说，有利于产业结构合理化，对
社会来说，又能解决破产企业的职工就业问题，达到了社会稳定
的目标，有利于整体利益；从反垄断法豁免制度来说，通过鼓励
救济破产企业合并，可以整顿市场竞争秩序，创造一个安全、稳
定的市场，提高市场配置资源的经济效率。1992 年美国《横向
合并准则》第 5.1 章规定，合并可免使当事人破产或挤出市场，
并且只有合并是唯一的途径，可以批准与破产企业合并案件。
2007 年韩国《公平交易法》在第 7 条第 2 项规定与长期资不抵
债、处于无支付能力的经营亏损的企业进行合并，可以作为例外
认可。同时指出破产企业是根据《债务人再生及破产法》处于
再生程序中的公司；根据《债务人再生及破产法》受到破产宣
告且处于破产程序中的企业；正处于《企业结构调整促进法》
第 12 条第 1 项第 1 号至第 3 号规定的管理程序的企业。②

---

① ［韩］权五乘：《韩国经济法》，崔吉子译，北京大学出版社 2009 年版，第
121 页。

② ［韩］权五乘：《韩国经济法》，崔吉子译，北京大学出版社 2009 年版，第
165—166 页。

1996 年日本《禁止垄断法》规定，一般对破产企业也不禁止合并。因为对于破产企业来说，"由于不久的将来破产、从市场上退出的概然性很高，以其他手段难以恢复财务状况的情形下，以救济该公司为目的进行合并，一般构成禁止垄断法上问题的可能性很小。"①

（4）改善市场竞争条件

1998 年德国《反限制竞争法》第 36 条规定，如果合并将产生或加强市场支配地位，联邦卡特尔局应禁止合并，但参与合并的企业证明合并能够改善竞争条件，且这种改善超过支配市场的弊端，不在此限。改善竞争条件实践中仅仅是指包括一个经营者占据该市场为独家垄断企业，并购另一个市场的大企业的技术部门或销售部门，有利于促进技术改进或改善销售；或同一市场上的大企业并购小企业；或者同一市场上的大企业并购破产企业等都属于改善竞争条件。

（5）增强国际竞争力合并豁免

国际竞争力是指一国的企业或企业家设计、生产和销售产品和劳务的能力，其价格和非价格特性比竞争对手更具有市场吸引力。② 国际竞争力涉及一国经济制度和经济政策等内容。随着经济全球化的发展，世界贸易的深入，全球市场形成，各国产业政策法除了把促进经济效率、技术进步、经济发展作为目标，同时也把提高产业国际竞争力作为本国产业与其对手相对抗的一个重要考虑因子。企业合并不再单纯地成为实现规模经济的因素，也被用来作为提高国际竞争力的一个重要手段。反垄断法经营者集

---

① 《各国反垄断法汇编》编选组编写：《各国反垄断法汇编》，人民法院出版社 2001 年版，第 546 页。

② 宋圭武、周虎臣：《经济竞争论》，甘肃人民出版社 2004 年版，第 119 页。

中控制政策主要是禁止垄断和限制竞争行为的合并事项的发生。但是随着把提高产业国际竞争力作为豁免的一个事由，意味着产业的市场不再单是国内市场，而是将市场的定位扩展到国际市场作为审查经营者集中的因素。因此，在国内市场已居于垄断地位的企业与其他企业之间某些合并，反垄断法本应禁止其合并行为，但因考虑到国际竞争力的因素，反垄断执法机构一般批准其合并。

从兼并重组政策来说，通过兼并重组，扩大产业规模，是增强该产业在国际市场上的国际竞争力最简便的方法。各国都在扶持本国冠军队或国家队，鼓励本国大企业的建立和企业集团的形成。1996 年波音公司和麦道公司合并案，得到了美国政府批准，波音公司以 113 亿美元兼并了麦道公司，使得波音公司成为全球最大的制造商。波音公司独占全球飞机市场 65% 以上份额，而合并后的波音公司是美国市场唯一的飞机供应商，绝对占据美国市场垄断地位。至于 1997 年世界电信公司和微波通讯公司的兼并案，1998 年花旗银行与旅行者集团的合并案，美国在线和时代华纳的合并案，都获得美国政府批准。同时 2000 年出台《竞争者之间合作的反托拉斯指南》为竞争者联合开拓国际市场、合作研究与开发、联合生产提供了法律依据。① 这些意味着美国已不是从国内市场份额视角的利益来看待竞争，而是从全球市场视角考虑竞争问题，这些合并的批准都有助于提高美国产业的国际竞争力。1987 年修正的法国《公平交易法》第 41 条规定，要考虑合并案件是否对经济进步带来充分贡献，是否能弥补对竞争的损害；要考虑合并企业面对的国际竞争的竞争力等因素。

---

① 史先诚：《兼并政策与产业政策——论竞争政策的优先适用》，载《南京政治学院学报》2004 年第 2 期。

1994 年修订的韩国《限制垄断及公平交易法》第 7 条第 1 项规定，关于企业合并在增强国际竞争力的需要，且获得了公平交易委员会的认可，可豁免。但规定了合并豁免的条件：a. 公平交易委员会必须预先与主管负责人协商。b. 有关厂商必须提供增强国际竞争实力的证明。公平交易委员会才能作出增强国际竞争力事由的合并豁免。

（6）有利于产业结构调整的合并豁免

由于国内外经济发生重大改变或危机，特定产业的供大于求，出现严重的生产过剩状况，大量企业倒闭或破产，通过该产业结构的企业，进行重组政策，有利于提高企业竞争力，对该产业的企业进行调整，有利于提高效率，降低成本，促进技术进步、改善环境污染，实现产业合理化的目标的合并豁免。

1994 年修订的韩国《限制垄断及公平交易法》第 7 条第 1 项关于企业合并在符合产业合理化且获得了公平交易委员会的认可，可豁免。但规定了合并豁免的条件：a. 公平交易委员会必须预先与主管负责人协商。b. 有关厂商必须提供产业合理化的证明。公平交易委员会才能作出产业合理化合并的豁免。对于产业合理化合并豁免的许可除了以上规定还要具备下列条件之一：a. 为了提高产业活动的效率及经营合理化，产业构造及组织的改变已不可避免时；b. 设施投资及运营需巨额资金时，用一般方法筹措资金困难时；c. 公共利益需要时。

（7）出于社会公共利益的合并豁免

除了上面 6 种合并豁免，反垄断法还规定了社会公共利益的合并豁免，作为一种兜底性条款，但限定了其积极效果大于限制竞争的消极后果批准界限。1998 年德国《反限制竞争法》规定在个别情况下，合并对整体经济产生的利益可弥补对竞争的限制，或合并事项符合重大的公共利益，应申请，联邦经济部长可批准为联邦卡特尔局所禁止的合并。在批准时，应考虑参与合并的企业在本法适用范围之外的各个市场上的竞争力。只有在限制竞争的规模不危及市场经济秩序的情况下，才能为此批准。1987年法国《公平交易法》第41条（竞争危害与利益评估）规定，竞争审议委员会评估结合计划或结合，是否对经济进步带来充分贡献，而能弥补对竞争所造成的损害。该会对涉案企业面对国际竞争的竞争力，应予以考虑。

1992年美国《横向合并准则》赞成尽管限制竞争，但有益于整体经济利益的企业合并。我国《反垄断法》第28条规定，经营者能够证明该集中符合社会公共利益的，反垄断法执法机关可以作出不予禁止该集中的决定。也是采取了社会公共利益合并豁免类型。

（8）企业合并豁免的其他条件

①经营者负合并豁免的证明责任

经营者要拿出证明材料。如：与破产企业的合并、产业合理化、国际竞争力、公共利益等证明文件或材料。1994年韩国《公平交易法》规定，与破产企业的合并豁免，需要当事企业承担举证责任，需要证明被兼并企业是破产企业，应当拿出财务、账本、银行资产账户等证据证明如下：①被兼并企业在一定时期内，资不抵债，②再持续一段时期，经常亏损；③提出过破产申请；④被兼并企业无法偿还银行贷款。1998年德国《反限制竞争法》第36条规定，合并将产生或加强市场支配地位，联邦卡特尔局应禁止合并，但参与合并的企业证明合并能够改善竞争条件，且这种改善超过支配市场的弊端，不在此限。同样后来的《OECD竞争法基本框架》第七节（关于企业兼并和收购的条款）指出：对可能限制竞争的集中的禁止，但如果当事人能够证明该集中带来非货币的实际效益，且这种效益能够抵消限制竞争的效应；或该集中的当事人面临财务失败或无收购者的，不得不通过集中为当事人提供了一种对竞争损害的最小途径，可以申请合并豁免，但申请豁免的当事人必须承担证明若不实行集中，就无法获取相关利益；或者提出曾经采取合理的步骤来搜寻收购者过程和结果的证明责任。

②符合相关程序规定

有的国家规定经济部长特批合并。如1998年德国《反限制竞争法》第42条规定：部长特批合并豁免程序，书面申请有一个月内的时间限制，以及应征求垄断委员会的意见。有的国家规定与主管负责人协商。如：1994年韩国《公平交易法》第7条规定，公平交易委员会认可产业合理化和增强国际竞争实力的企业联合时必须与主管部门负责人协商。

③一般附加一定合理期限的条件和负担，且可撤销

由于合并豁免尽管考虑对社会进步、经济效率、社会其他利益的积极效果大于损害竞争，但毕竟属于限制竞争、排除竞争的合并。因而，一般附加某些条件和义务，以弥补对竞争的损害。

1999年台湾地区《公平交易法施行细则》第10条规定："为确保整体经济利益大于限制竞争之不利益，得定合理期限间附加条件和负担。前项附加条件和负担，不得违背许可之目的，并应与之具有正当合理之关联。"[①] 1998年德国《反限制竞争法》第87条规定"准许附加条件和负担。这些附加条件和负担不得对合并企业进行长期的行为监控"。[②] 我国《反垄断法》第29条规定，这种对于本应禁止的经营者集中案件在考虑到社会

① 《各国反垄断法汇编》选编组选编：《各国反垄断法汇编》，人民法院出版社2001年版，第67页。
② 同上书，第186页。

公共利益、国际利益时，可以附加限制性条件，目的尽可能减少不利影响。限制性条件包括：卖掉股权，开放市场或者遵守特殊规定。如果申请并购企业未遵守有关限制规定，则批准机构原则上有权撤销豁免。欧共体《合并监管规定》第8条第5款授权于欧共体委员会撤销权。美国法律规定也可以附加条件，附加条件既可以是并购各方与主管机关协商结果，也可以是政府主管机关强加规定的。

④有些国家规定某些合并豁免不可解散

一般一项产生不利竞争因素的合并，如果被批准，就享有豁免，但同样因为不履行相关附加义务，可撤销有关批准。但有些国家法律规定，对于某些合并豁免的类型不得解散。1998年德国《反限制竞争法》第41条第3项规定"联邦经济部长依据经济部长特批被卡特尔局禁止的合并，则不应解散合并。"台湾地区《公平交易法》也规定，某些合并豁免不可解散。因为一项合并豁免成立后，然后撤销，就属于事后控制行为——结构主义的控制模式，即肢解或分解等。由于各国基本上放弃了结构主义模式，也就放弃了通过肢解或分解来实现竞争性市场结构的做法，所以合并经豁免后，一旦完成，一般不可解散。如：1990年加拿大《竞争法》更规定合并已实质上完成，则法院不得发出解散合并命令。（第94条）

3.3 制度评析

一般来说，大部分国家都采用了卡特尔豁免制度和合并控制制度，原因在于两法发生的冲突主要是关于规模经济与反垄断之间的冲突，或者说鼓励联合行动与反垄断协议之间的冲突。即两部法律冲突的最多方面就是在产业组织或企业组织运行过程中发生的冲突。规模经济与反垄断的冲突主要在产业兼并重组政策鼓励兼并、重组，扩大规模经济，实现大公司、企业集团等目标，与反垄断法促进自由、公平竞争市场的宗旨之间发生的冲突；鼓励联合行动与反垄断协议之间的冲突主要是产业政策法有关鼓励联合和合作的卡特尔协议与反垄断法之间的冲突。卡特尔豁免事由总体上随着产业政策法逐渐让位给反垄断法而逐渐缩小；在合并控制制度中各国基本认可了"有效竞争理论"作为有关违法性评价基准；而有关经营者集中申报标准不是一成不变的，它随着各国产业兼并重组政策的目标，变得宽松或紧缩。随着经济全球化的深入、新经济的发展，社会经济水平的提高，卡特尔豁免事由呈现扩张和开放趋势，合并豁免事由相应地增加了新内容。其中鼓励创新的卡特尔或研究与开发卡特尔、"社会公益"型卡特尔、中小创新企业合并豁免、"提高国际竞争力"合并豁免、"社会公益"合并豁免成为新增加的类型。

总的来说，卡特尔豁免制度是产业政策法与反垄断法在禁止垄断协议上的协调制度。通过中小企业卡特尔，企业合理化卡特尔，标准化、规格或条件卡特尔，研究与开发卡特尔等事由的豁免，有利于实现产业政策法目标。但是各国法律也规定，卡特尔豁免的标准应非常严格，程序非常严谨，才能摆脱卡特尔豁免的随意性和不公平性等产业政策法的痕迹。

面对产业兼并重组政策鼓励兼并重组、壮大产业经济规模、实现规模经济、振兴产业、做大做强企业的意图，反垄断法的企业合并监管制度则通过事先申报程序、申报标准、市场份额、产业集中度指数、合并豁免等内容监控其行为，防止产业兼并重组政策指导下的规模不经济——X效率的产生。

第4章

部长特许制和美国反垄断和解制度研究

　　欧洲大陆国家部长特许制和美国反垄断和解制度之所以归结为一组，在于两制度主要是在程序层面上设计的制度，或者说是反垄断个案上的协调制度。部长特许制是欧洲大陆国家采用的在审查个案时，赋予产业主管部门首长（部长）具有在卡特尔局或反垄断执法机关的禁止裁决之上的特权，是一种既体现产业政策法意图的政治决策权，又体现反垄断法的旨意的一项协调制度。美国反垄断和解制度则是在审理反垄断个案中，通过反垄断执法机关（司法部）与被告人达成互谅互让的和解协议，既能够体现产业政策法的"国家利益"倾向，又体现反垄断法维护市场竞争意图的一种制度。

4.1　部长特许制——欧洲大陆各国设置的主管经济部长制度

　　"产业政策是政府与企业在政治、经济上博弈的结果，产业结构是其最终的表现形式。"① 因而，产业政策带有更多的政治因素、经济因素，尤其带有更多的政治上的决策。产业政策法是产业政策的法律形式或法治化的表现，也更多地带有政治、经济因素的考虑。反垄断法则更多地实现经济自由、经济民主等公平、正义价值理念，反映在反垄断法律规范中更多的是反垄断、打击限制竞争的法律因素，较少带有政治因素。产业政策法与反垄断法的一个冲突表现为在反垄断个案方面的冲突，即如何在个案上既能够体现出产业政策法的政治倾向性，又能够体现反垄断法的法律倾向性。

欧洲各国为了协调产业政策法与反垄断法之间的关于反垄断个案上的冲突，在反垄断法里设计部长特许制，也可以称为主管经济部长制。刘大洪先生把它称之为"政治决策权"。这种部长特许制或政治决策权是出于国家利益的需要，从国家政治因素的考虑出发，而不是从反垄断的单纯法律角度出发，来裁决一个案件。德国、英国、法国三国建立了卡特尔局之上的经济部长制度。1998 年《德国反对限制竞争法》第 8 条规定，联邦经济部长出于整体经济和公共利益方面的重大事由必须对竞争进行限制为限；或者某个行业的大多数企业的生存面临某种直接危险的，只有在无法或无法及时采取其他法律上的或经济政策上的措施，并且限制竞争足以消除这种危险时，可以豁免批准合并。但此项豁免批准只有在特别严重的个别情况下才是合法的，因此，此类案件较少。如从 1973 年到 1989 年底提交到德国联邦经济部审查的企业合并案件共 8 件，其中有 6 件被经济部长无条件或有条件

---

① 徐佳宾、徐佳蓉：《产业调整中的政策基点分析——韩国的工业化历程及其对中国的启示》，载《中国工业经济》2000 年第 12 期。

的批准，从而阻止了联邦卡特尔局对相关企业的处罚。① 这项制度的设计是建立在卡特尔局先裁决之上的经济部长制。这项制度的设计就是在垄断案件发生后，卡特尔局在审理有关案件时，只能以反垄断法为基础，考虑企业合并控制的法律标准，并不考虑其他因素；部长特许制中的经济部长则是在卡特尔局禁止企业合并或禁止垄断基础上，充分考虑其国家竞争力、国家经济安全或者说社会公共利益等产业政策因素，比如考虑这种社会整体经济利益或社会公共利益事由的合并带来的有利影响是否大于其限制竞争的不利影响，或者是否促进国家竞争力的提高、经济效率的提高、社会福利增进等社会公共利益。

产业主管部长作为反垄断独立执行机构的上级领导，更多考虑产业政策或其他贸易政策等政治、经济因素，而非纯粹的反垄断法中法律因素（主要是反垄断法律考虑）。一般，产业经济主管行政部长是各国的经济行政部门，主要调控本国经济，促进本国经济快速增长，且根据各国反垄断法赋予的权利可以裁定某些反垄断案件，并做出最终裁判。例如，德国经济部长可以因考虑加强本国的国际经济竞争地位，特批某项被反垄断执法机构禁止的卡特尔协议或合并协议合法；法国经济部部长可以监督撤销企业合并；英国国务大臣可以启动反垄断案件，可以撤销某项合并协议，豁免有关限制竞争协议，根据竞争委员会报告发布命令等众多权利。这些经济主管部长的裁决是最终裁决。也只有在反垄断法执法机构执行的反垄断政策与国家的产业政策发生矛盾时，才会出现部长特许制。如果反垄断执法机构只考虑反垄断、竞争等法律因素情况，有可能不分青红皂白一律禁止所有的企业合并案件或卡特尔协议，但这样与国家产业政策中促进国家经济安

---

① 刘大洪主编：《经济法学》，中国法制出版社 2007 年版，第 473—474 页。

全、产业发展、获取国家竞争力的政治因素不一致，于是国家和法律赋予商务部部长、经济部部长有权更多地从国家政治、经济利益因素考虑，而不单单考虑反垄断法的法律因素，最后作出有利于国家经济、政治安全的裁决或决定。实际上，反垄断法的反垄断和竞争因素的法律考虑只是众多经济政策的目的之一，而不是唯一。其中反垄断和竞争政策本身是提高就业、促进经济效率、完善产业结构、促进社会总福利等目标的实现路径。当然，政府也需要实现其他的目的，如国家经济安全、产业安全、扩大国家产业规模、促进国家竞争力等经济政策（产业政策）的目的。

但为了防止行政长官制度侵犯竞争法的基础地位，反垄断立法中设计了严谨的程序，严格限制主管产业的行政长官制度的适用。

首先，公开透明。即决策向社会公开。联邦卡特尔局的禁止裁决书和垄断委员会的咨询建议必须向社会公开。行政首长若想推翻反垄断法执法机构的禁止决定，必须拿出强有力事实和证据证明批准其具有重大意义，并经过听证程序来论证其事实和证据的可行性、正当性和合法性。否则，不得批准。联邦德国1998年《反限制竞争法》第52条规定，联邦经济部长的决定必须公布于联邦公告中。有效地防止了权力被俘获、滥用，从而最大程度防止竞争机制被干预。同时规定联邦经济部长在作出决定之前，必须征求反垄断委员会的意见。

其次，这种制度的设计是有顺序的。首先要经过第一道顺序，即反垄断执法机构的法律判决，才能进入到第二道顺序，由行政长官裁决。这些程序规则保障了反垄断法的"经济宪法"的地位。也就是说部长特许制是以反垄断法为优先适用，产业政策为特例。可见，在德国政府和公众中达成了一个共识：竞争是市场经济的基础。当产业政策法与反垄断法冲突时，制度设计仍是以反垄断法为考虑基础，产业政策法则是特殊情形下的考虑。所以，这样设计制度，在反垄断个案审查时，有助于减少不必要的产业政策法与反垄断法之间冲突的发生。

4.2　美国反垄断和解制度——个案上 "国家利益" 的再现

4.2.1　美国反垄断和解制度的基本概况

"国家利益" 是非常抽象的一个概念。从政治学角度说，指的是国家领土、主权的完整。从经济学来说，指的是国家经济利益和国家经济安全、国家竞争力或者整体经济利益等。

产业政策法作为国内经济政策方面的法律法规，随着经济全球化、WTO 的深入发展，各国关注的视野已从本国内部的产业发展和经济发展，开始上升到 "国家产业的安全和国家经济利益" 的维护、"一国的产业国际竞争力" 的促进。即各国产业政策法开始将 "国家政治利益" 和 "本国经济利益" 等作为其中的一个政策目标。各国的反垄断法也相应地作了规定。如法国 1987 年修正《公平交易法》第 41 条规定，要考虑合并案件是否对经济进步带来充分贡献，而能弥补对竞争的损害，要考虑合并企业面对的国际竞争的竞争力。1994 年修订的韩国《限制垄断及公平交易法》第 7 条第 1 项规定，企业合并在增强国际竞争力的需要且获得了公平交易委员会的认可，可豁免。

美国则通过个案上反垄断和解制度有效地解决了产业政策法与反垄断法之间在运行后的冲突问题。即一定程度上美国反垄断和解制度将产业政策法的 "国家利益" 的政治意图体现在反垄断个案审理程序中。

和解制度曾经和现在都是诉讼法学研究者和司法实践者关注的热点话题。简而言之，和解制度就是双方当事人达成互谅互让的一种协议，以不再伤害双方当事人的根本利益基础上，或避免更大的伤害的基础上，解决双方当事人的一种制度。和解制度既可以表现为私人之间达成的和解，也可以表现为官方与民间一方当事人达成的一致的表现。美国个案上反垄断和解制度主要是作为反垄断执法机关的司法部与被告（被指控反垄断的企业）之间达成的和解协议，并经过美国联邦法院法官批准的制度。

反垄断和解制度的存在有着合法根据。西方国家出于国家经济政策目标的考虑，例如就业率提高、创业的鼓励、高科技的促进、创新产品的提供、消费者福利促进等，增强本国在国际市场上竞争力等因素，所以在执行反垄断任务的同时，开始广泛适用反垄断和解制度。特别是自 2002 年 11 月 1 日美国联邦法院宣布批准微软与司法部达成反垄断和解方案，反垄断和解制度广为人知。

在反垄断执法过程中，反垄断和解制度不再单纯的是一个私人协议，开始演变为要适当考虑国家经济政策的一定目标。在这个意义上，反垄断和解制度既要符合国家经济政策目标，包括符合产业政策法的目标，又要满足反垄断的目标。本质上，反垄断和解制度是反垄断执法机构放宽执法尺度，适应产业政策法的要求。反垄断和解制度最早产生于美国，随后日本、德国、英国都有类似做法。

20 世纪 70 年代以前，经济全球化还未开始，美国经济一直是世界经济强国，因此，美国反垄断执法和实施主要从国内市场竞争角度考虑，很少从世界市场以及国际竞争角度考虑，更多维护本国公平、自由的市场竞争，反垄断执法机关是严厉和残酷

的，经常以肢解方式惩罚违法企业，重新调整国内市场力量分布
格局，僵化地认为肢解了大企业集团，就能分散市场势力，实现
公平、自由竞争。如 1911 年的标准石油公司案、1969 年的国际
商业机器案、1979 年的 AT&T 案、1994 年的微软案件等反垄断
案件。20 世纪 80 年代以后，特别是 90 年代，经济全球化深入
发展，WTO 开始运作和迅猛发展，将世界各地连接在一起，形
成一个全球竞争市场。美国政府和经济学家开始意识到：美国产
品的竞争对手是全球的各国，竞争范围是全球市场。它意味着在
世界市场这个舞台，一国企业已经不是与国内企业竞争，而是在
世界范围内与其他国家的企业或跨国企业在竞争，因此，一国企
业在国内市场可能是独占市场，具有垄断地位，而在世界范围内
根本不具有优势地位，不具有国际竞争力。美国政府开始放宽反
垄断执法力度，在反垄断过程中关注"国家利益"的维护。
1982 年美国政府将 5 项反托拉斯法修正案提交国会，包括《反
托拉斯损害赔偿改善法》、《管理人员兼任法》、《外贸反托拉斯
改善法》和《强化衰退产业竞争力法》等法，尽管未通过，但
在一定程度上，标志着美国政府企图通过放宽反托拉斯法来促进
企业竞争力的产业政策行为。[1] 尤其 80 年代后，美国经济霸主
地位开始受到日韩和欧盟各国的威胁，经济出现衰退迹象，在钢
铁、机械、石油化工、造船、家电和汽车领域的国际竞争力逐渐
减弱，尤其以半导体产业为主的高科技产业的领先地位受到来自
日本公司的竞争压力。于是，在反垄断执法上，美国政府开始考
虑本国产业的国际竞争力问题，也考虑到反垄断问题，逐渐放弃
肢解性惩罚措施，通过适用反垄断和解制度，来实现产业政策法

---

① 史先诚：《兼并政策与产业政策——论竞争政策的优先适用》，载《南京政治学院学报》2004 年第 2 期。

之"国家利益"目标和反垄断之调节市场结构的双重目标。如
1969年的国际商业机器案，经过13年的司法部与IMB公司的对
抗，最终因与司法部达成庭外和解，1982年司法部撤销了该项
指控。1984年美国电话电报公司因该公司自己放弃所有经营地
方电话的公司，而达成协议，撤销案件。由于80年代新技术的
采用和推广，90年代美国经济呈现强劲的增长态势，促使了
"新经济"出现，意味着以创新和竞争为主的信息产业成为21
世纪的支柱产业。计算机、信息、生物工程、新材料等新兴产业
开始产生，一批高科技小企业成为繁荣市场经济的主要力量，技
术政策上实施双重用途技术战略，全面促进技术研发及其产业
化，确保美国在高技术及其产业方面的领先地位。微软公司作为
美国计算机行业中的领军企业，由于技术创新快和推广快，成为
国际计算机行业的美国标志企业。以创新和竞争为特征的新经
济，也反映到反托拉斯司法实践里，反托拉斯执行机构更加关注
保护和保持创新的活力，保证有效持久、充分的竞争，维护鼓励
创新的自由竞争市场格局，消除阻碍创新的各种障碍，于是就有
了1999年11月杰克逊法官的肢解微软公司的裁决。微软公司就
成为新经济时代的反垄断案件的一个典型案件，而微软反垄断案
件最后以和解协议方式终结，明确体现美国保护本国计算机行业
的"国际竞争力"意图。由此，反垄断执法可以说是彻底摒弃
过去实行的事前干预制度（分解或肢解惩罚），以适应美国面对
全球经济一体化和全球竞争压力，增强美国企业国际竞争力。

4.2.2　微软反垄断和解案例和评析

微软反垄断和解案例：1998年美国司法部和19个州对微软
公司发起反垄断案件的诉讼。自此，微软反垄断案件就成为世界
关注的一个事情。首先，该案集中体现了网络经济时代知识产权

滥用的反垄断问题。美国最高法院认定了三项事实：a. 微软公司具有市场优势地位，且利用优势地位捆绑销售 IE 浏览器，实行免费使用政策，实施了限制竞争行为。b. 微软公司利用优势地位迫使设备制造商和网络服务商与它签订排他性合约，排挤竞争对手。c. 降低消费者福利。微软公司阻碍了创新，限制消费者自由选择产品的机会，减少消费者应获得的福利。在此案件中，反垄断的最主要理由是微软公司在销售其视窗产品时，利用其视窗产品的市场垄断地位，将视窗产品和浏览器捆绑销售，其行为构成了搭售，因而被司法部和 19 个州认为违反反托拉斯法的基本宗旨。1999 年 11 月 5 日，美国联邦地区法院法官杰克逊作出了初步裁定，认为微软公司为垄断企业，从事了违反反托拉斯法的垄断、限制竞争行为。美国司法部在裁定作出后提出了肢解微软公司的制裁建议，即将微软公司一分为二，分为经营电脑操作系统公司和办公自动化软件开发公司。微软公司上诉，美国联邦地区法官科林—克罗—科特丽驳回了其他 19 个州提出的惩罚微软公司的严厉措施，认为各州提出的惩罚方案更加有利于微软公司的竞争对手，并表示"这些要求缺乏合法的理由，在多数情况下，这些针对微软的惩罚建议没有得到经济分析的支持。"[①] 因而，美国联邦上诉法院基本推翻了地区法院杰克逊法官的裁决，最终原被告达成和解协议而告终，即要求微软公司提供与视窗操作系统相兼容的技术条件。

其次，这种和解协议的达成和联邦上诉法院批准其和解的深层次原因在于司法部和联邦法院出于国家利益的考虑，尤其是本国产业的国际竞争力的考虑。在一定程度上，美国联邦上诉法院

① 《美国批准微软反垄断和解方案，四年官司终了结》，《信息产业报道》2002 年 12 月。

的判决是在微软的垄断行为和微软丧失在国际市场上霸主地位的可能性之间的两害相权取其轻的结果，而并非至少不是主要考虑到高新科技企业自身特点的结果。① 此外，假设微软公司的肢解裁决一旦生效，它有可能维护了计算机市场的竞争格局，保证了自由竞争的市场状态，但是也是对微软这种创新型企业毁灭性的打击，它意味着对创新动力和活力的抑制、对投资者积极性的打击。

案例分析：这一反垄断和解制度既驳回了将微软一分为二、损害微软企业的行为的肢解裁定，又有效地解决了非法垄断行为。从反垄断法角度看，实现了创新型企业所需要的公平竞争的市场环境；从产业政策法的角度看，反垄断和解制度是产业政策法与反垄断法在个案上形成的一项协调制度，至少体现了产业政策法和反垄断法在个案上"国家利益"的协调。从反垄断和解制度角度，既满足了反垄断的需求，又能够有效地防止反垄断法的实施结果可能损害创业者和投资者的积极性，更重要的是减弱本国计算机产业的国际竞争力。

微软公司作为创新型企业，属于国际性公司，但不意味着它没有竞争对手，它需要跟欧盟和日本的计算机产业这些国际竞争者相对抗和竞争。为了保证美国经济在整个国际市场上的重要地位，美国反垄断法在企业合并控制方面早就放松合并控制。如：1996 年波音公司和麦道公司合并案，得到了美国批准。美国波音公司和麦道公司都属在国内处于数一数二、具有垄断地位的航空大企业，波音公司以 113 亿美元兼并了麦道公司，使得波音公司成为全球最大的制造商，独占全球飞机市场 65% 以上份额，

---

① 汤辰敏：《从微软垄断案评析美国反垄断法的发展》，载《北京工业职业技术学院学报》2009 年第 2 期。

而且合并后波音公司是美国市场唯一的飞机供应商，绝对占据美国市场垄断地位。在国际上能与之匹敌的竞争对手是欧洲的空中客车航空公司，为了争夺世界市场，提高本国公司的国际竞争能力，美国政府批准了波音公司和麦道公司的合并，从而形成了较大的规模经济，争取更大的规模经济效益（效率）。除了1997年波音公司与麦道公司合并案，还有1998年花旗银行与旅行者集团合并案，2000年美国在线与时代华纳合并案，这些合并案都发生在本国的高寡头市场结构中，它们的合并之所以能得到批准，根本目的是合并能提高规模效益和整体的经济效率，增强本国的国际竞争力。这意味着美国已不是从国内市场份额的视角的利益来看待竞争，而是从全球视角看待竞争，以及从国内经济安全角度来考虑合并问题。从产业政策法角度来说，就是考虑到国际竞争力和国家安全。

就微软公司反垄断案件而言，计算机行业的市场竞争已经国际化，而不再是国内市场竞争。微软公司作为美国的一个标志企业，美国政府在全球市场与国内市场之间、在国家经济利益与本土利益之间进行权衡取舍，最终批准了体现"国家利益"的反垄断和解协议。如果对微软公司进行肢解性的惩罚，将可能使微软公司的国际性竞争对手——欧盟各国和日韩国家得到好处，减损微软公司的"国际竞争力"，反而不能体现美国的"国家利益"。可以说，微软公司的反垄断和解协议正是美国争夺国际市场、赢得"国家利益"的重要体现。

反垄断和解制度的存在不意味着无条件的满足产业政策法的要求，而是要遵守法律原则，满足反垄断法的基本要求，实现有效竞争的市场结构。

4.3 制度评析

部长特许制（欧洲大陆国家主管部长制）和美国反垄断和解制度并不是各国都采用，主要分别在欧洲大陆和美国国家适用。

美国和欧盟各国市场经济开始得早，并经历了上百年的历程才走完工业化道路，他们的政府和民众已经形成共识：市场是市场经济发展的基石，反垄断法是市场经济中"经济宪法"或"自由企业的大宪章"。即使像欧盟有长期运用产业政策或产业政策法的历史传统，也通过法治化或将其纳入到竞争法框架中加以制约其产业政策，或者像美国通过国会或预算法，缩小其产业政策或产业政策法的运用范围，因而在这些国家市场经济活动中产业政策法的地位不如反垄断法高。这也意味着产业政策法干预经济的程度不如日韩的产业政策法干预经济的强度高、范围广，更意味着美国、欧盟产业政策法作为事前调整型方式起着有限作用。美国、欧盟国家关于两法之间协调制度的设置，首先在设置环节上没有选择预先和超前协调这一环节，更多的是选择了产业组织和企业组织运行中设置法律协调制度，即通过反垄断法监控产业政策法的运行，主要利用反垄断法企业合并控制制度和卡特尔豁免制度，实现两法的协调，尽量实现政府"最小程度干预经济"的自由放任市场经济思想。但是随着经济全球化的深入，世界市场的形成，全球资源配置权的争夺，各国政府把"国家利益"纳入到所关注的视野中，欧盟和美国政府相应地改变了过去基本不干预产业的做法，针对在反垄断个案上可能关乎"国际竞争力"、"国家产业安全"等产业政策法的"国家利益"

目标，分别借助于欧洲大陆的部长特许制和美国反垄断和解制度，既实现反垄断的脊髓，又能够实现产业政策法的"国家利益"的维护。

第 5 章

整体协调制度评析

5.1 总评述

整体协调制度评析主要是对六种具体协调制度进行总的分析，寻觅出可以得到启示和值得中国借鉴之处。

产业政策法与反垄断法在长期的博弈过程中，总会达成某些均衡，形成一些规则，固定下来，这些规则总和就演变成协调两法的制度，即：适用除外制度和事前协商制度；卡特尔豁免制度和合并控制制度；部长特许制和反垄断和解制度。

适用除外制度和事前协商制度则是将冲突消灭在萌芽状态，避免不必要的产业政策法效力与反垄断法效力之间抵消。

卡特尔豁免制度和合并控制制度，促使产业政策法效力与反垄断法效力倍增，共同为经济服务，增进社会总福利。

部长特许制和反垄断和解制度更多地表现为程序方面的协调。产业政策法与反垄断法之间的法律协调，不仅仅体现在适用除外制度和事前协商制度、卡特尔豁免制度和合并控制制度上，在反垄断个案上也会体现出协调制度。

由于各国的政治、经济、法治状况不同，民族、文化、价值共性不同，各国并没有统一行动不分本国情况、共同采用以上六种协调制度，各国设置的协调制度的数量、环节，采纳的具体协调制度有所不同。如：日本、韩国更多地采用适用除外制度和事前协商制度、卡特尔豁免制度和合并控制制度；美国更多地采用企业合并控制制度，少量采纳反垄断和解制度；欧盟则更多地采用卡特尔豁免制度（欧盟称之为集群豁免）和合并控制制度；德国则是采用适用除外制度、卡特尔豁免制度和企业合并控制制度、部长特许制度。它们共同采用的协调制度是适用除外制度、卡特尔豁免制度和企业合并控制制度。

从整体协调制度来看，各国协调制度更多存在于各国的反垄断法中，其协调制度的一个趋势是：以反垄断法为重，协调两法冲突，迫使产业政策法做出一些让步；或者说是以反垄断法为根据，兼容产业政策法相关内容。例如：适用除外制度正是由于反垄断法成为市场经济的基本法，适用除外制度逐渐缩小或转为行为豁免制度。卡特尔豁免事由更是因为产业政策法逐渐让位给反垄断法，当反垄断法逐渐成为市场经济的主角时，某些体现产业政策意向的卡特尔豁免事由开始废止，但同时以推进技术进步和创新的卡特尔则成为新增加的卡特尔豁免事由。这些处处体现了反垄断法是市场经济的"经济宪法"或"自由企业的大宪章"地位的回归，而这些法律协调制度则体现了以反垄断法为重的基本趋势。它意味着国家更多的是运用反垄断法制约产业政策法，以反垄断法作为根本，协调两法之间的冲突，通过在反垄断法中设置协调制度，更多地体现反垄断法"经济宪法"地位或在市场经济中基础性地位。

当然，各国协调制度除了采纳共同的协调制度，即适用除外制度和卡特尔、合并豁免制度以外，还存在着差异性。各国个别采用的协调制度主要有事前协商制度、部长特许制、反垄断和解制度。事前协商制度主要是日韩、法国、匈牙利等行政主导型市场经济国家；部长特许制主要在欧盟大陆一些国家；反垄断和解制度更多的是在美国采用。之所以存在差异性，原因在于各国的政治、经济、法治背景不同。

第一，民族文化和历史传统不同。

各国由于不同的民族共性，崇尚的不同文化、价值观念，在认识、制定和实施的国家政策有着深刻的不同，各自实施的经济政策对社会经济发展的影响深远。如：美国是长期奉行自由主义的市场经济国家，政府官员及普通民众一般不主张政府更多地干预经济。而日本和韩国一直有政府干预经济的历史传统，政府一直是积极地、广泛地、有效地干预公共资源配置。

第二，经济发展程度不同。

由于经济发展程度不同，各国经济政策所依据的国家干预的理论不同，导致各国有不同的国家干预目标，由此，发达国家和后起发展中国家利用国家干预所要达到的目标不同，期望值也就不同。美国属于经济发达国家，它的理论是需求管理理论。而日本最初属于后发展国家，产业结构落后，产业技术水平落后，既要满足本国国民的需求，又要振兴民族工业，如果仅仅依靠市场机制，没有国家的积极参与和推动，那么实现工业化就需要上百年时间。通过国家集中公共资源，主动配置资源，有效地进行国家干预，则能够在很短时间内实现工业化。对发达国家来说，因为经济发达，不存在经济赶超的压力，只要维持国际竞争力中的地位就足够了，因此，美国、欧盟发达国家干预经济发展的需求没有日韩后起发展国家那样迫切，以致国家干预程度和深度都有限，并严格受到法治的制约。

第三，日韩、美国、欧盟采取政府干预理论侧重点不同。

从各国经济发展来看，日韩更多地采用有效供给管理理论，美国和欧盟更多地采用有效需求管理理论。由于日韩采用有效供给管理理论，其政府在宏观政策上更多地采用产业政策，造成了日韩产业政策法与反垄断法关系中，产业政策法始终在市场经济中起着很重要的作用。美国和欧盟由于采用的是有效需求管理理论，在宏观政策上更多地采用财政政策和货币政策，在市场经济活动发展中，主要是发挥反垄断法的重要作用，其反垄断法也就被称为经济宪法或自由企业大宪章。

凯恩斯认为危机和失业是有效需求不足的原因，而有效需求不足是由于消费不足和投资需求不足造成的。凯恩斯认为市场不能自动调节消费不足和投资不足，需要政府通过财政政策或货币政策来控制或者刺激需求的产生，解决失业问题。其中财政政策和货币政策是政府采用的最重要的政策。其主张重点是采用财政政策和货币政策为主导的国家干预，抑制或刺激需求，实现社会总需求和社会总供给的均衡。需求管理的时间是较短期的，管理的主要对象就是需求。需求管理理论下，政府一般不是直接干预产业经济发展。由于财政政策和货币政策时间较短，不具有连续性，加上产业政策被看作不是很重要的宏观政策，所以，在美国产业政策法与反垄断法这对关系中，所表现出的是反垄断法占上风。更重要的是，反垄断法本身是国家干预中最小限度和最低强度的而为之的一种。

自二战后，日本作为战败国，国内是一片萧条、百废待兴。日本作为资本主义国家中一个不发达国家，战后确立了赶超欧美发达国家的战略。针对如何赶超发达国家，日本选择了有效供给管理理论。这种供给管理理论指的是政府有意识地引导和聚集公共资源直接形成有效供给，缩短原来依靠市场机制形成的有效供给的时间，尽快追赶发达国家，实现工业化。实质上就是扩大供给能力，实现供需均衡。依据有效供给管理理论制定的经济政策一般跨度时间长，即把产业政策着重点放在刺激供给上，通过产业政策的实施，直接对重点产业和薄弱产业进行干预。他们提出振兴产业的经济政策，目的是提高生产率，以使经济长期稳定增长。管理的对象是供给。因此这个供给管理理论意味着更强有力的、更广泛的国家干预。而日本在短短几十年就实现了工业化，也说明了供给管理理论的有效性。因此，日本在赶超欧美发达国家过程中，在实现工业化道路中，将供给管理和需求管理有效地结合起来，更多地强调和重视供给管理，采用产业政策优化资源配置，财政政策和货币政策作为产业政策的辅助性政策，直接形成有效供给，从而实现经济飞速发展。韩国则是仿效日本的做法。因此，日韩在供给管理制度下，所形成的产业政策法和反垄断法的关系，则更强烈地表现出了产业政策法的重要作用。因此，日本产业政策法是国家干预中最强、最大的干预形式之一。

第四，两法协调模式造成各国选择的协调制度不同。

美国作为世界上市场经济、最发达最完善的国家之一，其三权分立的政治体制、最完善的法治国家、经济民主的观念深入人心和制度中，其产业政策为事实上的产业政策，被称为"撒播了产业政策的种子"，并被国会和预算法所制约，为有限的政府干预，反托拉斯法被称为"自由企业的大宪章"，在经济生活中占据主要地位，因而，两法形成以反托拉斯法为主、产业政策法为辅的协调模式。美国用看不见的手调控经济的方式决定了美国所采用的协调制度特点是，更多地采纳共同的协调制度，偶尔采用反垄断和解制度。

日韩两国最初是落后国家，国家干预经济历史是长期的，并渗透到现代社会中政治、经济、文化历史传统，为了最快赶上欧美发达国家，积极运用产业政策或产业政策法为其赶超战略服务，其产业政策法长期以来占据市场经济活动中重要地位。但是由于日韩两国在现代化、工业化进程中的发展阶段分为初、中、完成期三个阶段，因此，两法协调模式也是分为不同阶段。在工业化进程的初、中期以产业政策法为主、反垄断法为辅，到工业化完成，由于产业政策法为主的模式，导致市场缺乏活力，创新和技术研发不足，制约了经济发展和技术进步，反垄断法才逐渐地演变上升为市场经济活动中的"经济宪法"地位。总之，日韩两法的协调模式是分阶段型，工业化初、中期以产业政策法为主、反垄断法为辅，工业化完成期以反垄断法为主的协调模式。为了制约已经存在的或未来的产业政策法，实现反垄断法的重要作用，因而日韩除了共同的协调制度以外，还采用了事前协商制度，将产业政策法与反垄断法不和谐之处或冲突之处，消灭在萌芽阶段或运行过程中，其目的是预先或超前解决冲突。

欧盟尤其是德国、法国，也有着产业政策干预经济的历史，从市场经济发达程度来看，比不上美国的发达，欧盟法治程度也不及美国，但欧盟产业政策干预受到本国和欧盟国家条约的制约，也为有限干预，在产业政策法与竞争法长期冲突、博弈过程中，最终形成了以竞争法为主、产业政策法为辅的协调模式，或者说形成了竞争法框架下的产业政策法和反垄断法的和谐模式。这些特征也就相应地决定了欧盟更多地采用卡特尔豁免制度和合并控制制度，作为两法的协调制度。其中德国、英国、法国还采纳了部长特批制。

5.2　对中国的启示

美国、日韩和以德国、法国为代表的欧盟国家所采纳的不同的产业政策法与反垄断法之间协调制度，与各国的政治、经济、法治完善程度和社会发展程度休戚相关，但也有一些关于设置协调制度的共同点对我国两法协调制度的完善和构建具有一定的借鉴意义。

5.2.1 侧重反垄断法的协调制度

产业政策法与反垄断法在不同国家的动态演变态势不同，形成不同的协调制度。即不同的协调模式产生不同的协调制度，但是共同点是以反垄断法为侧重、采纳或设置其国家的协调制度。日韩作为行政主导型市场经济国家，产业政策法的干预力度大、范围广，反垄断法起初并没有成为市场经济法律体系中的核心法律。但随着经济发展和国家过分依赖产业政策法暴露出一些弊端，严重影响产业前进和发展，阻碍技术进步和创新，日韩政府才有意识地制约产业政策法的过强的干预性，强调产业政策法干预符合正当性。日本进入 21 世纪，更加强调发挥市场机制的功能，其产业政策则逐渐从直接干预和个别产业的介入发展成为确立发展规划和对全局性、基础性问题的统筹和引导。[①] 同样，自 80 年代，韩国产业政策成为韩国经济发展的障碍。于是 1985 年，韩国通过的《产业发展法》强调市场的作用，减少政府对形成产业政策的干预，在法律层面上消除了所谓的"战略产业"；韩国政府干预只局限于弥补市场失灵时的两个特殊领域；即具有极小的激励机制，唯有依靠政府干预才能扩大其国际竞争力的领域，以及夕阳企业。政府的产业政策从产业倾斜性转向功能性。[②] 所以，日韩两法之间的博弈形成了以反垄断法为主、产

[①] 孙亚峰：《经济发展中的产业政策与竞争政策——日本的分析与借鉴》，载《市场周刊》（理论研究）2007 年第 2 期。

[②] 李智娜：《韩国产业政策的演变及其启示》，载《商业时代》2007 年第 6 期。

业政策法为辅的发展趋势。日韩两国作为行政主导型国家，政府运用产业政策法调控经济是常态，日韩的协调制度是以侧重反垄断法来设置协调制度，来制约产业政策法过度干预。如日韩两国通过设置事前协商制度，赋予公平交易委员会协商权，制约产业政策法起草、出台、实施，有效地制约产业政策法过度、过分干预经济，发挥反垄断法的基础性功能。日韩两国在具体协调制度中采纳了适用除外制度、豁免制度，并赋予反垄断法执法机关驾驭在产业政策法运行机关之上的职权。

　　美国作为市场经济高度成熟的国家，市场经济发展早，程度高，法治化程度高。出于美国自由主义的传统理念的坚守，美国政府很少干预经济。即使像美国产业政策和反托拉斯法作为美国干预经济的两种武器，美国政府通过将其政策意图上升到法律形式，将政府干预的随意性、不透明性、缺乏责任性转变为透明性、客观性、归责性特点，降低政府失灵为最低点，实现宪政制度下的有限政府干预。美国官方和民众不承认产业政策，有关文件中也看不见产业政策的字眼，实际上美国产业政策主要是技术政策或科技政策，已经上升到法律层面，被称为"播撒了产业政策的种子"。被称为美国事实上的产业政策主要定为"市场缺陷"的矫正，而不是像日韩扩张市场功能机能。正如美国国会预算办公室在 1988 年发表的《用联邦研究开发促进商业创新》的专题报告里指明的，联邦政府应该帮助有风险、可能带来技术进步和革命、而私人公司不注重或无力承担的技术研发。这个报告明确指出产业政策运用时，应该证明政府干预的合法性和正当性，即在市场存在缺陷的时候才给予帮助，而且联邦政府资助是能够带来技术进步和技术革命，或起着经济增长的关键作用的技术，其中规定在私人企业不愿涉足，或长期投资回收时间太长的，或投资巨大，而企业无法承担的技术研究与开发条件下，联邦政府才给予干预。美国反垄断法的产生也早于美国事实上的产业政策法，且在国家市场经济中占主导地位。所以从一开始就形成了反托拉斯法为主、产业政策法为辅、以创新（动态效率）为两法交合点的模式。在这种态势下，形成以反垄断法为重，设置协调制度。美国具体协调制度包括：较小范围的适用除外制度和以国家利益再现的反垄断和解制度。

以欧洲大陆为主的欧盟各国，产业政策的运行尽管有长期的历史传统，但是根据1990年欧洲产业政策报告《一个开放和竞争环境——一个欧洲社区路径指导》报告书指出，在经济全球化的背景下，欧盟确立的是以竞争导向的产业政策。1992年《马斯特里赫特条约》（欧盟条约）在 XIII 章正式引入了欧盟产业政策，允许产业政策发展定位于矫正市场缺陷，明确了欧盟产业政策法定为矫正市场缺陷。所以欧盟产业政策法与竞争法之间形成了以竞争法为主、产业政策法为辅的发展趋势，且规定在两法冲突之处，产业政策法运行在竞争法监控之下。在这种动态趋势下，欧盟是以反垄断法为重设置本国法律协调制度。欧盟两法采纳的具体法律协调制度主要包括：适用除外制度、豁免制度、反垄断执法机构之上的经济部长制。

以反垄断法为重，设置两法之间的协调制度，则是从另一方面，将协调事项的主动权交到反垄断运行机关手中，体现了反垄断法维护市场经济的基石——市场的基本点，也说明了政府和民众已形成一个共识，即自由、公平的竞争市场是市场经济发展的基础。所以，两法之间协调制度的设置是以反垄断考虑为主，考虑产业政策法目标是特殊情况。

5.2.2 根据本国的政治、经济、法治程度设置协调制度

正是因为日韩、欧盟、美国的市场经济成熟程度、法治程

度、政治背景的不同，它们设置的协调制度是不同的。

从这些协调制度设置数量和环节来看，美国是市场自由化程度最高的国家，其协调制度设置较少，设置环节主要是在企业组织运行中和反垄断个案中协调；日韩两国作为行政主导型国家，由于存在政府干预经济的历史传统，在两法长期斗争过程中，产业政策法范围逐渐缩小和转型，反垄断法逐渐上位，顺应了以反垄断法为主的国际潮流，其协调制度的设置最多，设置环节除了产业组织和企业组织运行中的协调制度，还广泛地运用预先或超前解决环节的协调制度（事前协商制度和适用除外制度）；欧盟各国有国家干预经济的长期历史传统，但后来的发展，顺应了以反垄断法为主的两法演变趋势，所以欧盟除了考虑到企业组织运行设置协调制度，极个别国家如德国、英国、法国还采用了反垄断个案中的协调制度。即部长特许制或称之为"政治决策权"，其协调制度设置数量处于日韩和美国中间。

在采纳的具体协调制度方面，日韩作为行政主导型的国家，国家调节经济是常态，日韩两国又是法治经济，反垄断法已在国家中定为"经济宪法"主要地位，故日韩是以反垄断法为主设置协调制度。日韩两国在既要满足政府出台、运用产业政策法调整经济的常态需要，又要实现反垄断法创造公平竞争的市场环境的需要，首先采纳在产业政策法立法、运行前事前协商制度，来协调两者矛盾之处。日韩事前协商制度无论是在产业政策法中规定、还是在反垄断法中规定，其主要内容就是主管产业或经济的部门要起草或实施带有限制竞争内容的有关产业政策法律、法规时，必须与日韩公平交易委员会相协商或咨询。若公平交易委员会反对，产业政策法则不得制定或实施。所以，日韩协调制度是防患于未然。其采纳的协调制度有事前协商制度、豁免制度和企业合并控制制度，在具体实务中大量运用适用除外制度。

美国作为自由市场经济国家，其政府与日韩、欧盟各国相比，是干预最少的国家或政府。因而，美国政府更多运用被称为"最少干预经济或被动干预经济的反垄断法"作为市场经济的调节武器。美国两法协调制度的设置主要采纳卡特尔豁免制度和合并控制制度，少量运用美国反垄断和解制度。其卡特尔豁免制度和合并豁免制度都是建立在反垄断法普遍禁止卡特尔和经营者过度集中的一般原则上，若没有这些普遍禁止原则，则卡特尔豁免和合并豁免不得适用。所以，卡特尔豁免和合并豁免也是以反垄断法为主设置的法律协调制度。美国个案上的反垄断和解制度，尽管可能因为要体现产业政策法中的"国家利益"，需要协调在个案上反垄断和产业政策"国家利益"之间的目标冲突，但是美国法院仍然要依据反垄断法对一些反垄断案件判定为违反反垄断法行为。只有在对违法者处罚时，才权衡国家利益与反垄断之间的利弊，最终将"国家利益"体现在和解协议里，达到实现"国家利益"和反垄断的统一。所以，美国的两法协调制度仍是以反垄断法为主设置的法律协调制度。

从政府干预程度来说，欧盟与日韩、美国相比属于中间力度。其两法的动态演变决定了欧盟更多的是设置卡特尔豁免制度和合并控制制度。欧洲大陆的部长特批制（或政治决策权）更是建立在卡特尔局禁止垄断、反对限制竞争性行为，控制企业合并制度基础上，才予以适用部长特批制。只有在卡特尔局做出禁止裁决时，案件经过申请才提交到主管产业的部长手中。同时针对部长特批权力，又设置了多种公开、透明的程序，防止产业政策法的政治决策影响过度干涉反垄断法实施。总的来说，这些具体协调制度都是侧重于反垄断法来设置协调制度。

无论欧美、日韩协调制度设置多少、设置环节不同，但它们的共同点是以侧重反垄断法来设置法律协调制度，有效地制约产业政策法过强的政府干预。

5.2.3 协调制度的实施效果与反垄断运行机关的设置有着直接关系

在六种协调制度中，各国共同采纳的适用除外制度、豁免制度等实体制度的实施效果如何，与反垄断运行机构或执法机构的设置休戚相关，尤其与其相关独立性和权威性的程度有着直接关系。只有反垄断运行机构拥有高于产业主管部门的职权和高度的独立性，才能够摆脱产业主管部门的权威和长官意志，独立依据反垄断法审查或裁决案件，而不是依据产业政策法的意图来行事。只有由于反垄断运行机构在地位上高于产业主管部门，在审查和裁决案件时才能够保证"以反垄断法为基础，特殊情况下考虑产业政策法的要求或政策目标"的实现。若没有这种反垄断运行机构独立性和权威性的安排，两法就会形成以产业政策法为主的法律协调制度，将会演变为实现产业政策法的意图而运行。因此，反垄断运行机构的权限和独立性高低与否决定了是否能够以反垄断法为主设置法律协调制度，决定了能否在反垄断基础上适当考虑产业政策法的要求。

考察市场经济国家的反垄断运行机构或反垄断执法机构可知，市场经济国家一般赋予了反垄断执法机构高于产业主管部门之上的地位，即高度的独立性。反垄断执法机构的独立性指的是反垄断执法机构在考虑反垄断的任务和目标（自由、公平竞争），而不受其他行政机关的干扰和影响。这种独立性意味着反垄断执法机构和反垄断委员会将拥有独立的人事权和独立的财政预算权。如德国卡特尔局由总理直属，日韩两国公平交易委员会则隶属总理府。财政和预算独立划拨和核算，人事独立自主。各国的反垄断执法机构由于政治体制、经济、社会文化等立法背景不同，而有所差异，但有一个共同点是独立的行政机关，不受其他行政机关的干涉或影响。反垄断执法机构分为专门机构、顾问机构、法院、经济部长或商务部长。专门机构主要行使本国反垄断的职责，具有调查、取证、审裁权，如美国的联邦贸易委员会和司法部、英国公平贸易局、日本和韩国公平交易委员会、德国卡特尔局；顾问机构主要是进行调查、咨询、协调、提出建议，而没有裁决权，如德国联邦垄断委员会、英国垄断与合并委员会等则属于顾问性质的机构。这些机构独立于其他经济管理主管机关，专业于反垄断法律问题，一般隶属于最高行政机关首脑或执法部长。美国联邦贸易委员会隶属于总统，司法部反托拉斯局隶属于司法部；德国卡特尔局隶属于经济部长，向议会负责，日本公平交易委员会隶属内阁总理大臣，英国公平贸易局隶属于英国商务大臣，法国公平交易局隶属于法国经济部长。日本学者村上政博指出："国家让竞争当局的长官成为内阁成员的做法，有利于竞争政策的实现。在日本政府内阁，官房长官为内阁成员的政府机构，在地位上高于独立的行政委员会。"① 由于这些反垄断执法机构独立于其他行政机构，隶属于最高行政首脑或政府部门，机构层次高，具有较高的地位和较大的权力，具有独立的人事权和独立的财政预算权，减弱了掌控经济管理职责的政府部门利用产业政策干预反垄断法的执行效力。

---

① ［日］村上政博：《日本禁止垄断法》，法律出版社 2008 年版，第 118 页。

第6章

我国两法之协调制度的现状评析

6.1 我国产业政策法与反垄断法之间协调模式评析

6.1.1 以产业政策法为主的协调模式

中国自 1949 年以后，实行的是计划经济，这种计划经济是政府统制经济，也就无法产生产业政策法与反垄断法之间冲突与协调的问题。但随着 1978 年改革开放政策的确立，中共十四大又明确提出了建立社会主义市场经济体制，并指出，在社会主义市场经济体制框架下，市场要对资源配置起基础性作用；中共十六大则进一步强调，要在更大程度上发挥市场在资源配置中的作用。市场地位的官方确认，民间资本的出现，中国的市场机制开始逐渐发挥一定作用。目前，中国经济正处于转轨时期，由计划经济逐渐向市场经济过渡。在这个过程中，由于市场发育不成熟，市场功能还未充分发挥，行业垄断或行政性垄断严重。对于中国这样一个发展中国家，为了追赶发达国家，促进经济繁荣，实现国富民强的愿望，国家通过颁布各种产业政策法律、法规，进行强有力的产业结构调整，促进产业结构高级化和合理化，增进技术进步和国民经济发展，本无可厚非。尤其 20 世纪 80 年代以来，由于经济全球化的发展，国家运用产业兼并重组政策，鼓励经济联合、企业做大，鼓励企业集团和超大型企业的组建，企业做强，增强本国产业国际竞争力，赢得世界市场一席之位。尽管各种产业政策法规的出台、实施，一定程度上影响了市场机制的运作，阻碍市场自由、公平竞争，但由于并没有一部完整的《反垄断法》出台，国家调节国民经济仍是以实施产业政策法为主，产业政策法与反垄断法之间也就不存在协调问题。

2008 年爆发世界性金融危机，为应对危机，中国出台十大产业振兴政策，创建超大型企业集团，鼓励企业合并，并进一步投资和发展基础性产业（如高铁、铁路、高速公路）的建设。同年 8 月《反垄断法》开始实施，产业政策法与反垄断法自此开始产生冲突与协调问题。中国《反垄断法》本应在出台后大展身手，但是由于其实施阶段恰好是在金融危机期间，《反垄断法》的实施不可避免地受到金融危机的一定影响。中国政府的工作重心和公众的注意力都被应对危机而吸引，反垄断法的作用基本上被忽略，甚至反垄断执法机构也忽视了反垄断法应该在危难时刻发挥的重要作用，以致在金融危机期间发生的许多案件没有得到竞争机构的审查。如 2009 年 5 月联通和网通两家公司合并已超过一年，基于国家工信部的实施计划，没有向商务部申报。

反垄断法没有发挥基础性作用，主要的原因在于产业政策在金融危机时期表现出的两个特性。

1. 反危机性

产业振兴政策作为中国政府在艰难时期干预经济的一种形式，主要目的是激励十大产业复苏，带动整个经济复苏和增长，其内容可以归结为以下几点：①带有限制性的市场准入壁垒政策。如在石化产业方面，将炼油和乙烯企业平均规模分别提高到

600 万吨和 60 万吨。淘汰 100 万吨及以下低效低质落后炼油装置，同时引导 100 万—200 万吨炼油装置关停并转；提高食品行业准入门槛等。②培育大型集团。如钢铁产业振兴政策鼓励培育特大型钢铁集团。③鼓励兼并重组。在汽车产业方面的兼并重组规定，产销规模占市场份额 90% 以上的汽车企业集团数量，将由目前的 14 家减少到 10 家以内，形成 2 至 3 家产销规模超过 200 万辆的大型汽车企业集团，培育 4 至 5 家产销规模超过 100 万辆的汽车企业集团。④培养自己的技术和创新，加强创新能力。⑤增加投资。例如仅仅在 2009 年 1 月到 9 月，对通讯产业就增加了 2000 亿投资，据估计通讯产业的投资在 2009 年这一年将超过 2700 亿。①

产业振兴政策反映的反危机特征，实质是设置市场进入壁垒、培育国内垄断企业、鼓励扩大企业规模等带有限制竞争内容的产业政策，来解决产能过剩、规模小等问题，在一定程度上，的确限制了反垄断法的作为。

2. 强化政府干预力度

十大产业振兴政策本质是一种产业政策。即利用国家之手，借助于各种政策工具，包括进出口补贴、税收减免、信贷优惠、成本贬值或地方内容规则等，聚焦于特定产业或特定部门，培养国家冠军，提高国家竞争力，增强国家福利。

这些产业政策设置新的规制权力、市场进入壁垒等内容，进一步强化了国家干预。例如，2009 年出台的"造船业振兴规划和政策"指出：除了在 2006—2015 年长期造船产业规划里的项目以外，涉及土地、海岸线、环境保护和金融等的部门或政府不

---

① 工业和信息化部：《2009 年前三季度电子信息产业运行分析及形势展望》，http://China. com. cn. 10 - 29 - 2009.

再接受涉及新甲板和新的船坞的大型项目的申请；新的海洋工程设备的基础设施项目必须经中央政府批准；在近三年里，政府将不再扩张目前的船坞和甲板建设项目。更进一步，产业振兴政策通过培养超大规模的集团，鼓励一定程度的经济力集中，尤其直接或间接通过行政命令要求国有企业或国有持股的企业整合。例如，中国联通公司和网通公司的合并就直接是中央政府的行政命令。在这个意义上，十大产业振兴政策加强了国家在经济中的干预力度。国家干预力度的强化，意味着国家规制权的扩大，反过来，市场竞争的范围就相对缩小，反垄断法适用范围也相继缩小。

此外，《中华人民共和国反垄断法》自 2008 年 8 月 1 日起施行以来，据有关资料显示，发改委处理的有关价格联盟、分割市场的卡特尔事件有 100 多件，商务部处理的企业合并有 150 多件，国家工商行政管理总局处理和惩处的反不正当竞争案件和反垄断案件有 600 多件（反不正当竞争案件占多数）。但是，同欧盟国家、美国、日本相比较，我国查处反垄断案件不多、力度不够，且查处的大部分案件并没有真正触及到中国民众关心的银行服务费的霸王条款、保险公司的霸王条款问题，中石油、中海油的价格垄断，航空业霸王条款，食品行业的普遍涨价等垄断问题。反观欧盟、美国、日本、韩国等国政府查处反垄断案件多、力度大且涉及民众普遍关心问题。如：欧盟仅仅在 2011 年 1—6 月处理的反垄断案件就有十多项大案、要案：欧盟可能对英特尔收购迈克菲案附加限制性条件案件，欧盟就谷歌反垄断调查征求意见，欧盟、美国对谷歌收购 ITA 案展开进一步调查，苹果公司在比利时遭反垄断调查，欧盟对卡车制造商展开反垄断突击调查，德国对食品公司处以反垄断罚款，微软在欧盟对谷歌提起反垄断诉讼，欧盟对预应力钢生产商处以 2.69 亿欧元的反垄断罚款，欧盟委员会对信用违约掉期（以下简称"CDS"）市场展开两项反垄断调查，欧委会宣布对硬盘驱动器行业的两项收购交易启动进一步调查等案件。美国在 2011 年 1—4 月反垄断案件有：美国、欧盟对谷歌收购 ITA 案展开进一步调查，必和必拓公司斥资 47.5 亿美元购买美国页岩天然气项目，韩国三星 SDI 公司在美国认罪并被处以巨额罚款。韩国在 2011 年 1—4 月份反垄断案件有：韩国公平交易委员会调查炼油企业、食品加工企业和彩色显像管制造商的垄断协议行为，其中 1 月 27 日，KFTC 对包括三星电管、中华映管、中华映管马来西亚和华映光电在内的 4 家彩色显像管制造商处以合计相当于 2350 万美元的卡特尔罚款，2 月调查大韩航空和蒙古航空的固定价格行为；处罚实施垄断协议的 3 家豆浆制造商和 13 家电缆制造商。此外，1 月 26 日，韩国公平交易委员会发布新闻公报称，2010 年审查 499 件交易，同比增加了 21％，其中大部分交易是关于服务业的。日本于 2011 年 1—4 月处罚日本多家公司的串通投标和卡特尔行为，如：2011 年 2 月份日本确认对实施串标行为的 3 家石油分销商处以罚款的决定；2011 年 3 月 11 日，JFTC 发布上诉决定维持其 2008 年 6 月作出的对包括日本久保田公司在内的 4 家钢管制造商处以总计 1550 万美元罚款的裁决，这 4 家钢管制造商涉嫌在 2004—2005 年间实施了卡特尔行为；4 月 15 日，JFTC 对 51 家建筑公司处以总计 910 万美元的罚款，因这些建筑公司涉嫌在 2006 年 4 月至 2010 年 3 月期间在山梨县市政建设项目中存在投标分配和价格固定行为。可见，各国主要的反垄断案件大都是航空、银行、石油、食品、钢材等关乎民众关心的普遍问题，查处力度够狠。

另一方面，许多国有企业为克服衰退，在积极响应产业振兴政策基础上，采取一些限制性竞争行为的策略，而反垄断法并没有积极追究或主动审查这些反垄断行为，漠视这些限制竞争行为的存在。例如：钢铁企业频繁地彼此合作限制产量，保持价格稳定。[①] 中国的5家航空公司共同采用统一的价格体系，实行价格上扬的措施。[②] 本质上，我们并没有看到中国反垄断法的更强有力的积极作为，反而看到了其不作为的一面。所以，通过与产业振兴政策相对照，尤其在金融危机背景下，反垄断法在应对金融危机中扮演着次要作用，即产业振兴政策优于反垄断法。

6.1.2　以产业政策法为主的协调模式后果

产业振兴政策的作用具有双重性。一面是积极的，另一面是消极的。到目前为止，产业振兴政策已经展现了它们的积极作用：扩展了国内需求，复活了一些困难产业，促进了经济增长，确保了保"八"的目标，阻止了经济加速下滑。即产业振兴政策的推动和需求的拉动激励了经济增长。另一方面，在金融危机期间，产业振兴政策看起来完全占据支配地位，反垄断法则处于必要地位。产业振兴政策和反垄断法在国民经济中的各自地位已经导致了一些不良后果。

第一，金融危机导致中国产能过剩，产业振兴政策进一步加重了产能过剩的状况。当产业振兴政策正在鼓励投资产业的基础设施建设的时候，它不可避免地产生一定程度的生产过剩。如目前，手机和集成电路的国内需求急剧下降，国外需要不足，已经形成了芯片产业的过剩，如果继续投资将会加大芯

---

① 邓瑶：《工信部"限产令"：钢铁回暖急刹车？》，《21世纪经济报道》，http://www.21cbh.com/HTML/2009 - 5 - 13/HTML_ PUBN53A2EA2X. html，2009 - 05 - 13。

② 杨青：《国内机票今天开始新机票折扣率》，《北京青年报》2009年4月29日。

片产能过剩。

事实上，回顾中国经济过去二十多年的发展历史，由于过去的产业政策鼓励过度投资，产能过剩和重复建设一直是中国经济发展的弊病。在金融危机期间，中国产业振兴政策进一步加深了产能过剩和重复建设的问题。我们以钢铁产业为例，目前产能过剩已经超过 1 亿吨，涉及钢铁产业的新项目同比上升 20%。值得注意的是，准备建设新能源基地的省市已经超过了 17 个省，甚至一些项目未经研究，就匆匆上马。产能过剩的结果导致了 3/4 光伏企业破产。① 即使在这种情况下，仍旧有许多项目正在进行，新能源产业完全是无序的，将会导致新一轮产能过剩。

更进一步的，低端产品像水泥、钢材、煤炭过剩，而高端新产品如不锈钢、多晶硅和风能产品也过剩。甚至这些多晶硅和风能还未形成工业化和商业化，它们已经是产能过剩。② 如果钢铁和水泥、煤炭产业低端产品过剩是一个老问题，那么为什么高端产品也面对同样的问题？

另外，除了中央政府之外，地方政府也有热情建立多晶硅基地，甚至在西部地区，就有乐山、重庆、洛阳，在东部就有苏州、扬州、连云港地区。③ 为什么这么多企业或省市在它们还没有掌握这个产业的发展方向和动态，就敢于投资这些项目。我们知道，一个新能源或高端技术形成一个产业需要许多条件：①它们需要一定的高端技术；②它们需要承担失败能力；③它们需要一定资本；④它们需要一定的技术人员和熟练工人。简而言之，

① 董沛：《"肉蛋涨价"与"产能过剩"》，《工人日报》2009 年 8 月 29 日。
② 陈祎淼：《限制产能过剩，重点抓钢铁和建筑材料等行业》，《中国工业报》2009 年 9 月 1 日。
③ 同上。

新出现的产业有较高的进入壁垒，不是所有企业都有能力进入的。我们本应该看到较少部分企业可以进入新能源产业。但是相反，我们只能简单地说市场已经被严重扭曲了或破坏了，导致了先进产能过剩。加上许多企业在产业振兴政策的鼓舞下，盲目地开发项目，而不考虑市场因素，更进一步加重了产能过剩的状态。

第二，中国产业振兴政策加强了国家拥有和国有资本持股，挤出了私有资本，一定程度上，中国产业振兴政策促进了垄断，限制了竞争。

十大产业振兴政策要求推动企业重构和整合，鼓励建立大型企业集团或者超大型集团。中央政府强调骨干企业在产业重构中扮演领先角色，实现规模经济，从而使得大型国有企业变得中央企业化，中央企业变得更加资本化。这个倾向将私有资本企业和中小企业挤出。即这是"新一轮国进民退"。① 另一方面，地方政策，根据中央的重构决定，已经迫使私人小型工厂关闭或被大型国有企业合并，例如，在山西省，众多的私有中小煤矿企业被关闭，一些学者把这称为私有资本撤退现象。这些将使得国有企业变得更大。

更进一步，表面上，国有企业或国有资本持股企业的数目减少了，但是那不意味着国家拥有的资本逐渐衰退了。相反，这些公司规模变得更大，资本更加集中，技术更加密集型，将更可能引起垄断或行政垄断的威胁。因为它们与以前相比，更容易运用垄断地位，实现垄断利润。

即使产业振兴政策鼓励重构和整合，的确能够带来规模经济，增强一定的竞争力。然而，从中国目前情形来看，它可能是

---

① 贺军：《产业振兴规划之忧》，载《中国企业家》2009 年第 6 期。

相反的。我们必须说大多数重构和整合是由政府引导或控制，而不是市场发挥作用。这种情形被称为拉郎配。正如一位教授形容："几乎所有重大的组织和制度创新仍然是由国家决策的，国有企业协调企业间关系的行为，从横向经济联合到组建企业集团，一直到今天的购并、重组。"① 如果重构只是简单的 1+1 等于 2 的工程式，在工厂规模上的增加并不必然导致规模经济。虽然它的确反映了强大的国家干预。

　　总之，这种重构和整合将实质地限制它们的深度，表现出来是浅薄的。更进一步，隐藏在国有资本后面的行政垄断则更难处理。打破垄断或行政垄断的任务对反垄断法更是艰巨。行政垄断或垄断将进一步阻碍竞争，使得市场机制失去功能。更不用说，在这些部门的市场是卖方市场，消费者无从选择。例如通讯产业，经历了几次改革，我们的消费者与国外消费者相比，支出电话费是他们的几倍；而电信行业的职工工资也是其他行业的几倍，甚至达到人工成本 12 万/人②的程度，这在产业政策扶持下垄断行业中已不是特殊现象，而是普遍现象。

　　另外一个是严重的寻租行为。根据一位中国学者计算，中国电力、邮电通讯、民航、铁路等自然垄断行业的垄断租金高达 1300 亿—2020 亿元，占 GDPDE1.7%—2.7%。③ 投入之高，创造的价值之低，不成正比。

　　尽管国务院于 2010 年 5 月 13 日公布《关于鼓励和引导民间投资健康发展的若干意见》，鼓励民间资本以参股的方式进入了

---

　　① 徐传谌、谢地主编：《产业经济学》，科学出版社 2007 年版，第 270 页。

　　② 汪生科：《豪门盛宴：央企"十二强"收入调查》，载《21 世纪经济报道》2006 年 7 月 11 日。

　　③ 胡鞍钢、过勇：《从垄断市场到竞争市场：深刻的社会变革》，载《改革与理论》2002 年第 5 期。

六大领域（主要是垄断行业。目前，它的效果未定）。实际上，解决垄断行业或行政垄断问题是一个政治问题，需要政治利益集团放弃某些利益。否则，它是很难解决垄断行业或行政垄断问题的。

第三，产业振兴政策将使得反垄断法的实施变得无关紧要，扭曲了市场机制。

反垄断法是国家经济政策，来源于西方发达国家，最早在19世纪末出现于美国。反垄断的概念和理念在西方大约经历了一百多年传播，已经埋植在西方国家的文化里和制度中以及西方普通人的思想里。相反，中国是发展中国家，一直有政府干预经济的长期历史。中国政府和群众在一定程度上认为政府在国家经济中扮演主要角色是理所当然的。尽管自1978年改革开放以来，在一些产业里市场有一些开放，但是市场的开放程度是不够的，国有资本依旧在中国市场里处于支配地位。一般讲，中国的市场不是过度竞争，而是缺乏足够竞争。中国政府已经认识到市场机制是经济发展的重要元素，在某些产业里主动引入一定程度的竞争，但是它对经济发展来说是不够的。中国《反垄断法》的通过和实施意味着政府将继续开放市场，增进改革，扩大自由竞争，阻止各种反竞争行为。如果没有金融危机，反垄断法将会得到更多的关注和有力的执行，逐渐嵌入到中国文化和制度里。但是相反，为了抵御金融危机，中国产业振兴政策更加重了政府干预的力度，如更多的审批手续、新项目的许可证、执照等。这些实质地扩大了规制权的范围，缩小了反垄断法的适用范围。我们知道一旦规制被确立，它在一段时间内很难解除，将会减少中国《反垄断法》的适用效力。实际上，中国作为一个发展社会主义市场经济的国家，它的竞争和价格机制在市场里应该扮演主要角色，反垄断法本应该处于支配地位，但是现在相反。

由于产业振兴政策的强势、反垄断法的弱势，我们最近已经看到一些非常坏的结果出现。例如，2009 年大量的资金或现金流本应进入实体产业，却进入房地产或股票市场这些虚拟产业，这些市场出现了表面繁荣，社会上也出现物价上涨、通货膨胀、就业困难等情形。另外，2009—2010 年期间，北京、广州、上海一线城市，在土地招标活动中，许多地王出现。其中许多并不涉及房地产的中央国企也角逐地王。① 主要原因是市场机制被扭曲了，国企由于政府给的优惠政策很容易从政府支持的银行那里贷款。基于政府过度干预和后危机问题引起投资环境恶化，央企来自银行的贷款，不是投入到自己的主要营业范围内，而是涌入虚拟市场里。2010 年 5 月开始，中央政府制定了政策抑制房地产泡沫，例如：中央政府规定对第二套房子的购买，购买者必须支付 50% 首付款。但是随之，开发商也采取了对策针对政策，即帮助购买者垫付首付款（购买者无力承担的那部分首付款），而且不用支付利息。另外购房者夫妻以假离婚的方式逃避二套房的政策都使得政策隐形失效。② 最新的一个新闻事件就是 2011 年的"房地产债务危机"、"铁道部债务危机"事件。这些债务危机的发生，一定程度上是根源于国家在 2008 年实施的宽松的货币政策和加大基础设施建设投资的产业政策导致的结果。

因此，政府必须从根源上下功夫——改善目前的投资环境，修正被扭曲的市场机制，否则，政府的政策很难真正有效地

---

① 2009 年 6 月 30 日，中化集团所属的方兴地产以 40.6 亿元拍北京广渠路 15 号地块，9 月 10 日，中国海外发展有限公司以总价 70.06 亿元拍得上海普陀区长风地块。

② 上海开发商欲为二套房垫首付，《扬子晚报》，http：//news. dichan. sina. com. cn。

实施。

面对过度强大的产业振兴政策，反垄断法在处理行政垄断和支配性的国企的反竞争行为时可能是无效的。从目前的形势看，因为没有有效的反垄断法的实施，它似乎更进一步扭曲市场。

总之，我们可以断定产业振兴政策对繁荣十大产业有积极的功能，但也不能否认，它也破坏了反垄断法的权威和扭曲了健康的竞争市场。

日本的经验告诉我们：日本长期注重产业政策，忽视市场经济，留下了众多后遗症。日本在经济发展中后期，由于过度注重产业政策的功能，政府过度干预产业经济，阻碍了经济发展，日本政府才开始重视配置资源的市场机制，也开始注重利用反垄断法来消除市场障碍。

中国产业政策法与反垄断法面临着现实的挑战。

第一，中国产业政策法是需要的，但是却要限定什么程度上的国家干预。今天，贸易已经不是一个单边贸易，可能是多边或双边贸易。一国产业政策法虽然是属于一个国家内部事务的政策，但是随着贸易国家化、资本流动性，也不得不加以改变以适应全球市场要求。如果一国产业政策法单方面坚持补贴、贬值、折扣、税收减免、出口退税等不顾及他国利益，这样的产业政策最终因为会引起一系列的贸易摩擦，很难实施下去。2009 年以来，美国、英国、印度和欧盟发起的反倾销案、反补贴案和特保案来势凶猛，并且这些国家在很多案件中胜诉，致使我国商品的低成本、低价格优势荡然无存。

第二，中国现在是在一个经济转轨的关键时刻，能否从劳动力密集型产业转移到资本密集型产业和技术密集型或知识密集型产业上来；改变经济增长方式从高消耗、高污染、低产出方式转移到低消耗、清洁能源使用上来，很大程度上，取决于政府的宏观治理能力。如果"转轨期间越短，市场力量就越快产生我们正在寻求的效率，第二转轨越短，转轨过程本身的破坏性就越少。"① 因此，对中国产业政策制定者来说，产业政策法的实施可以加速和便利这种经济转轨。此外，反垄断法的出台和严格执行关乎公平竞争的市场环境是否能够建立，且关乎中国企业在世界舞台上能否继续出演等问题，这就需要中国《反垄断法》的实施为各国企业（包括我国企业）提供公平的竞争平台。所以中国急需运用产业政策法加速经济转轨，又急需反垄断法加强公平的竞争市场。可以说，这种挑战是艰巨的，有意无意将考量中国政府的效率和能力。中国政府和企业需要产业政策法与反垄断法之间协调，但没有一条现成的短途的路段供给中国政府和企业如何在一个开放的、透明的竞争经济环境里生存、管理和可持续发展，至少现在的反垄断法已经通过法律形式提供了明确的禁止性规则和义务性规则，给予所有市场经济的参与者。

第三，中国市场的全面开放、快速的自由化，不假思索国家安全，也将使中国置于危险境地之下。如果反垄断法实施和执行完全仿效美国式或欧盟式模式，不考虑中国的独一无二的文化和制度容纳力，都会引导中国走向一个贫穷的老路，陷入各种经济灾难之中。因而，中国产业政策和反垄断法之间的关系如何恰当处理是非常重要的事情。

---

① George N. Addy, Competition Policy vs. Industrial Policy in the "ld" Market E-conomies: on the Role of "Competition Policy as a Discovery Method" in the Markets for Technological Key Products, Bureau of Competition Policy Industry Canada to the Seventh International Cartel Conference, Berlin, Germany, May 22, 1995.

6.2 我国协调制度的立法和实务现状评析

6.2.1 当前两法存在冲突

尽管我国产业政策法律、法规众多，但是我国产业政策法的某些内容不断地与市场机制发生矛盾，甚至出现限制竞争、促进垄断、扭曲市场的现象。长期以来，中国只是有零星的关于竞争规则的法规或规范性文件，没有一部关于遏制垄断和公平竞争规则的竞争秩序基本法，加上产业政策法在社会主义市场经济中处于主导地位，产业政策法与反垄断法之间的冲突只是在暗地里进行，也就不存在法律协调制度的设置问题，以及如何设置的问题。

2007年8月30日《中华人民共和国反垄断法》颁布，并于2008年8月1日开始实施，以产业振兴为代表的产业政策法规和《反垄断法》之间才发生了根本冲突，具体表现在：

首先，当前中国产业政策法某些内容与反垄断法之间出现下位法与上位法冲突之处。国务院最早于1989年发布《关于当前产业政策要点的决定》，明确规定产业政策由国务院制定和实施，从而确立了大多数产业政策的基本法律属性为效力层级低的行政法规、规章或规范性文件的局面。只有极少数为产业政策法律，如《中小企业促进法》、《乡镇企业法》、《农业机械化促进法》、《农业法》、《铁路法》、《航空法》、《科学技术进步法》、《促进科技成果转化法》、《清洁生产促进法》等为数不多的基本法。这些产业政策法的适用效果在一定程度上实现了政府扶持产业的目标。但是这种倾斜性的产业政策法由于天然的缺陷——倾斜式保护或扶持对建立市场经济的基石——市场竞争有一定损害。中国尽管有一些关于竞争规则的零星的性质法规、部门规章等，如国务院 1980 年 10 月颁布的《关于开展和保护社会主义竞争的暂行规定》、1987 年的《价格管理条例》、1987 年的《重要生产资料和交通运输价格管理暂行规定》以及后来的《反不正当竞争法》等。大部分法规和规范性文件是由制定产业政策的国务院和国务院各部委发布，法律效力低，当发生两法的冲突时，国务院更多考虑的是产业政策绩效，民众反映的大多数案件只是就诚实信用手段方面的反不正当竞争行为，民众意识还未上升到反垄断、反限制竞争行为方面来。可以说，产业政策作为国家干预经济的手段占据重要地位，而作为规范竞争秩序的基本法——《中华人民共和国反垄断法》一直在酝酿中，暂未出台，两法基本上还未发生直接碰撞，所以两法潜在的矛盾和冲突尚未达到不可忍受之重。但是随着 2008 年 8 月 1 日《中华人民共和国反垄断法》的实施，明确中国《反垄断法》的法律位阶为国家的基本法，以往的和当前的产业政策法规部分内容就存在下位法与上位法——反垄断法相冲突之处。如 2009 年 2 月起陆续出台纺织业、钢铁业、汽车业、船舶业、装备制造业、电子信息产业、轻工业、石化产业、物流业、有色金属业等带有产业政策法规内容的十大重要产业振兴规划，其内容中包含着限制和损害竞争措施，明显与上位法——反垄断法是相冲突的。具体为：在石化产业方面，将炼油和乙烯企业平均规模分别提高到 600 万吨和 60 万吨；淘汰 100 万吨及以下低效低质落后炼油装置，引导 100 万—200 万吨炼油装置关停并转等带有限制性的市场准入壁垒的内容。

其次，当前中国产业政策法与反垄断法之间的宗旨是相冲突的。当前产业振兴政策作为一项行政法规为应对经济危机而出台和实施，但却造就了不同产业之间的不公平的市场发展起点，与

《中华人民共和国反垄断法》决心"建立公平的市场竞争环境"的宗旨有着直接矛盾和冲突。产业振兴政策尽管有关于产业合理化、产业结构高级化、培育新兴产业的内容，但也包含一些鼓励规模扩大、提高市场进入门槛、培育大型集团等限制竞争的内容。如：《钢铁、汽车产业振兴政策》鼓励培育特大型钢铁集团，培育4至5家产销规模超过100万辆的汽车企业集团；在汽车产业兼并重组方面规定，产销规模占市场份额90%以上的汽车企业集团数量，将由目前的14家减少到10家以内，形成2至3家产销规模超过200万辆的大型汽车企业集团。

不可否认，这些关于限制竞争性或带有垄断行为的产业振兴政策，能积极促进产业规模化、大型化，甚至说可以形成垄断或寡头垄断性市场结构，带来规模效益，促进技术创新，有利于整个社会的经济效率改进。但是，也不得不承认这些限制禁止、鼓励垄断的产业振兴政策将不可避免地与《中华人民共和国反垄断法》所维护的竞争性市场结构价值观念发生冲突，与我国当前尽快转型至市场经济，建立公平、自由的市场有着直接的矛盾和冲突。在当前中国产业政策法规指导下，这十大产业会得到人力、物力、财力等政策支持，而其他产业则未能获得此种优惠，从而形成不同的产业发展起点，人为形成不同产业的市场集中度，无法发挥配置资源的市场机制功能，而《中华人民共和国反垄断法》想要维护的公平竞争的市场将无法造就，中国市场经济将不可能成熟发展。

6.2.2 我国协调制度的立法现状评析

尽管中国两法存在冲突，但是由于以前一直未有一部关于竞争秩序的基本法律或完整的反垄断法律，加上产业政策法在国家经济中一直处于重要地位，两者的冲突掩盖在产业政策法的光辉之下，所以产业政策法与反垄断法之间的法律协调制度是不存在的。自从《中华人民共和国反垄断法》于2007年出台和2008年实施，中国产业政策法与反垄断法之间才开始有一些法律协调制度。

我国产业政策法与反垄断法之间的协调制度主要存在中国《反垄断法》中，主要设置了适用除外制度和卡特尔豁免制度、合并控制制度，与各国具有的协调制度大同小异，符合国际上关于协调制度的安排。

首先，《中华人民共和国反垄断法》在附则中第55条和第56条规定了有关知识产权和农业（包括农业合作社等）适用除外的法律条款，符合国际做法。其中第55条规定："经营者依照有关知识产权的法律、行政法规规定行使知识产权的行为，不适用本法；但是，经营者滥用知识产权，排除、限制竞争的行为，适用本法。"第56条规定："农业生产者及农村经济组织在农产品生产、加工、销售、运输、储存等经营活动中实施的联合或者协同行为，不适用本法。"这种规定符合关于国际适用除外制度的发展趋势，即各国保留的两个领域——农业和知识产权。

其次，关于卡特尔豁免和合并控制制度的规定，符合国际规定。《中华人民共和国反垄断法》第15条第1—3项和第5项规定，基于有关技术进步和创新、不景气、产业合理化、产品标准化、专业化、提高中小经营者竞争力等法定情形事由，给予卡特尔豁免制度。其中有关技术进步和创新，符合国家产业政策法关于鼓励技术进步和创新的政策意向。第4项关于"节约能源、保护环境、救灾救助等社会公共利益"的卡特尔的豁免，体现了我国法律协调制度的发展性和开放性，更体现了我国反垄断法和产业政策法的进步性和先进性。第6项"为保障对外贸易和对外经济合作中的正当利益的"而设置的进出口卡特尔豁免制度，也符合一般国家的卡特尔豁免制度的规定。

《中华人民共和国反垄断法》第 27—28 条是有关合并控制的法律协调制度。第 27 条规定，审查经营者集中需要考虑相关市场的市场份额及其对市场的控制力；市场集中度；对消费者和其他有关经营者的影响；对国民经济发展的影响；国务院反垄断执法机构认为应当考虑的影响市场竞争的其他因素。第 28 条规定，经营者集中的有利影响明显大于不利影响或者符合社会公共利益的，反垄断执法机构可以豁免。中华人民共和国商务部 2011 年第 55 号公告《关于评估经营者集中竞争影响的暂行规定》，明确指出评估经营者集中对竞争的影响因素：包括审查进入壁垒、提高经济效率、实现规模经济效应和范围经济效应、降低产品成本、相关市场经营者的竞争压力、增进市场竞争力、促进国民经济增长等。显而易见，该公告既考虑到反垄断的要求，也考虑到产业政策法的要求。

但是不可否认，我国产业政策法与反垄断法之间法律协调制度的不足之处在于：缺失事前协商制度，某些协调制度条文略显粗陋，未能体现以反垄断法为重。

首先，与日韩这种行政主导型国家的协调制度相比，中国协调制度缺乏重要的制约产业政策法随意出台、随意运行的一项制度，即事前协商制度。正是因为日韩有这项事前协商制度的存在，才使得产业政策法在起草、运行前就受到反垄断法的制约，可以有效地制约过于强大的产业政策法，突出反垄断法的"经济宪法"的重要作用，从而将两法冲突和冲突后果降到最低点。而我国目前产业政策法与反垄断法之间是以产业政策法为主、反垄断法为辅的动态演变趋势，它意味着中国产业政策法过度、过分地干预市场经济，反过来，反垄断法在市场经济活动中地位过弱。因此，借鉴日韩事前协商制度，有利于解决我国目前以产业政策法为主的两法动态演变趋势，防止产业政策法无度地干预，有效地突出反垄断法调节经济的重要地位，有利于将不符合反垄断法宗旨的产业政策法的条文和内容消除掉。

其次，尽管我国与其他国家一样设置了基本的协调制度，但是法律条文略显粗陋，较容易被拿来作为"为产业政策法让路"的一个工具。

《中华人民共和国反垄断法》在附则第 55 条和第 56 条规定了有关知识产权和农业（包括农业合作社等）适用除外的法律条款。但同时又制定了第 7 条条文，即"国有经济占控制地位的关系国民经济命脉和国家安全的行业以及依法实行专营专卖的行业，国家对其经营者的合法经营活动予以保护，并对经营者的经营行为及其商品和服务的价格依法实施监管和调控，维护消费者利益，促进技术进步。"学者对于第 55 条和 56 条属于适用除外制度没有异议，但对于第 7 条学者们认识不一致。有的学者认为第 7 条属于适用除外制度，主要讲述的是国有企业和公用事业等不适用反垄断法，有的学者认为第 7 条不属于适用除外制度，因此国有单位和公用事业单位应该适用反垄断法。可见，中国《反垄断法》在法条中没有将适用除外制度明确化，致使产生了歧义。

至于卡特尔豁免制度和合并控制制度中也存在制定过于简单。如：《中华人民共和国反垄断法》第 15 条第 6 项"为保障对外贸易和对外经济合作中的正当利益的"而设置了进出口卡特尔豁免制度。但这种进出口卡特尔豁免的适用，很容易引起外国的报复。尤其出口卡特尔的产品进入输入国市场，一般会引起反倾销、反补贴、提高关税或采取各种非关税的贸易报复，反而有害于中国出口产业的整体经济利益。台湾地区针对出口贸易卡特尔制定了出口卡特尔豁免的详细实施细则，其《公平交易法实施细则》第17条明确提交以下证明材料：一、参与事业最近一年之输出值（量）与其占该商品总输出值（量）及内外销之比例。二、促进输出之具体预期效果。"其《实施细则》第18条规定了进口卡特尔应详载事项。即"依本法第14条第5款规定申请者，联合行为评估报告书应详载下列事项：一、参与事业最近三年之输出值（量）。二、事业为个别输入及联合输入所需成本比较。三、达成加强贸易效能之具体效果。"这些做法可供大陆借鉴。

我国《反垄断法》第28条规定"经营者能够证明该集中对竞争产生的有利影响明显大于不利影响，或者符合社会公共利益的"，反垄断执法机构可以豁免。至于什么是"社会公共利益"，如何定义和评价，评价程序如何设置，没有详细的实施细则，很可能就演变成为以"社会公共利益"为借口的产业政策法的开道工具。这类案件在我国是不胜枚举的，如：以"社会公共利益"为借口的拆迁事件和血腥强拆悲剧还少吗？同样，"有利影响"和"不利影响"具体指的是什么，谁来评判这个不利影响和有利影响、程序上如何体现代表民众的第三方建议等问题，在《中华人民共和国反垄断法》第28条未显现出来，中国反垄断法仍需要完善。

最后，我国没有类似于德国、美国的在反垄断个案上程序协调制度。有学者认为《中华人民共和国反垄断法》第45条规定了反垄断和解制度，即"对反垄断执法机构调查的涉嫌垄断行为，被调查的经营者承诺在反垄断执法机构认可的期限内采取具体措施消除该行为后果的，反垄断执法机构可以中止调查。中止调查的决定应当载明被调查的经营者承诺的具体内容。反垄断执法机构决定中止调查的，应当对经营者履行承诺的情况进行监督。经营者履行承诺的，反垄断执法机构可以决定终止调查。"

这个条文的制定仅仅是反垄断承诺制度，而不是反垄断和解制度。反垄断和解制度应该是在同一水平线上，双方达成一致，形成可供互谅互让的协议。而反垄断承诺制度仅仅是被调查者单方面的承诺消除限制竞争的后果，作为反垄断执法机构终止调查的一项制度。所以我国没有反垄断和解制度。此外，我国也没有类似于德国、法国、英国的主管产业部长特批制的设计，即我国没有关于两法在程序上的法律协调制度。

总之，我国协调制度在立法上制定是粗陋的，缺少事前协商制度和运行后法律协调制度，未能体现以反垄断法为主、产业政策法为辅的发展趋势。

6.2.3　我国协调制度的实务现状评析

关于协调制度的具体实务方面，由于当前以产业政策法为主、反垄断法为辅的动态演变趋势，反垄断法更多的是为产业政策法服务，尤其是为当前的产业兼并重组政策的实施服务，因而两者的协调制度更多的是采用企业合并控制制度（经营者集中控制制度）。首先，我国规定了较为宽松的经营者集中标准。它符合当前我国发布的十大产业振兴政策的需求，一定程度上，鼓励兼并重组，促进企业做大做强，实现大公司战略、建立企业集团的目的。2008年8月3日发布的《国务院关于经营者集中申报标准的规定》也有所降低。其申报标准规定："经营者集中达到下列标准，经营者应当事先向国务院商务主管部门申报。第三条规定参与集中的所有经营者在全球范围内的营业额超过100亿元人民币，并且其中至少两个经营者上一会计年度在中国境内的营业额均超过4亿元人民币；或者参与集中的所有营业者在中国境内的营业额合计超过20亿元人民币，且其中至少两个经营者在中国境内的营业额均超过4亿元人民币。营业额的计算，应当考虑银行、保险、证券、期货等特殊行业、领域的实际情况，具体办法由国务院专管部门会同国务院有关部门制定。相应的企业并购申报标准调整为 100 亿元和 4 亿元。"这个标准的公布掀起了我国境内企业兼并重组的浪潮，满足了产业振兴规划的要求。据统计得知，自中国《反垄断法》实施以来至 2009 年 6 月，商务部收到经营者集中审查案件 58 起，已审结 46 起，其中无条件批准 43 起，附条件批准 2 起，禁止集中 1 起。

但是，关于协调制度的具体实务方面，中国政府或反垄断执法机构没有充分地运用现有的协调制度解决当前的经济问题、产业结构等问题。

首先，中国没有充分运用反垄断法企业合并控制制度监控产业兼并重组政策，从而为产业政策的实施大开绿灯，放弃了反垄断法的责任。反垄断法本应该对不同产业进行科学研究、科学分类，根据市场进入壁垒、潜在竞争、市场占有份额，划分出中、高、低三种经济力集中程度不同的产业，以及不同的市场标准，进行灵活地适用反垄断法经营者控制制度。比如，对于低集中度的市场，又属于国际市场竞争的产业，反垄断法可以放宽企业兼并重组条件，允许兼并重组；对某些市场狭小，仅属于国内市场竞争的产业，产业集中度高，反垄断法就要反对或制止产业兼并重组，而不是依照产业振兴政策放宽适用条件，一律开绿灯；对于中度和高度经济力集中的市场，属于国内市场竞争的产业，更要慎重。如我国造船业、装备业、石化产业都属于寡头垄断市场结构，若再进行重组兼并，一定会形成垄断市场，限制竞争，妨碍技术进步和创新，减损消费者福利。因此，这些产业重组应有助于产业技术进步和创新，管理制度创新，降低程度，提高经济效率，而不是简单地扩大经济规模。

其次，有些国有企业的经营者集中明显达到了申报标准，特别是响应产业兼并重组政策而实行合并、重组的一些央企，并未得到商务部市场反垄断局审查。如 2009 年 5 月联通和网通两家公司合并已超过一年，基于国家工业和信息化部的实施计划，没有向商务部申报。

最后，中国政府没有灵活运用危机卡特尔、中小企业卡特尔豁免制度。

尽管我们已经有了卡特尔豁免制度，但忽视了灵活运用危机卡特尔、中小企业卡特尔制度解决目前产业结构、弱小的中小企业等问题。

长期以来，在出口和投资驱动下的政策导向，原有的产业政策法律、法规引导，我国许多产业已经出现了生产能力的结构性过剩现象。这次金融危机的爆发，加重了我国结构性的产能过剩问题。结构性的生产能力过剩，最终引发这个产业内的许多或大多数企业经营亏损。这类情况称之为危机产业或萧条产业。它的本质是供需平衡被打破，市场不需要这么多产品，而企业仍然提供供给。在解决危机产业的对策上有两种模式：一种是市场机制。通过市场迫使企业降低产品价格，削减企业利润。生产同类型产品的企业就会发生竞争，那些能够降低成本、获取利润的优势企业得到生存，而那些无法降低成本、又无法承担损失的低效企业会自发退出市场，这样市场自发引导供需均衡，生产能力过剩问题顺利解决。另一种是政府干预——产业政策。通过产业政策限制产能，关闭某些产能，暂时使得市场供需达成均衡。通过市场机制解决产业结构性过剩，存在解决时间长、破坏严重、恢复慢的缺点，解决问题彻底的优点；通过产业政策解决，存在解决时间短、破坏轻、恢复快的优点，但也存在解决问题暂时性的缺陷。中国作为后发展国家，一般选择通过产业政策来解决产业结构过剩问题。如 2009 年颁布的十大产业振兴政策，通过关于限制产能和淘汰落后产能的产业政策的实施，有利于解决目前十大产能过剩、重复建设、产业结构趋同性问题，促进产业结构升级、产品升级的结构性过剩问题。

在解决产能过剩过程中，企业之间除了依照产业振兴政策规定限制生产能力，淘汰落后产能，不可避免相互联络，自发达成限制产出或减少生产能力的协议。这些协议实际上就属于限制产量的危机卡特尔协议。危机卡特尔协议的达成往往是在大多数生产者之间达成的协议，具有市场支配力量，侵犯消费者利益。但是作为危机卡特尔协议一般都会得到各国反垄断法的豁免。如德国《反对限制竞争法》第6条规定了结构危机卡特尔："因销售减少需求发生持续变化的，从事生产、制造、加工或处理的企业达成的协议或做出的决议，"可以豁免适用《反对限制竞争法》。《中华人民共和国反垄断法》第15条规定，经营者能够证明所达成的协议属于"因经济不景气，为缓解销售量下降或者生产明显过剩的"不适用《反垄断法》禁止垄断协议规定。同样，作为危机卡特尔协议尽管受到各国反垄断法的豁免，也必须遵守相应豁免条件，如德国《反对限制竞争法》第6条规定："以该协议或决议为使生产能力有计划地适应需求所必需，并且有关规定顾及了相关行业的竞争条件为限。"《中华人民共和国反垄断法》第15条还规定"经营者还应当证明所达成的协议不会严重限制相关市场的竞争，并且能够使消费者分享由此产生的利益"。这些豁免条件的规定意味着即使限制产能过剩的卡特尔协议符合国家产业振兴政策的要求，但是，如果造成该产业竞争市场的扭曲，限制了竞争，反垄断法执法机关可以禁止该卡特尔协议的发生或实施。

至于中小企业卡特尔更是为鼓励中小企业联合起来，与大企业、企业集团对抗，提供了一个很好的契机。《中华人民共和国反垄断法》第 15 条第 3 款规定："为提高中小企业经营效率，增强中小企业竞争力的协议"不适用关于禁止垄断协议范围。由此，对于兼并重组中处于弱势的中小企业应当主动适用反垄断法豁免制度，采取中小企业联合或者合作形成专业化、系列化，提高劳动生产率和中小企业对抗风险的能力。而且通过中小企业联合，有利于实现产品标准化，提高中小企业生产自动化的能力，增强竞争力。

简而言之，中国没有充分或恰当地利用合并控制制度和卡特尔豁免制度为解决目前的经济问题，提供一条很好的途径。

6.3 本章小结

本章阐明了当前产业政策法与反垄断法之间是以产业政策法为主、反垄断法为辅的动态演变过程，指出了当前两法存在上下位阶的冲突、不同宗旨之间的冲突，我国法律协调制度在立法上尽管有一些制度，但制定得较粗陋，缺乏从产业政策法起草起的事前协商制度，未能体现以反垄断法为重、产业政策法为辅的发展趋势；在具体实务方面，则是更多地通过宽松的经营者集中标准（合并控制制度）为产业兼并重组政策服务，没有充分运用反垄断法的企业合并控制制度监控产业兼并重组行为，没有灵活运用危机卡特尔、中小企业卡特尔为当前经济服务。

第 7 章

我国两法之协调制度的构建

任何国家的产业政策法和反垄断法都是各国政治、经济、历史所影响的结果，有着明确的历史的路径依赖性，不可能脱离本国的经济发展、政治制度而凭空产生。即使在借鉴国外的制度时，也会不由自主地受到本国制度文化环境的渗透，而最终形成具有本国特色的具体制度。我国两法协调制度的建设也是同理，在考虑到中国特有元素基础上吸收外国舶来品，形成具有中国特色的协调制度。

7.1 对国内外三种观点评述

对于中国如何构建产业政策法与反垄断法之间的协调制度问题，国内外学者的观点大概可归纳为三种。

第一种观点，以 Ajit Singh 和 Pahul Dhumale 两位作者为代表，针对发展中国家产业政策法与反垄断法之间的关系，从南方不发达地区角度出发，认为美国和英国竞争法样板不适合任何发展中国家，发展中国家应该根据自己的情况来制定竞争法，同时强调产业政策在不发达国家应该扮演重要角色。他得出结论：需要从发展视角来考虑竞争法，强调放在动态效率上而不是静态效率上；对发展中国家来说，作为竞争法主要目标应该是竞争优化程度的概念，而不是最大化竞争的概念促进长期生产率的增长；在公司之间应该是竞争和合作的优化的结合目的，使发展中国家获得快速长期经济增长；关键需要保持私人部门繁荣在高水平投资要求一个固定利润增长，这些要求政府协调投资决定，依次要求政府和企业之间紧密合作。承认产业政策对发展中国家重要性并且因此产业政策和竞争政策之间需要内聚力。[①] Singh 在 2002 年一篇学术论文中则进一步把在 1950—1973 年期间的日本竞争政策作为模式，推荐给发展中国家，因为当时日本更可能像一个发展中国家。（相似的韩国竞争政策在国家高度增长期在 1970 年和 1980 年也是相关的。）他的一个重要观点是在这些国家里，有竞争法从属于产业政策的需求。[②]

第二种观点，有些学者提出，日韩产业政策法在 20 世纪 80 年代末、90 年代初引发的一些弊端，所以不可取。而美国模式可以提供给发展中国家一种借鉴。仿效美国模式，以反垄断法为主，产业政策法只关注技术政策或科技政策（创新政策），避开了两者冲突。

第三种观点，以台湾学者于宗先为代表认为："在经济发展初期，产业政策具指导与鼓励功能是需要的，但到了经济成熟阶段，政府的功能主要维护一个良好的投资环境，让各业在一定规范运作之下，自由发展，只有当市场有失序现象时，政府才做技

[①] Ajit Singh, Rahul Dhumale: Competition Policy, Development and Developing Countries, November 1999 South Centre Trade Working Papers. p. 14.

[②] Ajit Singh (2002): Competition and Competiton Policy in Emerging Markets: International and Developmnetal Dimensions, ESRC Center for Business Research, University of Cambridge. Working Paper No. 246. December 2002.

巧的纠正，但不宜取而代之。"①

　　这些观点，对我国如何借鉴日韩、欧盟、美国的法律协调制度有着重要意义。但是，我们也有必要认识到中国经济发展阶段、国家经济形势、法治水平、民族文化传统等不同因素，来考虑如何借鉴。

　　关于第一个观点，借鉴日韩两国在经济发展初期，实行以产业政策法为主、反垄断法为辅原则，笔者认为中国产业政策法和反垄断法的运行环境发生变化——经济全球化的深入发展，以中国产业政策法为主的模式，必然影响世界市场的建立和统一，引发国际贸易摩擦，应当放弃。

　　至于第二个观点，借鉴美国模式，笔者认为，这种模式只适合市场自由化程度高的美国。美国是一个发达的市场经济国家，作为世界最发达国家之一，且作为世界技术领先国家，本身没有赶超的目标，因而其产业政策并不像日本产业政策——国家干预的力度和强度大。美国产业政策由于受到三权分立的政治体制、预算法案和违宪司法审查等多种制度的制约，产业政策的作用是有限的，只是作为市场干预的补救性措施而已，定位于弥补市场缺陷。即以市场机制为基础，主要目的是进一步培养创新所需要的宏观和微观环境，更进一步推动创新的产生，保持技术领先地位。产业政策从这种意义上本身不是与反垄断法相冲突，而是更多地在培养创新能力建设方面或者说是在动态效率上与反垄断法相融合。

　　中国是一个后发追赶型的国家，自古以来就形成了长期的集权式的思想，民主特别是经济民主的思想还不深厚，其历史演进

_____

　　① 《海峡两岸产业发展政策研讨会纪要》，载《数量经济技术经济研究》1993年第3期。

的轨迹决定了我们不能完全像美国政府做到是最少的、最小力度、最低限度的干预。此外，我国还有赶超发达国家的任务，产业政策法仅仅涉及产业技术政策这部分是不够的。

第三个观点，在经济发展成熟期，产业政策法干预范围明确性，只是作为矫正市场缺陷，而不是替代市场功能。这个观点主要是在 20 世纪 80 年代后，日韩处于经济高速增长期，政府颁布了各种法律以制约产业政策法，促使产业政策法变革、缩小干预范围，明确产业政策法干预的正当性。即日韩开始采用弥补和矫正市场缺陷理论，放弃替代市场理论。同时建立协商制度、适用除外制度、豁免制度、赋予反垄断法执法机构驾驭在产业政策主管机关之上的职权等制度，以有效地制约政府利用产业政策法最大程度、最高强度地干预经济。

笔者赞同第三种观点，我们仍需要产业政策法，尽快缩短工业化发展时间，来帮助实现赶超战略；但是由于中国产业政策法运作环境发生了变化，在需要产业政策法的同时，更要以反垄断法为主体，建立以市场为基础的市场经济体制，构建两法协调制度，制约产业政策法随意性、不透明性、不公开性的弊端。

中国的产业政策法与反垄断法的协调模式，由于其以往的路径依赖，摆脱不了政府配置资源——政府干预的窠臼，只能实行行政主导型市场经济。但行政主导型的市场经济法律体系中，就要求产业政策法干预（政府干预）的正当性和合理化或者说产业政策法治化。政府干预的正当化意味着政府干预需要有正当要求——市场缺陷的矫正，合理化意味着政府干预的法律授权。作为主动性的政府干预——产业政策法的出台应当建立在弥补或矫正市场缺陷基础上，产业政策领域不应过宽、过多、频繁适用。这些要求产业政策尽快法治化，制止产业政策的随意性、过滥适用，促使其在法治框架下有限性地运行。正如美国国会预算办公室在1988年发表的《用联邦研究开发促进商业创新》的专题报告里指明的，联邦政府应该帮助有风险、可能带来技术进步和革命、而私人公司不注重或无力承担的技术研发。这个报告明确指出产业政策运用时，应该证明政府干预的合法性和正当性，即在市场存在缺陷的时候才给予帮助，而且联邦政府资助是能够带来技术进步和技术革命，或起着经济增长的关键作用的技术，其中规定在私人企业不愿涉足，或长期投资回收时间太长的，或投资巨大，而企业无法承担的技术研究与开发条件下，联邦政府才给予干预。韩国于1985年通过的《产业发展法》强调市场的作用，减少政府对形成产业政策的干预，在法律层面上消除了所谓的"战略产业"，自此，韩国运用产业政策干预面不再是宽泛的，而是针对需要依靠政府力量来增强国际竞争力和自身激励机制极小的产业、夕阳产业。自此，韩国政府的产业政策法领域开始改变了倾斜性产业政策法倾向，向着市场缺陷定位的功能性产业政策法发展。欧盟则确立了以竞争为导向的产业政策法。在一定程度上，这些说明了产业政策法的适用范围应当是企业不愿进入的，投资大、回报期长的基础产业、基础设施产业，或风险投资大的高新产业和战略性产业领域，而不是每个领域、每个产业。

　　风云变幻的国内外政治经济形势以及国内经济发展态势，决定了中国经济必须以市场机制为基础来运行，最大程度发挥市场配置资源的功能。所谓市场机制就是看不见的手，"在市场竞争这一机制下，人们在追逐自己经济利益最大化的同时，无意间也使得社会资源达到最优配置。也就是说，尽管追求个体利益是'自身'的行为，但在市场竞争中，这种对个体利益的追求在实现其个体福利最大化的同时，却有一个意想不到的'副产品'，那就是使得整个社会达到一种最优的状态。"① 这意味着，追求个人经济利益最大化应该是一种被许可和鼓励的事情，是一件天经地义的事情，无需妄论。只有这种追求经济利益最大化危害了市场竞争和社会公共利益，才予以制止或者惩罚，修正被扭曲的市场竞争。对于这种市场配置资源无法企及的领域，政府运用产业政策法干预才有一定的意义。即产业政策要法治化。市场的最大化利用、市场配置资源优势的积极发挥，无不跟保护市场、维护竞争机制的反垄断法相关，中国政府应积极实施反垄断法。

目前，我国产业政策法与反垄断法之间协调模式是以产业政策法为主、反垄断法为辅。我国要改变这种局面，适应"以反垄断法为主、产业政策法为辅"的国际发展趋势，首先是产业政策法治化，要使产业政策法的产生、实施受到"法治"约束，使其师出有名（正当性和合法性），转变为受约束或有限的产业政策法，而不是政府随意出台和扩大适用的经济政策工具。此外，新经济的发展，创新和竞争成为知识经济时代的特征，中国产业政策法也应该放弃倾斜性产业政策，向水平式或功能产业政策法发展，即创新驱动型产业政策法。其次，借鉴日韩事前协商制度构建中国的事前协商制度。再次，完善适用除外制度、豁免制度等已有的法律协调制度。这样既可以发挥产业政策法配置资源的作用，又能发挥市场竞争的基本功能。同时又通过建立以反垄断法为重的两法协调制度，有效地制约产业政策法，防止政府配置资源范围的扩大化。最后，要实现以反垄断法为重的法律协调制度的构建，需要赋予中国反垄断运行机关的权威性和高度独立性。

---

① 林平：《关于中国建立反垄断法体系的几个基本问题》，载《管理世界》2005 年第 8 期。

7.2 完善产业政策立法

通过产业政策法治化，建立创新驱动的产业政策法，有利于解决产业政策法与反垄断法之间的上下位阶层级的冲突，有利于两法宗旨（公平与效率）的实现，可以从立法上消除两法之间的冲突。

7.2.1 实现产业政策法治化

第一，中国产业政策法治化程度不高，超强干预性，有碍于反垄断法的实施。

新中国成立后前三十年，我国属于计划经济时期，整个国民经济属于国家经济统制，所有的产业发展更多依据指令性或指导性计划而进行生产经营。因此也就谈不上现代意义上的产业政策的称谓的存在。直到1978年改革开放以后，国家放开了对产业全方位的经济统制，有计划地逐渐地从计划经济向社会主义市场经济转轨，市场经济是法治经济，中国才有了一批产业政策法和法规。但目前存在一些问题：

（1）中国产业政策立法权层次低。

根据1994年3月25日国务院第16次常务会议审议通过的《90年代国家产业政策纲要》的相关规定，"国家产业政策由国务院决定。国家计委（现为发改委）负责研究制定、协调国家产业政策的综合部门。各项产业政策的制定由国家计委（现为发改委）牵头，会同有关部门进行。产业政策的实施以各行业主管部门为主，由国家计委（发改委）进行综合协调"。可见，《90年代国家产业政策纲要》明确了国家产业政策由国务院制定，执行权由国务院各部委执行，再加上实际工作中监督权是由国务院来行使。这种将设定权、执行权和监督权归于一个行政机关，使得产业政策法出台可以不需要接受人大的审核就可以完成，因此，2009 年国务院颁布的十大产业振兴规划和政策，尽管里面有一些限制竞争的内容和措施，但是由于立法层次低，无需人大审议，国务院通过就可执行，明显地表现出暗箱操作，显得非常的不严谨和仓促。

（2）目前关于产业政策的制定、监督处于不严谨或缺位状态。

国务院于 1989 年发布了《关于当前产业政策要点的决定》才正式有了产业政策，随之出台了《汽车工业产业政策》、《水利产业政策》、《钢铁产业发展政策》以及《鼓励和促进中小企业发展的若干政策意见》等众多政策，但关于产业政策方面的立法却极少，如《中小企业促进法》、《乡镇企业法》、《农业机械化促进法》、《农业法》、《铁路法》、《航空法》、《科学技术进步法》、《促进科技成果转化法》、《清洁生产促进法》等为数不多的基本法，剩余的大多是法律效力层次低的部门规章条例或规范性文件。这些行政法规和规范性文件根据中国《立法法》规定，行政法规由国务院常务会议审议或国务院审批，行政法规在公布后 30 日内，只需向人大常委会备案；行政规章报国务院备案即可。例如，十大产业振兴规划仅仅几个月就出台，出台之前，人们根本无从知道其内容，也就无从提出建议、以达到人民监督的目的。可见，产业政策制定程序简单、不严谨。

从监督产业政策实施来看，关于产业政策方面规范性文件大多属于抽象行政行为，具有不可诉性，众多的行政相对人无法保护自己的合法权益。

产业政策属于行政规范性文件，大多数是国务院针对不特定人或事，制定具有普遍约束力并可反复适用的规范性文件的行为，属于抽象行政行为。在《行政诉讼法》第 12 条规定，人民法院不受理公民、法人和其他组织对行政法规、规章或者具有普遍约束力的决定、命令不符的诉讼。这意味着抽象行政行为具有不可诉性。人民法院的行政诉讼的范围原则上只限于对具体行政行为进行审查和救济。即使国务院制定关于产业政策方面的行政规范侵害了公共利益的行为以及公民和企业的财产权、经济利益的行为，也不会得到补偿或救济。同时根据《行政复议法》第 7 条第 1 款规定：公民、法人或者其他组织认为行政具体行为所依据的下列规定不合法，在对其具体行政行为申请行政复议时，可以一并向行政复议机关提出对该规定的审查申请：（一）国务院部门的规定；（二）县级以上地方各级人民政府及其工作部门的规定；（三）乡镇人民政府的规定。可见，行政复议人提起的对规范性文件和违法抽象行政行为的监督机制，也只能上到国务院各部委的规章，下到乡镇人民政府的行政决定，而不包括国务院制定的行政法规和各种规范性文件。它意味着国务院的行政法规不会得到由公民提起的行政复议带来的审查。实际上，国务院和各级行政部门制定的行政法规、规章在实际生活中运用得是最多的，如果得不到制度上的制约和监督，权益侵害就得不到救济，长此以往，容易导致公权力的扩张，导致行政机关的不当作为。

（3）产业政策涉及面太广，一定程度上挤占了竞争机制发挥应有的配置作用。

"二十年我国推行的产业政策数量和涉及的领域，远远超过以产业政策著称的日本。"① 一定程度上，挤占了竞争机制在产

---

① 陆立军、王祖强：《新社会主义政治经济学论纲》，山东人民出版社 1999 年版，第 90—91 页。

业和企业里发挥应有的配置作用。另一位学者指出，从 1978—1997 年，中央政府颁布了大约 80 个综合性产业政策，远远超过日本在第二次世界大战后颁布的产业政策。① 可以说，我们目前的产业政策在各个领域、各个产业都存在。如 2009 年十大产业振兴规划颁布后，紧接着大约 120 部具体产业政策随之出台。正如李寿生所说："如果政府在每个产业、每个领域都制定产业政策，产业政策涉及的面太宽、太多、太滥，政策就会失去重点，就可能导致一个总体上失效的产业政策。"②

产业政策的涉及面宽广，意味着政府干预资源配置的权力就大，政府管制职权就越大，结果是"过度的政府干预和过度的经济规制将或已经激发了广泛的寻租行为和腐败"，③ 相应的竞争机制发挥的作用就越小。竞争是市场经济的基础和核心，若产业政策法全面干预经济活动，那就意味着市场配置资源的功能会减弱。

（4）中国产业政策和反垄断法的运作环境已经发生变化。

世界银行 1993 年报告——"东亚奇迹"指出：产业政策的确在东亚国家的经济发展过程中扮演着重要角色。仅仅过了几年，东亚奇迹就陨落在 1997 年亚洲金融危机里。这些告诉我们，如果政府干预太多或太少，市场机制就可能失去它的正确功能，

---

① 这个数字不包括国务院下的各部委制定的众多产业政策。JIANG Xiao-Juan. Promoting Competition and Maintaining Monopoly Dual Funtions of Chinese Indusrial Policies During Economic Transition, Washington University Global Studies Law Review ［Vol. 1 2002］p. 49.

② 李寿生：《关于 21 世纪前 10 年产业政策若干问题的思考》，载《管理世界》2000 年第 4 期。

③ W. Lachmann：The Development Dimension of Competition Law and Policy, UNCTAD Series on Issues in Competition Law and Policy. United Nationas Conference on Trade and Development, UNITED Nations New York and Geneva, 1999. p. 20.

我们可能品尝其苦果。

我们应该认真对待产业政策，但是如何控制政府干预的程度是艰难的和挑战性的，需要考虑其两法运作环境、国际环境和新经济等重要因素。

其中一个因素就是，中国产业振兴政策和反垄断法的运作环境发生了显著变化，中国产品比较优势正在消失。我们过去拥有的禀赋，它不意味着现在我们拥有，相反我们可能失去它。我们一直拥有便宜而丰富的劳动力，从而拥有比较优势。为了鼓励出口和获得一个比较优势，政府也采用各种产业政策（例如出口补贴、出口退税、快速折旧、贬值等）帮助出口企业发展。因此，我们可以说，借助于比较优势，过去三十年我们取得了一定程度的经济竞争。然而，随着工资上涨，劳动成本的上涨，对主要依靠劳动密集产业的中国公司施加了巨大的压力；那意味着中国的比较优势正在消失。许多国内外企业开始寻求一个新的经济场所像越南、哥伦比亚和南非国家，目的是保留比较优势。那也意味着过去产业政策依靠的基础——比较优势也正在消失。另外，技术进步或创新活动，尤其信息技术发展已经使得公司规模和市场力，在实现竞争力和经济效率过程中，不如以前重要，因此，通过培养较大规模公司或者扩张规模经济的形式，传统产业摘取冠军或者培养国家冠军，已经不是很重要了，即产业政策的空间变得狭窄。对政策制定者来说，寻求一个新空间运行产业政策是一个新任务。

第二个因素是，国际协议已经在一定程度上限制中国产业政策的应用。作为一个发展中国家，今天的中国运行产业政策的环境与日本和韩国在三四十年前产业政策运行环境相比是不同的。日本和韩国的产业政策积极活动期间是在1960—1980年，那时全球市场竞争不是很激烈。直到 20 世纪 90 年代，美国提出建立"信息高速公路"，信息社会随之宣告到来。在 80 年代后期，有更多的新出现的国家或新兴工业国家或地区参与全球竞争。中国是自 1978 年改革开放才开始发展市场经济，它一方面必须与发达国家竞争，另一方面必须与新型工业国家竞争，例如马来西亚、新加坡、泰国。因此，中国面临着更多的挑战和更多的竞争压力，导致产业政策实施的环境更复杂。另外，全球化的加速，经济互相依赖加深，中国不可避免地卷入到了全球网络化生产里，意味着这些标注着"中国制造"的产品和世界市场联系在一起，而不是独自依靠自己。我们从 2010 年 4 月冰岛火山灰的影响可见一斑。由于冰岛火山灰的影响，冰岛的公司无法生产日本汽车公司所需要的零部件，致使日本汽车公司不得不宣布停止两种类型汽车生产。随着全球经济网络上的合作和协调，今天有各种双边和多边或地区协议约束产业政策。

2001 年中国已经加入了 WTO，WTO 的规则将限制一定程度的产业政策工具的应用，因此这些限制在补贴，地方内容保护，五年过渡期，出口促进，进口限制一定程度上已经减少政府干预的灵活性和随意性，[①] 导致一些产业政策将过时或无效力。如果中国采用这些产业政策工具，将违反 WTO 规则。目前中国政府正在滥用一些补贴，这已经与中国政府承诺的 WTO 规则不一致，一个例子是 VAT 歧视性减免政策对国内半导体生产已违背

---

① Bijit Bora, Peter J. Lloyd, Mari Pangestu: Industrial Policy and The WTO, United Nations Conference On Trade and Development, Policy Issues in International Trade and Commodities, Study Series No. 6, UNCTAD/ITCD/TAB/7, United Nations Publication, United Nations 2000. p. 33.

了 WTO 规则。①

另外，当我们用产业政策工具促进特定部门或者产业时，我们可能会招致其他国家的报复（例如反倾销和抵消税）。在艰难时刻，这个无论在发达国家还是在发展中国家尤为明显。在2009—2010 年期间，有太多的案件针对中国提出特保案以及反倾销案。仅仅在 2009 年 1—8 月期间，有 17 个国家对中国发起了大约 80 起贸易救济调查，其中反倾销 50 起，反补贴 9 起，保障措施 13 起，特保案 7 起，同比分别增加了 16% 以及 121%。对中国发起贸易救济调查案数量最多的是印度，22 起，美国是14 起，阿根廷 10 起，欧盟和加拿大各 10 起。印度采用的贸易救济措施数量最多，对农产品尤其奶制品以及钢铁产品和纺织品影响最为严重。② 实际上部分原因是各国采取的贸易保护主义，部分原因在于中国确实存在违反 WTO 的规则。如果我们不希望报复，我们必须认识到不能滥用产业政策工具。目前在 WTO 规则的框架下仅仅一些提供有关给生产和需求的信息以及交易率的变化，包括对 R&D 和合作性 R&D 补贴被允许。

更重要的因素是，伴随着信息技术和信息社会的进步，大多数国家在创新上基本达成共识，即创新提供了持久的竞争力源泉。尤其随着全球化的加速，资本自由流动，国际贸易，创新显然是拥有国际竞争力关键的源泉。

中国过去几十年的产业发展主要依靠有效地利用资源，形成

---

① Alan Wm. Wolff, Dewey & LeBoeuf. : China's Industrial Policies: The Impact on U. S. Companies, Workers and the American Economy. Testimony of Alan Wm. Wolff, Dewey & LeBoeuf Before a Hearing of the U. S. – China Economic and Security Review Commission. Washington, D. C. , March 24, 2009, p. 15. http: //www. uscc. gov/hearings/2009hearings/writtem/testimonies/09 – 03 – 24wrts/09 – 03 – 24 – wo.

② 郎咸平：《郎咸平说新帝国主义在中国》，东方出版社（北京）2010 年版，第 169 页。

了目前的"高消耗、高污染、低效率"的状态。这种旧的经济体制主要充分利用便宜的劳力、土地、煤炭、铁、森林自然资源作为产业发展的主要驱动力。它们仍旧是低技术或低端产业，因此它们不需要高技术和高端人才，政府的产业政策能够满足低端或低技术产业发展。即使需求高端技术，政府简单的引进成熟技术和设备就可以满足需求。由于计划经济和过去的制度安排，本土的公司和机构缺乏创新动力和创业精神。这种产业发展和增长模式，在 20 世纪 80—90 年代早期很少重视创新文化的培养。直到私有化和解除管制开始，一定程度的竞争存在，才有一定程度的创新动力和创业精神开始出现。随着信息社会和知识经济的来临，许多相关创新的公司开始出现在中国。但是，我们必须承认中国仍旧集中在低端产品制造，即使出口高新技术，例如消费电子信息产品，要么被标注为外国商标，要么这些产品低端附加值零部件的生产仍旧是中国技术，而高附加值部分是以高成本在国外购买。正如吴基传部长（邮电部）在 1995 年国家通讯技术大会上的讲话，中国因电话网络成为世界最先进的国家之一，然而，它几乎全部依靠进口技术和设备。为了推进通讯技术的发展，吴部长号召中国本土研究与开发活动更快更好地发展，鼓励培养高端技术人才或者从国外引入人才。[①]

　　2006 年"十五科学技术长期规划"要求我国建立自己的独立创新能力，目的是从计划经济到市场经济快速过渡，最终实现工业化。尤其 2008 年的危机暴露了中国产业结构方面的许多缺陷。这些问题的解决要求发展本土创新活动。传统低端产业需要创新或高技术升级他们的产业结构，保留比较优势；新出现的产

---

　　① 《中国日报》1995 年 12 月 16 日，转引自《中国新闻摘要》1996 年 1 月 1日。

业需要创新或创新性技术更进一步推进自己的竞争优势，在全球市场上保住竞争力。可以说，创新对中国企业的经济增长和发展起着关键作用。

中国政策运行环境已经发生很大变化：逐渐消失的比较优势，国际规则对产业政策的限制（尤其 WTO 规则），创新共识，都使得政策制定者认识到产业政策的有限性，中国产业政策需要向创新方面转型。只有创新，才不会被轻易复制和快速模仿，其他公司或国家不能轻易追赶上。只有中国掌握创新本质，中国才会拥有独一无二的产品；只有创新才使得中国企业在世界市场上领先，获得持久的动态效率，由此增强整个社会福利。

总之，中国产业政策应当定位于市场机制为基础，选择适用产业政策弥补市场功能不足的理论，做到产业政策干预的法治化，即合法化和正当化，而不能超越市场机制的基础作用之上，也意味着产业政策只能在市场功能无法覆盖的空间运用和发挥其产业政策的功能。

第二，完善产业政策立法。

（1）建立三层级的产业政策立法体系。

我国迄今为止，未形成一个有效的产业政策法律体系，国务院各部门和地方政府关于产业政策的法律文件繁多，效力低，层次不一，有时规范性文件相互之间形成重复或矛盾之处，其内容上也不严谨。例如，各地为了吸引外来投资，采取了优惠待遇的竞赛，甚至以破坏环境、牺牲公民健康为代价。另一方面，产业政策制定出来后，并没有有效地通过监控环节监督产业政策执行和实施，也无独立的评估机构对产业政策执行和实施进行评估，且反馈有效的信息于制定机关。使得产业政策只在立法环节得到关注，却忽视了产业政策的实施和信息反馈两个阶段。

产业政策宏观调控权作为一种宏观的、整体的对国民经济总

量的调控权，应该从总体上、宏观上把握其产业政策宏观调控权
的规律。它应该上升为人大或人大常委会制定的基本法律——基
本法，这是规范产业政策及其他规范性文件的需要。有了制定产
业政策方面的基本法或促进法，其他规范性文件的制定和实施就
有了法律依据，仅靠单项的产业政策立法是不能处理好各项政策
间的相互配合问题的，因此，应制定一部综合性或基础性的产业
政策基本法，统筹各种单项的产业政策规范性文件，这样有利于
形成系统的、层次分明的产业政策法律体系。

产业政策上升为基本法律，也就弥补了监督缺位的问题。在
起草产业政策法律草案的时候，就必须广泛听取各方面的意见，
人民就可以行使监督权；在审议过程中通过三读三审的程序，也
使得产业政策法的制定体现了严肃性；而表决过程中过半数通
过，也体现了法律是人民意志的反映。这些都体现了产业政策制
定的正当程序要求以及产业政策合法化要求，以解决目前产业政
策制定和实施监督缺位的问题。

第二层级的立法为授权立法和行政法规。考虑到一部产业基
本法或产业促进法很难包罗万象，而新生事物总是不断呈现，新
问题总是不断出现，就需要考虑产业政策授权立法问题。一旦在
紧急情况下或出现法律空白的情况下，需要人大和人大常委会授
权立法时，人大和人大常委会应该通过授权决定，制定决定书，
决定书应当有明确的范围、职权、目的、期限等内容，制约授权
立法。随着产业政策法规的实践经验的积累，制定法律条件的成
熟，人大及人大常委会应当及时制定法律代替授权立法，相应的
立法事项授权就要终止。

第三层级为规范性文件的制定，应由国务院和部委制定。

（2）产业政策立法的领域应当明确，应建立日落条款。

由于我国产业政策涉及面广泛，市场机制的功能无法发挥出

来，因此产业政策立法的领域应当明确。以美国为例，美国事实上的产业政策更多的是产业技术政策，即使是产业技术政策，在资助技术研发的时候，也不是遍地开花。直到 20 世纪 80 年代以后，其产业政策才开始对市场缺陷进行补充，它的主要目的是进一步培养市场机制无法创造的条件，进一步推动创新和先进技术产生，保持技术领先地位。1988 年美国国会预算办公室发表了《用联邦研究开发促进商业创新》的专题报告，在这个报告中指明了联邦政府应该帮助有风险，可能带来技术进步和革命，而私人公司不注重或无力承担的技术研发。1993 年 2 月，克林顿总统和戈尔副总统发表了《促进美国竞争增长的技术——增强经济实力的新方向》报告，其第一项原则指出：要求政府帮助那些对经济增长起关键作用，但因投资回收时间太长，或因投资太大个别企业负担不起，而私营公司不充分资助的技术；第五项原则是"反映美国企业的实际需要，使他们愿意分担研究费用或参加制定计划"。① 这两个报告明确指出产业政策运用时，应该证明政府干预的合法性和正当性，即在市场存在缺陷的时候才给予帮助，而且联邦政府资助是能够带来技术进步和技术革命，或起着经济增长的关键作用的技术，其中规定在私人企业不愿涉足，或长期投资回收时间太长的，或投资巨大，而企业无法承担的技术研究与开发条件下，联邦政府才给予干预。在一定程度上，它说明产业政策的范围应当是企业不愿进入的，投资大、回报期长的基础产业、基础设施产业，或风险投资大的高新产业和战略性产业领域，而不是每个领域、每个产业。产业政策具有灵活性的特点，随着经济形式演变而不断制定、废止、修订。因此，产业

————————

① 景跃军：《战后美国产业结构演变研究》，吉林大学博士论文，2004 年，第115 页。

政策法也具有短暂的稳定性，需要产业政策法和相应规范明确适用的时间和失效的时间。确保对支柱产业或战略产业等的支持和扶植有一定时间限制，而不是无限地给予资助和优惠待遇。国家应当根据一定的经济发展状况、市场状况和情事变更而不断修改、废止，显示出法律的灵活性和适应性的紧密结合特点。通过在制定法里规定废止期限，使之自动失效，或者通过颁布新法，促使旧法当然失效。由于产业政策立法不像宪法、民法、刑法具有长期的适用效果，它是一种对特定产业的扶植，保护幼稚产业或限制夕阳产业发展的立法，如果保护和限制某种产业时间过长，这个产业的发展就会过度依赖政府，可能会成长为大企业，但是也可能由于缺乏一定地通过市场竞争机制而成长起来的竞争力，面对国际竞争、面对外国公司进入本国会变得不堪一击，由此，产业政策法就失去扶植该企业、增强国际竞争力的意义。如日本在 1957 年颁布的第一部《电子工业振兴临时措施法》，明确规定了有效期为七年，可以后延续七年后失效。韩国在 80 年代后，进行了"产业合理化"推进政策，韩国国会废除了 7 个特定产业培育法，在《公平交易法》中，规定了允许特定产业卡特尔存在的限制竞争的例外条款，但是规定了这些限制竞争的卡特尔存在时间限制。即如果这些产业的竞争能力有所提高或他们摆脱了一时的不景气局面，就撤销对竞争的限制。

7.2.2　中国产业政策法的转型——创新驱动的产业政策法

20 世纪 90 年代，新经济的迅猛发展，经济全球化深入，以创新和竞争为代表特征的高科技产业市场成为各国企业角逐竞技场。各国基本达成创新共识，越来越注重激发创新热情，将创新作为经济增长的源头。创新是通过创新和技术进步推动经济持续增长的一种动态效率。各国在产业政策和反垄断法方面为了创新做出了相应的调整。实质上，创新驱动的产业政策法和反垄断法在鼓励创新方面是殊途同归。即创新驱动的产业政策法更加注重产业技术政策立法，促进技术进步和创新，保障创新需要的物质条件；反垄断法则是通过维护自由竞争市场结构，创造创新动力需要的持续的竞争威胁，不断鞭策创新者创新。

创新和技术进步将不断推动产业结构升级，增强社会福利，因此，产业政策法应向创新驱动型产业政策法转型。创新驱动型产业政策法意味着放弃倾斜性产业政策，向功能性产业政策法转型。

第一，产业政策朝着创新驱动型产业政策转型。它应该放弃对某些产业或部门的偏爱，更多地强调创新相关的技术政策或创新政策，目的是鼓励研究与开发，以及鼓励对创新相关的产业投资。即，创新驱动型产业政策将关注动态效率，且确保与创新活动相关的资金和信息的趋近。例如，科学技术的高效的利用，研究与开发，人力资源，管理人才等。作为中国的政府，它应该为产业提供供求信息，而不是行政命令。同时，反垄断法应该强化法律执行，促进市场动力，积极地鼓励技术创新，创造外部合适的环境应对产业发展，一旦发现垄断或者反竞争行为，就不遗余力地查处。

第二，创新驱动型产业政策应该通过市场机制，鼓励经济集中，目的是促进产业竞争力。反垄断法应该严格控制合并和并购条件。熊彼特告诉我们，一定程度的垄断租金可以刺激创新动力。大公司能够承担投资创新的风险，同时大公司也可能阻碍创新，因为它原有的设备技术将被创新的活动所代替。我们既要小心经济集中，也要促进一定程度的经济集中。产业政策和反垄断法应该确立一定经济集中的标准，在一定范围内的经济集中是合法的，在一定范围之外是非法的。

　　第三，创新驱动型产业政策法应该逐渐退出政策保护和放松产业规制，转变更多产业进入竞争性产业，纳入反垄断法适用的范畴。中国市场是一个不成熟的市场。基本上讲，中国的不成熟市场是在市场里，数目不充足的企业彼此之间竞争。它不是过度竞争，而是缺乏竞争。为了解决缺乏竞争、寻租行为和另外的问题，中国政府应该放松管制和消除市场进入壁垒，促进更多的产业进入反垄断法的适用范围。另外，社会进步，信息技术发展，原有的自然垄断产业如水电、通讯、保险等已经失去了它们原有的自然垄断的根基，政府应该及时消除对这些产业的政策保护，转型它们进入竞争产业，纳入反垄断法的范畴。

　　更进一步，创新驱动型产业政策和反垄断法应该保护创新产业的起始阶段，确定保护的有限的时间。大多数中国创新产业聚焦信息技术或新的高新技术，其中大多数属于中小企业，将在发展过程中不可避免地遇到一些障碍，需要政策保护。但是在一段时间保护之后，政策保护应该丢弃，从而摆脱更多的对产业政策的依赖。

　　第四，基于创新考虑的产业政策应该法治化，这样可以消除政府干预的随意性和灵活性，转变为透明性、归责性和民主性。只有这样，产业政策法才能跟反垄断法保持一致，更进一步加速可持续的经济增长。

7.3　以反垄断法为重设置协调制度

　　从各国的协调制度来看，由于其政治、经济、法治程度不同，其协调制度是不同的。但总的趋势是以反垄断法为重来构建各国协调制度。我国目前的产业政策法与反垄断法之间缺乏一些协调制度，尤其缺乏以反垄断法为重、制约产业政策法的事前协商制度，以及反垄断个案上的协调制度。

7.3.1 设置中国协调制度的构想

我国是行政主导型的转型市场经济国家，是政府主导型的制度供给，这意味着政府将会在未来的制度变迁中起着推动器的作用。而未来的经济制度变迁（经济改革）和法律制度的变迁，包括产业政策法与反垄断法的协调制度的构建，都必须发挥政府主导型作用。与此同时，中国处于计划经济向市场经济转轨时期，法治并不完善，宪政的思想也并不深入社会基础，可以预见，更多的带有政府意志。因此，在经济领域，政府的过度干预可想而知。国家的经济政策带有更多的政治目标。政治目标往往支配着经济目标。①

这个制度路径依赖意味着中国政府通过产业政策法干预经济的方式不可能在我国取消。只不过，产业政策法随着市场经济的成熟、法制健全而要转型。在这个大框架下设计产业政策法与反垄断法的协调制度，应是两种制度相互兼容的方式（互动发展），即产业政策法中具有反垄断的内容，反垄断法中有产业政策的内容。但设计中国两法的协调制度更应该贯穿的一个思想就是以反垄断法为重，设置产业政策法与反垄断法之间的协调制度。在考虑到我国行政主导型的政治背景下，设置我国的协调制度应更多地考虑借鉴日韩模式。总之，这些因素决定了我国协调制度的设置应该从立法、运行前就开始。首先，构建中国两法事前协商制度。其次，完善中国已有的协调制度。最后，关于程序协调制度的设置，笔者认为在构建事前协商制度中，事前协商制

---

① 杨瑞龙：《论制度供给》，载《经济研究》1993 年第 8 期。

度的本质要求给予该制度程序上的保障，即赋予反垄断执法机关高于产业主管机关之上的职权和高度的独立性。所以，在本书中，则不再提出程序上的设计（或者个案上法律协调制度的设计）。

7.3.2　构建中国事前协商制度

我们不可否认中国的产业政策法与反垄断法的协调模式，由于其以往的路径依赖，摆脱不了政府配置资源——政府干预的窠臼，即不能脱离行政主导型市场经济的政治背景。日韩在产业政策法与反垄断法博弈过程中发展出的事前协商制度，本身的一个特点就是在行政主导型市场经济国家才可能出现。所以，借鉴日韩事前协商制度既能够满足中国行政主导型市场经济发展的需求，发挥产业政策法配置资源的作用——缩短工业化时间、赶超欧美发达国家的意愿，又能满足中国《反垄断法》彰显市场竞争、发挥市场机制的基本功能；既能够有效地制约产业政策法，防止政府配置资源范围的扩大化，又能够使中国政府的产业政策在制定、实施之前，充分考虑中国反垄断的任务和宗旨，更加符合中国市场经济的发展要求。

目前，由于我国反垄断法出台晚，缺少类似的预先协调和超前协调的事前协商制度，使得产业政策法的决策过程中行为主体、利益主体里缺失反垄断法背后的利益主体，从而导致产业政策的某些条文和内容会限制竞争，或鼓励垄断行为生成，造成产业政策立法、实施与反垄断法的不一致性；反垄断法的"经济宪法"基础地位受到产业政策法挑战。因此，要实现产业政策法与反垄断法的统一，首先要从起点就消灭其冲突的萌芽，有必要借鉴日韩事前协商制度，建立中国的两法事前协商制度，提供给产业政策制定者和反垄断法执行机构一个协调的机会，在冲突发生前就可以协调，避免两者出现不应有的矛盾，影响经济的发展。这个事前协商过程就是不同利益主体不同利益诉求的博弈过程，通过协商制度的运作，两者达成一致，实现均衡。中国若有效借鉴日韩事前协商制度，应尤其关注事前协商制度的阶段，防止只注重"协商"而不注重"事前"。即日韩两国建立的事前协商制度是在冲突发生前，预先将产业政策法起草和实施中可能限制竞争的内容，通过协商阻止其条文出台或实施；即使出台或实施，也是将带有限制竞争的产业政策法的损害降低到最低点。

7.3.3 完善中国协调制度

第一，完善中国适用除外制度。

我国最初在 1998 年反垄断法起草小组起草的"中华人民共和国反垄断法大纲"里，第 52 条规定了"（自然垄断、公用事业的行为）邮政、铁路、电力、煤气、自来水等自然垄断或公用事业，经国务院反垄断法主管机关批准的行为，在本法公布的五年内，不适用本法的规定。"这条规定类似于台湾地区 1991 年公布的《公平交易法》相关规定。从而将这些自然垄断和公用事业排除在反垄断法适用范围之外。但随着世界市场经济的发展，经济全球化的发展，技术的进步，我国经过 13 年反垄断法立法摸索，结合国际反垄断法经验，2007 年《反垄断法》将自然垄断行业和公用事业行业纳入反垄断法管辖之内，符合关于自然垄断行业和公用事业的适用除外领域逐渐废止或转入行为豁免的国际做法。目前，中国《反垄断法》附则第 55 条和第 56 条就是有关知识产权和农业（包括农业合作社等）适用除外的法律条款。其中第 55 条规定："经营者依照有关知识产权的法律、行政法规规定行使知识产权的行为，不适用本法；但是，经营者滥用知识产权，排除、限制竞争的行为，适用本法。"第 56 条规定："农业生产者及农村经济组织在农产品生产、加工、销售、运输、储存等经营活动中实施的联合或者协同行为，不适用本法。"这种规定符合国际适用除外制度里，各国保留的两个领域——农业和知识产权。

因此，总体上，从我国反垄断法适用除外制度的条款来看，我国适用除外制度符合竞争政策为主、产业政策为辅的定位，体现我国市场经济法律是以反垄断法为主的意识形态。

但是，有的学者认为第7条"国有经济占控制地位的关系国民经济命脉和国家安全的行业以及依法实行专营专卖的行业，国家对其经营者的合法经营活动予以保护，并对经营者的经营行为及其商品和服务的价格依法实施监管和调控，维护消费者利益，促进技术进步。"属于适用除外制度，不适用反垄断法。即《反垄断法》第7条是关于国计民生、国家安全和专营专卖的行业也是中国《反垄断法》的适用除外的依据条款，不适用反垄断法。实际上这个规定的出台，本身反映了其背后政治利益集团的影响，代表了国家垄断行业和企业的利益集团，担心反垄断法有效实施将会使他们的利益受损，希望将他们行业和企业置于反垄断法之外，而继续保留他们的特权。根据国务院国资委2006年12月18日发布的《关于推进国有资本调整和国有企业重组的指导意见》指出，"关系国家安全和国民经济命脉的重要行业和关键领域"，是指军工、电网电力、石油化工、电信、煤炭、民航、航运七大行业。这七个行业中，军工行业由于关系国家安全，一般各国都给予国家安全利益而排除适用除外或者给予豁免处理，若中国给予适用除外还勉强说得过去，但是电网电力、石油化工、电信、煤炭、民航、航运等六大行业，国家可以允许垄断的存在，但并不是说就可以实施垄断和限制竞争的行为，就不受反垄断法的制约。因此，对除军工行业的其他六大行业也实行适用除外是不合理的。这六大行业因为技术进步和社会发展，各国基本上纳入到反垄断法的效力范围，可以依据审核的合理性原则将其豁免或不豁免，而转为行为豁免。

另一方面，从各国适用除外条款在反垄断法中的设计，各国一般将他们想要排除适用反垄断法的行业会集中规定在某一章、附则或补则中，作为适用除外法律依据。而从我国《反垄断法》第7条和第55条分别规定在总则和附则中，既然第55条作为适用除外行业，那么第7条关于国计民生、国家安全和专营专卖行业不属于适用除外法律条款。

此外，中国垄断行业和垄断企业因政府赋予的特权，使得市场里存在无竞争或数量不足的对手，导致巨额暴利。这种垄断行业不是因技术进步、经济效率提高、管理成本下降等因素而产生的利润，而是由于缺乏竞争压力而产生的暴利已引起严重的社会不公平，激起社会公众极度不满，民众不断发出取消这些行业的垄断地位的呼声。垄断行业不甘心利益损失，垄断地位的失去，极力主张保护垄断，因而就产生了第7条的规定是适用除外法律依据的观点。

所以，笔者认为关于第7条不是适用除外的根据，但其条款内容太含糊，容易被看成1998年《中华人民共和国反垄断法草案》第52条关于自然垄断行业不适用除外制度规定，变相地在2007年新出台的《反垄断法》中的重复规定，而不是废止。这条规定容易被行政机关或一些国企做不适用反垄断法的借口。如：在金融危机期间发生的许多案件没有得到竞争机构的审查，2009年5月联通和网通两家公司合并已超过一年，基于国家工信部的实施计划，没有向商务部申报。① 另外，在产业振兴政策

---

① 《大国企的傲慢和反垄断法的弱势》，《经济观察报》，http：//it. sohu. com/20090501/n263725178. shtml，2009年5月1日。

实施的基础上，许多限制性竞争行为频频发生。例如：钢铁企业频繁地彼此合作限制产量，保持价格稳定。[①] 中国的五家航空公司共同采用统一的价格体系，实行价格上扬的措施。[②] 因此，人大和人大常委会应该委托反垄断委员会有必要废止第 7 条规定，以及针对鼓励垄断和限制竞争的各种产业政策法律、法规及各种规范性文件，需要整理法律、法规、规章和各种规范性文件，提出修改和废止的报告，从而真正符合《中华人民共和国反垄断法》适用除外法律规定。

第二，完善中国卡特尔豁免制度。

我国《中华人民共和国反垄断法》第 15 条第 1—3 项和第 5 项规定，基于有关技术进步和创新、不景气、产业合理化、产品标准化、专业化，提高中小经营者竞争力等法定情形事由，给予卡特尔豁免制度，且规定 "不会严重限制相关市场的竞争，并且能够使消费者分享由此产生的利益" 的批准界限，要求参加垄断协议的经营者负有举证责任。《中华人民共和国反垄断法》第 15 条条款与德国 1998 年以前的《反限制竞争法》台湾地区 1991 年、日本 1997 年前的卡特尔豁免制度规定的情形相近，符合国际通行立法例。

第 4 项关于 "节约能源、保护环境、救灾救助等社会公共利益" 的卡特尔的豁免，体现了我国反垄断法关于垄断协议豁免《中华人民共和国反垄断法》的发展性和开放性，体现了我国反垄断法的进步性和先进性。

第 6 项 "为保障对外贸易和对外经济合作中的正当利益的"

---

① 邓瑶：《工信部 "限产令"：钢铁回暖急刹车?》，《21 世纪经济报道》，http：//www. 21cbh. com/HTML/2009 - 5 - 13/HTML_ PUBN53A2EA2X. html，2009 - 05 - 13。

② 杨青：《国内机票今天开始新机票折扣率》，《北京青年报》2009 年 4 月 29 日，www. business. sohu. com。

而给予豁免，是进出口卡特尔豁免。这种进出口卡特尔豁免的适用，很容易引起外国的报复。尤其出口卡特尔的产品进入输入国市场，一般会引起反倾销、反补贴、提高关税或采取各种非关税的贸易报复，反而有害于中国出口产业的整体经济利益。所以，该项卡特尔的豁免应当考虑有无外国政府报复之可能，应明确该项卡特尔相关条件。至于进口卡特尔的豁免批准，对保护我国国内进口商品具有重要意义，但是，也要考虑到是否外国商品的输入已在国内形成独占地位或优势地位，形成阻碍进口商品的市场竞争，是否有利于整体经济利益以及消费者福利的改进。所以，中国进出口卡特尔的豁免应进一步细化和明确。国际上有逐渐取消进口卡特尔豁免、出口卡特尔豁免趋势，因此，我国反垄断法关于进出口卡特尔的豁免应谨慎斟酌。

我国关于卡特尔豁免规定了七种豁免事由，且规定"不会严重限制相关市场的竞争，并且能够使消费者分享由此产生的利益"的批准界限，但是，中国卡特尔豁免制度控制仍旧显得很宽松，既未能就卡特尔豁免法定情形做到一事一立，分别就不同豁免事由列出不同的标准和程序，又未规定豁免时间和条件，经营者既易于以改进技术、标准化等各种事由为借口得到豁免；又便于经营者寻找寻租机会，游说反垄断执法机构作出有利于自己的豁免决定。因此，各国反垄断法一般规定严格的控制标准和程序。《中华人民共和国反垄断法》应借鉴德国和台湾地区的做法，针对不同事由的卡特尔豁免应在制定的相关实施细则中作出详细规定，列出符合卡特尔豁免的条件、相关文件，实行分类别的审核程序，严格控制反垄断法卡特尔豁免标准。

第三，完善中国经营者集中控制制度。

（1）中国应当明确有效竞争的经营者集中目标。

从历史角度来看，我国产业政策法一直是以产业结构法和产业组织法为主，其中产业组织法通过控制国有企业，完成其产业政策的目标和意图。产业兼并重组政策鼓励扩大规模、组建大型企业和企业集团。

在 20 世纪 50 年代的经济统制时期，国民经济的产业结构比例严重失调：工农业比例失调，重工业比例重、轻工业比例较小，不能满足人民的生活需要。60 年代，在"五小"政策的指引下，一批低质量、低效益、高耗能的小企业兴办起来。1964 年，中共中央和国务院批转了国家经委党组《关于试办工业、交通托拉斯的意见的报告》，成立了 12 个托拉斯。1980 年 7 月颁布了《关于推动经济联合的规定》，1986 年颁布了《关于进一步推动横向经济联合若干问题的规定》，并于 1987 年 4 月开始对部分关系国计民生和承担国家重点建设任务的大学、大型工业、联合企业在国家计划中实行单列，以促进企业集团的发展。第七届全国人大也将"有计划地组建一批跨地区、跨部门的企业集团"列入《国民经济和社会发展十年规划和"八五"计划》里。1991 年 12 月，国务院批准了 57 个大型企业集团，给予产业政策的倾斜。1990 年以后，中国提出产业结构升级，发展具有国际竞争力的大型企业集团的产业组织政策。尤其自 1986 年以来，政府积极地推动产业兼并重组政策下，形成多次兼并和重组浪潮，尤其这次 2008 年以来的产业振兴政策的出台，更是掀起了兼并重组浪潮，涌现了一大批具有竞争力的大企业、大公司以及企业集团，活跃在国内外市场上。一定程度上，国家的产业兼并重组政策改善了我国经济规模小、企业散的状况，有利于促进资源的优化配置，提高企业的经济效率，促进国民经济发展。但是，根据有关学者研究"无论采用前 4 位和前 8 位集中率指标，还是采用赫芬达尔指数和熵指数"，其分析结果表明，"目前中国绝大多数制造业行业的集中度非常低，产业组织结构高度分散，许多行业都属于典型的原子型市场结构。"① 中国企业同日韩两国比较，中国经济力集中远远低于日韩前几十年的集中度水平。因此，发展大企业、企业集团，企业做大做强，实现规模效应，降低成本，赢得市场竞争地位，是我国当前产业兼并重组政策的方向，因而反垄断法的经营者集中控制制度必然要考虑到产业兼并重组政策的意愿。

但自 20 世纪 80 年代以来，我国实行以国有企业为主的产业兼并重组政策也导致了国家垄断和行政垄断过度。尤其以国家经营的垄断行业，利用国家给予的特权和垄断地位，享有其他产业和企业无法相比的优势地位，占有超额垄断利润；甚至有些大型国有企业滥用市场支配力，阻碍商品和货物流通，影响自由、公平市场竞争。

此外，政府推动大规模兼并重组，建立大企业和大公司战略，自然会提高中国产业的集中程度，但并不意味着规模效益就能实现。拿中国石油化工公司和美国美孚石油公司相比，中国石油化工公司是在中国该行业中处于数一数二的龙头老大位置，按理说，产业集中度非常高，本应该是市场竞争的结果，技术进步和经济效率高的体现，但相反。根据 2002 年美国《财富》杂志排出的全球 500 强企业中，中国企业占了 11 个，全都属于国家央企，其中分为国家电力公司、中国石油天然气公司、中国石化、中国电信、中国工商银行、中国银行、中国移动通信公司、中国化工进出口公司、中国建设银行、中国粮油食品进出口公司、中国农业银行。这些企业属性大都属于自然垄断行业，很大一部分收益来源于国家赋予的或行业所居于垄断地位而获取的垄

---

① 魏厚凯：《中国制造业集中状况及其国际比较》，载《中国工业经济》2002年第 1 期。

断利润。与美国、德国相比，其成本与收益之比来看，经济效率是低下的。比如中国石油化工股份有限公司的职员是 93.7 万，收入为 400 亿，而美国埃克森—美孚公司员工为 9.79 万人，收入高达 1920 亿美元。中国石油化工公司所获得的利润并不是因技术进步或改善、经济效率提高而所致，而完全是依靠政府的产业政策倾斜，在中国居于垄断地位，凭借利用垄断地位而获取。我国统计资料也表明，国内企业有 60%—70% 合并案例是失败的，其中 3/4 收购企业的股价表现出下降的走势，仅 36% 的企业能维持其收入的增长。[1]

由此可见，中国兼并重组政策任重道远，既要实现真正规模效益、提高经济效率，使产业获得国际竞争力，又要保持市场竞争活力。因此，我国反垄断法对经营者集中控制目标应当以有效竞争为目标模式，允许垄断的存在，又保持市场竞争活力。对高寡头垄断市场，经营者集中会造成市场支配力增强，应当拒绝合并；对中度垄断市场结构，假设其集中度会提高经济效率，促进技术进步等效益大于限制竞争的不利影响，可予以批准且附加条件；对于低集中度的市场结构，兼并重组政策可以放心实施。尤其对属于高寡头垄断市场的垄断行业，政府应当放开规制，开放市场，允许民间资本进入，引进竞争机制，活跃市场，打散高寡头垄断市场，形成松散的寡头垄断市场结构，有助于有效竞争的目标模式的实现。

（2）中国反垄断法经营者集中控制制度的评价及完善。

《中华人民共和国反垄断法》总则第 5 条规定：“经营者可

---

[1]　《中国汽车报》2005 年 6 月 7 日：《宜早不宜晚？中国汽车“走出去何时为宜”》，转引自徐卜英《论企业合并反垄断法律控制的权衡》，载《法学杂志》2006 年第 1 期。

以通过公平竞争、自愿联合，依法实施集中，扩大经营规模，提高市场竞争能力。"第 6 条规定："具有市场支配地位的经营者，不得滥用市场支配地位，排除、限制竞争。"反映了当前面临经济全球化的挑战，我国反垄断法经营者集中控制制度政策立足于世界市场，既兼顾了产业兼并重组政策发展规模经济、建构大企业和企业集团、提高国际竞争力等目标，又能体现反垄断法阻止大企业、大公司及企业集团无限度地发展，保持竞争性的市场结构，实现有效竞争目标。我国《反垄断法》第 27 条规定，审查经营者集中需要考虑相关市场的市场份额及其对市场的控制力；相关市场的市场集中度；对消费者和其他有关经营者的影响；对国民经济发展的影响；国务院反垄断执法机构认为应当考虑的影响市场竞争的其他因素。其中"经营者集中对国民经济发展的影响"因素正是考量产业兼并重组政策的结果。

从实践上来看，我国反垄断法的经营者集中的申报标准有利于目前的产业兼并政策的实现。以产业政策法为角度来说，各国经营者集中的申报标准本身就是考虑本国产业的经济发展水平、产业规模、市场竞争程度等。各国大都依据市场销售额、市场集中程度、资产总额、市场壁垒来确定经营者集中申报标准。若申报标准过高，大量的企业兼并重组行为不需要申报就可合并，反垄断法实际给了产业兼并重组政策支持。但同时，也可能造成有些限制竞争的企业合并被放行，影响竞争机制发挥作用。若申报标准过低，反垄断法的经营者集中控制制度严格，许多企业合并就需申报，产业兼并重组政策无法实现。反垄断法经营者集中标准既要符合产业兼并重组政策的政策导向，实现大企业、大公司战略，构建大企业、企业集团，有利于国家经济结构的转换，但又要防止规模过大，阻碍市场竞争，形成规模不经济的局面。

可见，经营者集中申报标准既不能过宽，也不能过窄，才利于反垄断法监控无效率的规模过大的企业合并，产业政策法利于实现规模经济效益。

我国经营者集中申报标准，最初是在 2004 年规定：根据 2004 年《关于〈中华人民共和国反垄断法（草案）〉的说明》，我国的经营者集中申报标准，是参照美国、加拿大、德国、日本等 26 个国家和地区的企业并购标准为样本数据，以多数国家采用的企业境内和全球销售额为基准建立的计量经济模型，利用统计回归方法以及考虑当时人民币与美元汇率为 8∶1，测算出 2005 年我国申报标准应为：全球销售额申报标准为 120 亿人民币（相当于 15 亿美元），国内销售额为 8 亿人民币（1 亿美元）。尽管 2005 年反垄断法草案并没有通过，但面对国际并购在中国境内频繁，商务部和国家工商行政管理总局于 2006 年发布了《外国投资者并购境内企业暂行规定》，规定了并购申报标准："（1）并购一方当事人当年在中国市场营业额超过 15 亿人民币；（2）一年内并购的国内关联行业的企业累计超过 10 个；（3）并购一方当事人在中国的市场占有率已经达到 20%；（4）并购导致一方当事人在中国的市场占有率达到 25%。"这两个并购申报标准都反映了按照这个标准，绝大部分企业并购一般不必申报，有利于企业在国家产业政策的指导下实行重组、兼并、联合，提高产业集中度和产业的国际竞争力。同时，又能够将规模较大企业的并购，特别是将容易导致市场支配地位的跨国并购纳入申报范围，符合国际通行做法，有利于防止和制止排除、限制竞争的经营者集中。[①] 随着 2008 年后，金融危机爆发，我国的企业出现经济上下滑，人民币与美元之间的汇率上升为 6.6，因此，相应

---

① 曹康泰：《关于〈中华人民共和国反垄断法（草案）〉的说明》。

的 2008 年 8 月 3 日发布的《国务院关于经营者集中申报标准的规定》也有所降低。其申报标准规定："经营者集中达到下列标准，经营者应当事先向国务院商务主管部门申报。第三条规定参与集中的所有经营者在全球范围内的营业额超过 100 亿人民币，并且其中至少两个经营者上一会计年度在中国境内的营业额均超过 4 亿人民币；或者参与集中的所有营业者在中国境内的营业额合计超过 20 亿元人民币，且其中至少两个经营者在中国境内的营业额均超过 4 亿人民币。营业额的计算，应当考虑银行、保险、证券、期货等特殊行业、领域的实际情况，具体办法由国务院专管部门会同国务院有关部门制定。相应的企业并购申报标准调整为 100 亿元和 4 亿元。"这个申报标准比较宽松，符合当前我国发布的十大产业振兴政策，鼓励兼并重组，促进企业做大做强，实现大公司战略、企业集团建立的目的，又能禁止限制竞争的企业并购。从我国申报标准来看，符合当前国内外经济形势，既能防止经营者过度集中，又有利于中国企业依法通过兼并重组政策做大做强，实现规模经济，提高产业竞争力。所以，经营者集中申报标准基本上是合适的，有利于产业兼并重组政策的实现。

我国审查市场集中度测定指数采用市场份额计算："一个经营者达到二分之一；或者两个达到三分之二；或者三个达到四分之三"，推定具有市场支配地位，这种按照市场份额的审查，简单易行，便于操作，但未能考虑到不同行业的市场结构所需要的规模。赫尔芬达尔指数将市场分为高度、中度、无集中度的市场。如果借鉴美国、欧盟、日本、韩国审查市场集中度标准指数——赫尔芬达尔指数，将更容易了解哪些属于高寡头垄断行业，不能批准兼并重组案件，哪些属于松散的市场结构，鼓励兼并重组；对中度垄断市场结构，可以有条件的批准。我国目前并未对不同行业市场研究，一味实行兼并重组政策是错误的。我国主要行业的产业集中度现状和发展趋势表现为：（1）银行、保险行业集中度逐年下降，从寡头垄断向垄断竞争市场格局转变；（2）铁路、电信、电力和石油、天然气等行业仍属于高度垄断市场。我国电信业仍属于高度垄断市场，石油、电力等资源性行业处于相对垄断地位；（3）房地产市场集中度非常低；（4）钢铁、汽车、煤炭等行业集中度仍偏低；（5）电脑、数码相机等高科技行业的集中度相对稳定，属垄断竞争市场；（6）冰箱、彩电、微波炉等家电行业的市场集中度也较高；（7）广告、旅游等第三产业集中度较低，为竞争性的市场结构；（8）传统行业市场集中度较低——纺织和食品。[①] 可见，我国产业兼并重组政策不能不加区分地用于所有行业或产业。因此，中国政府应当加强对产业集中度的研究，不仅要按照市场份额指数，还要借鉴赫尔芬达尔指数，分析不同行业的市场集中度，定期公布，为反垄断执法机构提供执法依据和判断标准。

第四，完善中国合并豁免制度。

《中华人民共和国反垄断法》第28条规定"经营者能够证明该集中对竞争产生的有利影响明显大于不利影响，或者符合社会公共利益的"，反垄断执法机构可以豁免。该条款明显借鉴德国《反限制竞争法》的做法，考虑到产业政策法的"社会公共利益"因素。第29条规定了豁免的附加条件，即"对不予禁止的经营者集中，国务院反垄断执法机构可以决定附加减少集中对竞争产生的不利影响的限制性条件"，并将附加条件及时向社会公布。但是其"社会公共利益"的豁免理由过于简单、少，太

---

① 郑适、汪洋：《中国产业集中度现状和发展趋势研究》，载《财贸经济》2007年第11期。

过抽象不易操作。行政执法机关很容易以社会公共利益为借口行侵犯社会公民利益之事。

社会公共利益是一个抽象的概念，具体操作很难确定，在不同法律中反映出的公共利益也有不同。《中华人民共和国信托法》第 60 条规定"为了下列公共利益目的之一而设立的信托，属于公益信托：救灾贫困；救助灾民；扶助残疾人；发展教育、科技、文化、艺术、体育事业；发展医疗卫生事业；发展环境保护事业，维护生态环境；发展其他社会公益事业。"这些列举事项比较明确，且对无法穷尽的社会公共利益用其他社会公益事业将其囊括。2011 年国务院颁布的《国有土地上房屋征收与补偿条例》第 8 条列出了六方面的具体内容的公共利益：国防和外交的需要；由政府组织实施的能源、交通、水利等基础设施建设的需要；由政府组织实施的科技、教育、文化、卫生、体育、环境和资源保护、防灾减灾、文物保护、社会福利、市政公用等公共事业的需要；由政府组织实施的保障性安居工程建设的需要；由政府依照城乡规划法有关规定组织实施的对危房集中、基础设施落后等地段进行旧城区改建的需要；法律、行政法规规定的其他公共利益的需要。《中华人民共和国反垄断法》第 15 条第 4 项"为实现节约能源、保护环境、救灾救助等社会公共利益的"作为卡特尔豁免的一个理由，可见，不同法律有关社会公共利益的事项不仅不同，且没有统一的标准，其内容宽泛，无疑为反垄断执法机构提供了极宽的自由裁量权。此外，社会公共利益是一个动态发展的概念，而不是一成不变的统一的内容。最初生产落后，人民生活条件低下，发展生产、提高经济效率就是最初的公共利益，但随着社会的发展，时间流逝，社会公共利益的内容也发生了一定的变化。当人民物质生活基本满足，企业经济效率提高，但由于发展中未曾注意到环境保护的生产，导致环境污染、人类各种怪病频现，人们开始注重"环境保护、节约自然资源"等社会公共利益；最近"食品安全、生态均衡、核材料的合理使用"等也成为人们关注的社会公共利益。消费者福利也被定为反垄断法所保护的公共利益。社会公共利益的动态发展特性，使得反垄断法执法机关审核合并豁免案件时，"社会公益"的认定更加不具有确定性。因此，有必要以列举方式详解社会公共利益有助于合并豁免案件的处理。

　　有人说，中国合并豁免制度是借鉴了德国《反限制竞争法》关于"社会公共利益"的做法。但实际上，德国经营者因"社会公共利益"申请合并豁免的案件，在实践中联邦卡特尔局予以许可的甚少。这是因为德国的法治建设非常完备，企业合并豁免的批准程序非常严格，德国联邦卡特尔局以及经济部长也都形成共识：市场是市场经济的基石和核心，《反限制竞争法》是经济宪法，其他政策的考虑必须以《反限制竞争法》为依据。至于《中华人民共和国反垄断法》关于"社会公共利益"条款的设计就有所不妥。原因在于当前我国市场经济并不成熟，市场经济法律制度还不完善，政府和官员并没有达成"市场是市场经济的基石，反垄断法是市场经济法律的核心"的共识。现实中，我国一些大企业尤其中央国企利用社会公共利益或者积极效果大于不利影响等作为借口的合并案件，易被豁免。从我国各地发生的以社会公共利益为借口的血腥拆迁就可见一斑。其实 2006 年我国《外资并购规定》第 54 条规定了合并豁免的理由：如果改善市场公平竞争条件；如果重组亏损企业并保障就业；如果引进先进技术和管理人才并能提高国际竞争力；或者如果可以改善环境。这些关于合并豁免的规定值得《中华人民共和国反垄断法》借鉴运用。因此，对于合并豁免条件应当详细化，通过列举方式将"中小企业合并、中小企业创新合并、破产事由豁免、产业合理化、增强产业国际竞争力、节约能源、环保"等社会公共利益明晰，便于反垄断执法机构操作，减少行政自由裁量权的最大化。

7.4 赋予中国反垄断运行机关
高度的权威性和独立性

要实现以反垄断法为重中国法律协调制度的设置，就需要赋予中国反垄断运行机关高度的权威性和独立性，才能保障"以反垄断法为重"的法律协调制度的运行。

这种权威性和高度独立性也是反垄断法作为市场经济中"经济宪法"或基础法地位的要求，是以反垄断法为重、产业政策法为辅的国际发展趋势。

首先，应赋予中国反垄断执法机构应有驾驭产业政策法运行机关之上的职权。

中国《反垄断法》第9条规定了国务院设立反垄断委员会，负责组织、协调、指导反垄断法工作，履行下列职责：研究拟订有关竞争政策；组织调查、评估市场总体竞争状况，发布评估报告；制定、发布反垄断指南；协调反垄断行政执法工作；国务院规定的其他职责。且根据2007年8月29日《全国人大法律委员会关于〈中华人民共和国反垄断法（草案三次审议稿）〉修改意见报告》指出反垄断法委员会履行"组织、协调、指导"反垄断工作职责的议事协调机构，不具有独立行使行政权力、作出行政决定。从中国《反垄断法》第39条规定可看出反垄断执法机构具有查阅、检查、询问、查封、复制、扣押等权利。目前我国反垄断法的执行机构主要是行政机构，由国家工商行政管理总局、商务部和发改委三部门和反垄断委员会组成，其中这三部门都隶属于国务院，是国家行政机关，受掌控经济职能和经济政策的国务院领导。其中工商行政管理总局处理有关违反垄断、诚实信用等垄断案件，商务部处理的是经营者集中控制，发改委处理价格垄断问题。从这些条款来看，我国反垄断委员会和三个反垄断执法机构无类似于日韩那种驾驭产业主管部门之上的协商权。即产业政策法的起草和实施须与反垄断法执法机关协商或咨询。因而，我国反垄断执法机构与反垄断委员会因职权的有限性，其权威性大打折扣，很难制约产业政策法的出台和实施，反垄断法在产业政策法的强大干预下，有可能沦为执行产业政策法的工具。

由于没有考虑制约产业政策法运行的职权，假使反垄断委员会拟定有关竞争政策，产业主管部门制定相关限制竞争、促进垄断的产业行政法规，反垄断委员会则无权提前干预。即由于没有类似于日韩法律起草时两法实施机关的磋商制度，也没有类似于法国、匈牙利等国有关限制竞争内容的产业政策立法必须咨询反垄断执法机构的咨询制度。根据《中华人民共和国反垄断法》第7条的规定，依据各产业立法，实行国有经济占控制地位的关系国民经济命脉和国家安全的行业以及依法实行专营专卖的行业，国家对其经营者的合法经营活动予以保护，从而使得反垄断执法机构无权管辖依据各产业政策立法而设立的限制竞争的经济行为。它意味着众多产业政策立法层次低，只要国务院制定就是合法的，产业政策的规章只要是国务院的各部委制定也就是合法的。实际上，产业政策法规和规章的合法性和正义性有待探讨。该法第7条也意味着：假设公用事业单位和国有企业实施了限制竞争行为，或者根据该法第7条享有一定的特权的行业垄断或者处于经济垄断地位的但又是国有控股企业，可以不受反垄断法的制约。像 2009 年颁布的产业振兴政策，就是国务院颁布的反萧条的产业政策立法，其中众多内容包含限制竞争、排除竞争、促进垄断的规定。这项产业政策立法的出台和实施之前，既没有与反垄断执法机构的协商，也未看到有关咨询反垄断执法机构的报道，非常快地就出台。正是由于《反垄断法》第 7 条的规定，产业政策立法只要出台，哪怕有损消费者福利和社会公共利益，国家对其经营者依据不正确的产业政策立法也得保护，那就违背了反垄断法普遍适用的原理，从而使得反垄断法执法只是为产业政策实施开道而已。因此，反垄断法应赋予反垄断委员会与产业主管部门的协商权。

其次，强化中国反垄断执法机关独立性。

高度独立性意味着反垄断执法机构享有独立的人事权和行政经费预算权，才能够保障本身的独立运作，而不受其他因素的影响包括产业政策法的影响。从目前来看，国家反垄断执法机构分别属于商务部、国家工商行政管理总局、发改委三部门，这三个部门本身属于执行产业政策和其他经济政策的机构，分别下设的反垄断执法机构——商务部反垄断调查办公室、工商行政管理总局公平交易局、发改委价格司。国务院反垄断委员会协调反垄断执法机构的执法，但由于反垄断委员会的人事由国务院各部委负责人和相关专家构成。长期以来，国务院各部委制定和执行不同层次的相关产业政策，反垄断委员会由这些部委的负责人组成，能否独立考虑反垄断法的反垄断和竞争的政策目标，受到质疑。此外，反垄断委员会和三个执法机构都是过去掌控和调控经济政策（产业政策）的行政机构，人事权和财政权延续原有的方式。它意味着反垄断委员会和反垄断执法机构因没有独立人事任免权和经费权，不可避免地受到产业政策法的影响，很难保持独立性。总之，中国反垄断执法将更多地习惯于从产业政策法角度出发，更多考虑产业政策因素，较少考虑反垄断和竞争等法律因素。

我国特殊的政治体制和经济体制决定了行政垄断也是我国反垄断法的重要任务之一。这种行政垄断是国家和地方各级行政机关以及依靠行政机关的企业滥用行政权力实施的限制竞争的行为。这种行政垄断与垄断协议、滥用市场支配地位和经营者集中控制等三个规制行为相比，由于涉及行政部门的利益，又属于公权力的行使，带有天然的强制性，危害性更大，后果更严重，任务更艰巨。所以《中华人民共和国反垄断法》应对反行政垄断的任务不可掉以轻心。行政垄断的众多形成因素包括政治上的决策，经济上的考虑，但其中导致行政垄断的一个因素正是由于过去的产业政策滥用的后果。尽管《中华人民共和国反垄断法》第 5 章第 32—37 条都规定了打击行政垄断的决心，但是要真正打击行政垄断，就要设计出超越于行政机关权力的一种权力，和高度独立于行政机关的属性。但是从目前《中华人民共和国反垄断法》的执法权的设置和独立性来看，产业政策法与反垄断法的执法机构是一套班子，两块牌子。因此，反垄断法的执法难以摆脱产业政策的影子，加上反垄断执法机构管理层次低，权限小，缺乏独立性，必然受到行政权力的制约和干扰。所以，设立一个独立的反垄断执法机构具有制约行政机关滥用行政权力实施限制竞争行为的重大作用。因而有必要将我国的三个执法机构纳入反垄断委员会之下，赋予反垄断委员会驾驭产业主管部门之上的协商权、独立人事权和财政预算权。只有这样的设计，我国反垄断执法机构才能真正独立于行政机关，防止行政机关的干预。

7.5 本章小结

本章对于如何构建中国的两法协调制度问题，提出了尽快实现产业政策法治化、建立创新驱动型的产业政策法、建立以反垄断法为重的法律协调制度的构想。提议设置事前协商制度，指出卡特尔豁免应依照一事一立原则详细呈列每一个豁免事由的标准和程序；建议合并豁免制度应以列举式详解"社会公共利益"豁免事由。同时，提出实现以反垄断法为重，设置法律协调制度的目标，必须赋予中国反垄断运行机关高度独立性和权威性。只有这样，才能构建中国的两法之法律协调制度，将协调制度纳入法律框架，必然是落实中国法制建设的一个重要任务。

结束语

产业政策（法）与反垄断政策（法）都是政府拿来调控或规制市场的工具，本书试图从"法治"视角，研究产业政策法与反垄断法之间的协调制度。这些协调制度是产业政策法与反垄断法在长期博弈过程中，经历冲突、妥协、再冲突、再妥协多个重复博弈，最终达成均衡状态，形成的独特的协调制度。

本书以两法协调的立法时间点、运行时间点为线索，探究、评析各国的产业政策法与反垄断法之间的协调制度，吸收和借鉴国外先进制度，构建中国的协调制度。

在法治国家里，产业政策和产业政策法是一个通用概念，法治国家运用产业政策干预经济，必须以法律形式出现，含有法律控权的意思，即政府干预是有条件和受限制的，而不是随意的，体现民主性、严肃性和透明性。如美国表面上没有产业政策，实际上存在着"事实上产业政策"，通常体现为议会通过的法案或美国国会批准的由政府发布的基本法和行政法规，甚至零星地体现在一些判例中。此外，美国"事实上产业政策"是受预算法制约的。欧盟国家一向宣布自己的产业政策为水平式产业政策而不是选择性产业政策，尤其关于救助某一个企业或某一地区的产业政策是严格地按照法律标准进行的，他们的国家救援是处于竞争法框架下，反映欧盟竞争法是处于支配地位。由此可见，产业政策虽是一个经济学的概念，但由于受到法治国家的"法治"约束，实际演变为产业政策法或竞争法严密监控的产业政策法。从这个意义上，产业政策就是产业政策法。但是，在发展中国家里，产业政策与产业政策法是两个不同的概念，主要原因在于"法治"理念尚未完全覆盖发展中国家的政治、经济、社会的全方位，因而，产业政策与产业政策法不能完全等同起来，它们分别有着不同的调整范围、适用范围。另外，我国一些经济学家和法学家认为反垄断政策是产业政策中的产业组织政策的一部分，同理，他们也认为反垄断法是产业政策法中的产业组织法的一部分。本书则阐明产业政策法与反垄断法分别属于经济法中宏观调控法和市场规制法，两者属于同一法律位阶的法律，不存在种属关系。

本书在充分分析美国、欧盟、日韩等国市场经济发展状态，考察这些国家产业政策法与反垄断法的博弈形态、博弈过程、博弈结果的基础上，指出各国协调制度的设置与各国的政治、经济、法治等发展水平和程度休戚相关；各国设置协调制度是以反垄断法为重、来安排产业政策法与反垄断法之间的协调制度；尤其指出，尽管中国有一些协调制度，但法律条文的制定较为粗陋，存在明显的缺失事前协商制度和个案上协调制度的致命缺陷，也未能体现以反垄断法为主、产业政策法为辅的未来发展趋势；本书进一步指出，在中国协调制度的具体实务方面，中国更多地运用反垄断法的经营者集中控制制度为其产业兼并重组政策服务，未充分运用经营者集中控制制度监控产业兼并行为，未灵活运用危机卡特尔和中小企业卡特尔豁免制度解决中小企业经济危机问题。

在设置中国协调制度时，本书提出如下观点：首先，需实现产业政策法治化，构建创新驱动型产业政策法。由于当前产业政策法与反垄断法在法律位阶层面上存在上下位阶的冲突，存在两法宗旨之间的冲突，有必要实现产业政策法治化，消除法律位阶和宗旨层面上的冲突；更重要的是通过产业政策法治化，可以改变目前在市场经济活动中以产业政策法为主、反垄断法为辅的局面。另一方面，新经济的出现，世界市场的形成，全球经济一体化的深入发展，中国有必要建立创新驱动型产业政策法，积极应对未来的国际竞争。

其次，中国应该设置事前协商制度。事前协商制度是日本、韩国、法国等行政主导型国家经过多年寻找到的一个协调路径或方法。实际上，事前协商制度是反垄断法逐渐强大、开始侵蚀产业政策法领域，产业政策法不得不做出让步的结果。这种事前协商制度在起草、实施产业政策（法）时，总是将反垄断的要求考虑进去，遏制为所欲为的产业政策法的嚣张态势。运用这种制度可以将产业政策法与反垄断法之间的冲突消灭在萌芽阶段。当然，事前协商制度更适合行政主导型市场经济国家或者政府干预力度大的国家。就中国而言，本身属于行政主导型市场经济国家，产业政策（法）的国家干预性过分强大，需要预先和超前解决两法之间的冲突，所以，有必要设置事前协商制度，消灭冲突于萌芽阶段。

最后，应以反垄断法为重、设置中国协调制度。以反垄断法为重、设置中国协调制度意味着反垄断法在市场经济活动中，真正能发挥"经济宪法"、"自由经济的大宪章"的作用，意味着以自由、公平的市场竞争为其设置出发点。

不过，受到我国政治体制和经济体制的影响，研究和探索产业政策法与反垄断法之间的协调制度，具有一定的局限性。但是，随着中国经济体制改革的进一步深化、政治体制的逐步完善，市场经济的逐渐成熟，两法之间的协调制度的构建和设置将更加具有可操作性。

参考文献

一、中文著作：

韦伟、周耀东：《现代企业理论和产业组织理论》，人民出版社 2003 年版。

肖竹：《竞争政策与政府规制——关系、协调及竞争法的制度构建》，中国法制出版社 2008 年 8 月版。

马龙龙主编：《流通产业政策》，清华大学出版社 2005 年版。

王传荣主编：《产业经济学》，经济科学出版社 2009 年版。

赖源河主编：《公平交易法新论》，中国政法大学出版社、元照出版社 2002 年版。

杨沐：《产业政策研究》，上海三联书店 1989 年版。

江小涓：《经济转轨时期的产业政策——对中国经验的实战分析与前景展望》，上海三联书店、上海人民出版社 1996 年版。

杨治：《产业政策与结构优化》，新华出版社 1999 年版。

李国海：《英国竞争法》，法律出版社 2008 年版。

胡甲庆：《反垄断法的经济逻辑》，厦门大学出版社 2008 年版。

《各国反垄断法汇编》编选组编：《各国反垄断法汇编》，人民法院出版社 2001 年版。

许光耀：《欧共体经典判例研究》，武汉大学出版社 2008 年版。

杨三正：《宏观调控权论》，厦门大学出版社 2007 年版。

王晓晔主编：《经济全球下竞争法的新发展》，社会科学文献出版社 2005 年版。

王晓晔：《欧共体竞争法》，中国法制出版社 2001 年版。

王晓晔：《竞争法研究》，中国法制出版社 1999 年版。

刘圣中主编：《公共政策学》，武汉大学出版社 2008 年版。

冯静主编：《公共政策学》，北京大学出版社 2007 年版。

刘大洪主编：《经济法学》，中国法制出版社 2007 年版。

顾功耘、罗培新主编：《经济法前沿问题》，北京大学出版社 2007 年版。

《经济法文库》（第二辑），北京大学出版社 2007 年版。

刘剑文、崔正军主编：《竞争法概论》，武汉大学出版社 1997 年版。

王明湖主编：《反不正当竞争法概论》，中国检察出版社 1994 年版。

韩志红：《经济法调整机制研究》，中国检察出版社 2005 年版。

朱家贤：《反垄断立法与管制》，知识产权出版社 2007 年版。

呼书秀：《中国与东盟发展相会投资的法律机制研究》，北京大学出版社 2005 年版。

王存学主编：《竞争法与市场经济》，工商出版社 1995 年版。

王全兴：《经济法基础理论专题研究》，中国检察出版社

2002 年版。

徐强胜：《经济法和经济秩序的建构》，北京大学出版社 2008 年版。

金培主编：《产业秩序与竞争秩序》，社会科学文献出版社 2005 年版。

王黎明、沈君：《反垄断：从国别走向世界》，山东人民出版社 2007 年版。

张守文主编：《经济法》，科学出版社 2008 年版。

王卫国、李东方主编：《经济法学》，中国政法大学出版社 2008 年版。

傅军、张颖：《反垄断与竞争政策经济理论、国际经验及对中国的启示》，北京大学出版社 2004 年版。

卢现祥、朱巧玲主编：《新制度经济学》，北京大学出版社 2007 年版，2008 年 2 版。

杨志勇、张馨编著：《公共经济学》，清华大学出版社 2005 年版。

魏琼：《西方经济法发达史》，北京大学出版社 2006 年版。

吴宗杰：《中日韩产业竞争力的比较研究》，中国经济出版社 2007 年版。

于立、吴绪亮：《产业组织与反垄断法》，东北财经大学出版社 2008 年版。

郑泰安、郑鈜等：《反垄断法律制度研究》，四川人民出版社 2008 年版。

杨紫烜主编：《经济法》，北京大学出版社、高等教育出版社 2006 年 2 版。

柯威达等：《产业兴衰与转化规律》，经济管理出版社 2004 年版。

杨德勇、张宏艳编著：《产业结构研究导论》，知识产权出版社2008年版。

史际春主编：《经济法》，中国人民大学出版社2005年版。

金明善主编：《战后日本产业政策》，航空工业出版社1988年版。

张杰军：《反垄断、创新与经济发展》，知识产权出版社2008年版。

吴小丁：《反垄断与经济发展》，商务印书馆2006年版。

王渊、喻胜云、郑彦鹏：《经济法学问题与文献源》，中信出版社2004年版。

陈大纲编著：《经济法学理与案例分析》，上海交通大学出版社2004年版。

孔祥俊：《反垄断法原理》，中国法制出版社2001年版。

全国人大常委会法制工作委员会经济法室编：《中华人民共和国反垄断法条文说明、立法理由及相关规定》，北京大学出版社2007年版。

李昌麒主编：《经济法学》，中国政法大学出版社1999年版。

漆多俊主编：《经济法学》，高等教育出版社2007年版。

张雪楳：《产业结构法研究》，中国人民大学出版社2005年版。

姜昕、杨临宏主编：《产业政策法》，中国社会科学出版社2008年版。

刘淑琪：《日本市场经济模式研究》，济南出版社1996年版。

朱崇实主编：《中国经济法学（部门法研究综述）》，厦门大学出版社2002年版。

夏大慰编：《产业组织学》，复旦大学出版社 1994 年版。

谢识予编著：《经济博弈论》，复旦大学出版社 2007 年版。

石奇主编：《产业经济学》，中国人民大学出版社 2008 年版。

王为农：《企业集中规制基本法理——美国、日本及欧盟的反垄断法比较研究》，法律出版社 2001 年版。

刘大洪：《经济法学》，中国法制出版社 2007 年版。

董进宇：《宏观调控法学》，吉林大学出版社 1999 年版。

陈淮：《日本产业政策研究》，中国人民大学出版社 1991 年版。

龚仰军、应勤健：《产业结构与产业政策》，立信会计出版社 1999 年版。

唐要家：《反垄断经济学理论与政策》，中国社会科学出版社 2008 年版。

徐传谌、谢地编：《产业经济学》，科学出版社 2007 年版。

《中国法律年鉴》（1993 年分册）——《反不正当竞争法实用全书》，中国法律年鉴出版社 1994 年版。

王传荣主编：《产业经济学》，经济科学出版社 2009 年版。

李龙：《法理学》，人民法院出版社、中国社会科学出版社 2003 年版。

陈秀山：《现代竞争理论与竞争政策》，商务印书馆 1997 年版。

王晓晔主编：《中华人民共和国反垄断法详解》，知识产权出版社 2008 年版。

杨志勇、张馨编著：《公共经济学》，清华大学出版社 2005 年版。

杨栋梁：《国家权力与经济发展——日本战后产业合理政策

研究》，天津人民出版社1998年版。

游钰：《卡特尔规制制度研究》，法律出版社2006年版。

刘吉发主编：《产业政策学》，经济管理出版社2004年版。

宋圭武、周虎臣：《经济竞争论》，甘肃人民出版社2004年版。

景跃军：《战后美国产业结构演变研究》，吉林大学博士论文2004年。

陆立军、王祖强编：《新社会主义政治经济学论纲》，中国经济出版社2000年版。

韩小威：《经济全球化背景下中国产业政策有效性问题研究》，吉林大学博士论文，2006年。

付伯新：《关贸总协定对日本产业结构的影响》，中国社会科学出版社1999年版。

周叔莲、裴叔平、陈树勋：《中国产业政策研究》，经济管理出版社2007年版。

江小涓：《世纪之交的工业结构升级》，上海远东出版社1996年版。

漆多俊主编：《宏观调控法研究》，中国方正出版社2002年版。

曹士兵：《反垄断法研究》，法律出版社1996年版。

卢炯星主编：《宏观经济法》，厦门大学出版社2000年版。

魏后凯：《市场竞争、经济绩效与产业集中：对中国制造业集中与市场结构的实证研究》，经济管理出版社2003年版。

苏东水编：《产业经济学（第二部）》，高等教育出版社2005年版。

郑鹏程：《反垄断法专题研究》，法律出版社2008年版。

刘定华、肖海军等：《宏观调控法律制度研究》，人民法院出版社 2002 年版。

二、外文著作：

艾尔·巴比：《社会研究方法基础》，邱泽奇译，华夏出版社 2002 年版。

斯坦利·L. 恩格尔曼，罗伯特·E. 高尔曼：《剑桥美国经济史（第二卷）：漫长的 19 世纪》，中国人民大学出版社 2008 年版。

沃尔特·亚当斯、詹姆斯·W. 布洛克校：《美国产业结构（第十版）》，中国人民大学出版社 2003 年版。

［美］乔尔·布林克利、史蒂夫·洛尔：《美国诉微软案》，北京大学出版社 2001 年版。

E. 吉尔霍恩、W. E. 科瓦西克：《反垄断法律与经济》，中国人民大学出版社 2001 年版。

［美］E. 博登海默：《法理学——法律哲学与法律方法》，邓正来译，中国政法大学出版社 1999 年版。

［美］詹姆斯·布坎南：《自由、市场和国家——80 年代的政治经济学》，上海三联书店 1989 年版。

［美］罗尔斯：《正义论》，中国社会科学出版社 1988 年版。

［美］萨缪尔森、诺德豪斯：《经济学》，中国发展出版社 1992 年版。

［日］村上政博：《日本禁止垄断法》，姜珊译，法律出版社 2008 年版。

［美］肯尼思·W. 克拉克森等：《产业组织、理论、证据和公共政策》，上海三联书店 1989 年版。

［德］艾哈德·祝世康等译：《来自竞争的繁荣》，商务印书馆 1983 年版。

［韩］权五乘：《韩国经济法》，崔吉子译，北京大学出版社2009年版。

唐·E.奥德曼（Don E. Waldman）科尔盖特大学，伊丽莎白·J.詹森（Elizabeth J. Jensen）汉密尔顿学院，李宝森、武立东、张云译：《产业组织理论与实践》，机械工业出版社2009年版。

张汉林、蔡春林等译：《韩国规制改革——经济合作与发展组织考察报告》，上海财经大学出版社2007年版。

［日］宫崎义一：《日本经济的结构和演变——战后40年日本经济发展的轨迹》，中国对外经济贸易出版社1990年版。

［韩］朴昌根：《韩国产业政策》，上海人民出版社1998年版。

［美］道格拉斯·C.诺斯：《制度、制度变迁与经济绩效》，杭行译，格致出版社、上海三联书店、上海人民出版社2008年版。

［美］乔治·J.施蒂格勒：《产业组织》，上海三联书店、上海人民出版社2006年版。

［美］道格拉斯·诺斯：《理解经济变迁过程》，中国人民大学出版社2008年版。

［美］道格拉斯·C.诺斯：《经济史上的结构和变革》，商务印书馆1999年版。

［美］理查德·波斯纳：《反托拉斯法》第二版，中国政法大学出版社2003年版。

［英］马赫·M.达芭：《反垄断政策国际化研究》，肖兴志、丁宁等译，东北财经大学出版社2008年版。

［日］金泽良雄：《经济法概论》，满达人译，中国法制出版社2005年版。

〔日〕青木昌彦、奥野正宽、冈崎哲二编著：《市场的作用国家的作用》，中国发展出版社 2002 年版。

〔美〕查尔斯·R. 麦克马尼斯：《不公平贸易行为概论》，中国社会科学出版社 1997 年版。

J. E. 克伍卡、L. J. 怀特编著：《反托拉斯革命——经济学、竞争与政策》（第四版），林平、臧旭恒等译，经济科学出版社 2007 年版。

詹姆士·E. 米德：《明智的激进派经济政策指南》，上海三联书店 1989 年版。

〔美〕理查德·A. 波斯纳：《法理学问题》，中国政法大学出版社 2001 年版。

〔日〕根岸哲、舟田正之：《日本禁止垄断法概论》，中国法制出版社 2007 年版。

〔英〕亚当·斯密：《国富论》，唐日松译，华夏出版社 2005 年版。

〔英〕约翰·梅纳德·凯恩斯：《就业、利息、货币通论》，中国政法大学出版社 2002 年版。

〔美〕科斯：《企业、市场和法律》，上海三联书店 1990 年版。

〔美〕庞德：《通过法律的社会控制、法律的任务》，商务印书馆 1984 年版。

阿秀·伦斯：《竞争政策》，《新帕尔格雷夫经济学大词典》第一卷，经济科学出版社 1992 年版。

迈克尔·波特：《国家竞争优势》，华夏出版社 2006 年版。

阿奎那著：《阿奎那政治著作法》，马清槐译，商务印书馆 1962 年版。

〔英〕哈特：《法律的概念》，中国大百科全书出版社 1996

年版。

［荷兰］汉斯·范登·德尔，平·范·韦尔瑟芬：《民主与福利经济学》，中国社会科学出版社 1989 年版。

［美］理查德·A. 波斯纳：《法律经济分析》（上），中国大百科全书出版社 1997 年版。

［美］保罗·萨缪尔森等：《经济学》（第十六版），华夏出版社 1999 年版。

［美］小贾尔斯·伯吉斯：《管制和反垄断经济学》，上海财经大学出版社 2003 年版。

［德］柯武刚、史满飞：《制度经济学（社会秩序与公共政策）》，商务印书馆 2002 年版。

［日］植草益：《微观规制经济学》，中国发展出版社 1992 年版。

［美］丹尼尔·史普博：《管制与市场》，上海三联书店 1999 年版。

［美］戴维·J. 格伯尔：《20 世纪欧洲的法律与竞争》，中国社会科学出版社 2004 年版。

［美］约瑟夫·熊彼特：《经济分析史》第 1 卷，商务印书馆 2001 年版。

［美］约瑟夫·熊彼特：《经济发展理论》，商务印书馆 1991 年版。

［美］约瑟夫·熊彼特：《资本主义、社会主义与民主》，商务印书馆 1999 年版。

［意］马西莫·莫塔：《竞争政策理论与实践》，上海财经大学出版社 2006 年版。

［美］奥利弗·E. 威廉姆森：《反托拉斯经济学》，经济科学出版社 1999 年版。

〔日〕小宫隆太郎等编：《日本产业政策》，国际文化出版公司 1988 年版。

〔美〕乔治施蒂格勒：《产业组织与政府管制》，上海三联书店 1989 年版。

〔日〕丹宗昭信等编：《现代经济法入门》，群众出版社 1985 年版。

〔英〕洛克：《政府论（下）》，商务印书馆 1996 年版。

〔德〕曼弗里德·诺伊曼：《竞争政策：理论与实践》，北京大学出版社 2003 年版。

〔法〕孟德斯鸠：《论法的精神》（上），商务印书馆 1995 年版。

三、中文论文：

刘劲松、舒玲敏：《论产业政策与竞争政策的战略搭配——以日本为例》，载《当代财经》2006 年第 7 期。

邝小文：《关于产业政策和竞争政策关系的几点思考》，载《特区经济》2006 年第 2 期。

陈尧、梁家祥、朱洪波：《经济全球化背景下如何提升我国的经济竞争力——关于竞争政策和产业政策战略搭配的探讨》，载《中央财经大学学报》2002 年第 1 期。

杨瑞龙：《论制度供给》，载《经济研究》1993 年第 8 期。

胡鞍钢、过勇：《从垄断市场到竞争市场：深刻的社会变革》，载《改革与理论》2002 年第 5 期。

李寿生：《关于 21 世纪前 10 年产业政策若干问题的思考》，载《管理世界》2000 年第 4 期。

刘慷、王彩霞：《从产业政策到竞争政策——由日本学者对产业政策的质疑说起》，载《黑龙江对外经贸》2008 年第 11 期。

欧阳爱辉：《反垄断法产业诱导机能的现实意义》，载《昆明冶金高等专科学校学报》2005 年第 2 期。

孙学亮：《垄断的法律界定》，载《天津商学院学报》1994年第 1 期。

贺婧：《我国竞争政策与产业政策之协调》，载《河南科技大学学报（社科版）》2007 年第 2 期，

石俊华：《论反垄断法实施后我国产业政策与竞争政策的协调》，载《云南社会科学》2009 年第 1 期。

冯晓琦、万军：《从产业政策到竞争政策：东亚地区政府干预方式的转型及对中国的启示》，载《南开经济研究》2006 年第 5 期。

江海潮：《产业政策激励、产业剩余分配与产业政策效应》，载《产业经济评论》2007 年第 6 卷第 2 辑。

卢炯星：《论宏观经济法中产业调节法理论及体系的完善》，载《政法论坛》2004 年第 1 期。

徐佳宾、徐佳蓉：《产业调整中的政策基点分析——韩国的工业化历程及其对中国的启示》，载《中国工业经济》2000 年第 12 期。

叶卫平：《产业政策对反垄断法实施的影响》，载《法商研究》2007 年第 4 期。

刘继峰：《论我国反垄断法中竞争政策与产业政策的协调》，载《宏观经济研究》2008 年第 4 期。

齐虹丽：《产业政策与竞争政策的关系——中国入世后面临的挑战与日本经验》，载《经济科学》2003 年第 3 期。

李晓蓉：《全球化视角中的竞争政策与民族产业利益——从苏泊尔并购案谈起》，载《经济问题探索》2008 年第 9 期。

颜运秋：《反垄断法应以保护消费者权益为终极目的》，载

《消费经济》2005 年第 5 期。

韩立余：《反垄断法对产业政策的拾遗补缺性作用》，载《法学家》2008 年第 1 期。

徐伟敏：《企业合并的反垄断控制若干问题的思考》，载《山东大学学报（哲社版）》2002 年第 4 期。

王斌：《经济全球化下当代产业政策的转型》，载《学术月刊》2003 年第 3 期。

姜作培：《国际金融危机背景下中国经济转型研究》，载《毛泽东邓小平理论研究》2009 年 8 期。

傅彩霞：《经济全球化与产业组织政策的选择》，载《西北大学学报（哲社版）》2000 年第 3 期。

倪振峰、丁茂中：《反垄断法是高级的法律化的产业政策——以经营者集中为观点》，载《探索与争鸣》2009 年第 2 期。

樊黎明：《试论当前经济危机的本质及我国政治经济对策》，载《西安石油大学学报（社科版）》第 18 卷第 2 期。

吴小丁：《关于我国竞争政策法的思考》，载《经济纵横》1999 年第 7 期。

吴小丁：《经济发展过程与竞争政策评价——日本竞争政策演变的启示》，载《经济社会体制比较》2003 年第 4 期。

吴小丁：《现代竞争理论的发展与流派》，载《吉林大学社会科学学报》2001 年第 2 期。

江小涓：《产业政策世纪效果的初步评价》，载《社会科学辑刊》1996 年第 102 期。

孙亚峰：《经济发展中的产业政策与竞争政策——日本的分析与借鉴》，载《市场周刊（理论研究）》2007 年第 2 期。

王健：《宏观调控法律体系构造论》，载《法律科学》1998

年第 2 期。

王先林：《产业政策初探》，载《中国法学》2003 年第 3 期。

谭慧芳、姚篮、陈鹏、王峰：《金融危机背景下的国家经济安全维护专题研讨会综述》，载《国际关系学院学报》2009 年第 5 期。

史际春：《公用事业引入竞争机制与反垄断法》，载《法学家》2002 年第 6 期。

王源扩：《我国竞争法的政策目标》，载《法学研究》1996 年第 5 期。

王继军、李建人：《经济法是市场规制法与宏观调控法的有机结合》，载《法律科学》1999 年第 1 期。

丁道勤：《我国产业政策法律化研究》，载《中国软科学》2007 年第 8 期。

杜雯：《产业集中度与经济绩效的相关分析》，载《北方经贸》2000 年第 2 期。

吴汉洪：《美国政府在产业结构调整中的作用》，载《经济理论与经济管理》2002 年第 6 期。

张斌、何晴：《20 世纪 80 年代以来美国产业竞争政策的演变——兼论波音、麦道合并与微软垄断案》，载《经济评论》2002 年第 1 期。

郭跃：《美国反垄断法价值取向的历史演变》，载《美国研究》2005 年第 1 期。

吴晨、李孔岳：《19 世纪以来美国的四次经济危机及其应对策略分析》，载《学术研究》2009 年第 7 期。

王先林：《论我国反垄断立法中的两个基本问题》，载《中外法学》1997 年第 6 期。

宾雪花：《日韩产业政策法与反垄断法关系探析及启示》，载《政治与法律》2010年第10期。

宾雪花：《改革开放产业政策法研究述评》，载《河北法学》2010年第10期。

赵立新：《产业法的地位研究》，载《江汉大学学报》总第23卷。

吕忠梅：《产业结构调节法初探》，载《法商研究——中南政法学院学报》1994年第6期。

喻文莉：《产业结构调整的立法思考》，载《浙江社会科学》1998年第5期。

李昌麒：《政府干预市场的边界——以和谐产业发展的法治要求为例》，载《政治与法律》2006年第4期。

史先诚：《兼并政策与产业政策——论竞争政策的优先适用》，载《南京政治学院学报》2004年第2期。

雷凌：《论我国竞争法与产业政策法的冲突与协调》，华中师范大学硕士学位论文，2006年。

冯辉：《论产业法与竞争法功能组合研究》，湖南大学硕士学位论文，2007年4月。

宾雪花：《当前我国反垄断法价值取向》，载《湖南财经高等专科学校学报》2010年第10期。

宾雪花：《当前产业政策法与反垄断法的冲突、调和》，载《湘潭大学学报》2011年第6期。

李梅：《竞争政策与产业政策在企业合并领域内的冲突与协调》，中国政法大学硕士论文，2006年。

林民书、林枫：《经济全球化条件下中国的竞争政策与产业政策的选择》，载《东南学术》2002年第4期。

赵志程、张坚：《经济全球化下我国产业政策和竞争政策选择的思考》，载《商业经济》2004 年第 1 期。

杨晓庆、李胜利：《论政府干预市场的两种武器——竞争政策与产业政策的矛盾组合》，载《淮海工学院学报（社会科学版）》2006 年第 2 期。

戴龙：《日本反垄断法实施中的竞争政策和产业政策》，载《环球法律评论》2009 年第 3 期。

王长秋：《竞争政策与产业政策的冲突与协调》，载《南都学坛》2006 年第 3 期。

刘桂清：《反垄断执法机构新论——竞争政策与产业政策协调发展的视角》，载《天津法学》2010 年第 2 期。

李键：《反垄断法与产业政策的关系》，昆明理工大学硕士论文，2009 年。

刘桂清：《助推器抑或绊脚石——经济危机时期的反垄断法实施》，载《经济法论丛》2010 年 1 月刊。

刘桂清：《反垄断法实施中的几个重大关系析》，载《政法论丛》2007 年第 3 期。

石英、袁日新：《金融危机背景下的反垄断政策分析》，载《经济法论丛》2010 年 1 月刊。

朱凯：《论产业政策与竞争法的冲突与协调》，载《菏泽学院学报》2010 年第 1 期。

冯果、辛易龙：《论我国产业政策与反垄断法的时代调和》，载《武汉理工大学学报（社会科学版）》2009 年第 4 期。

孟繁盛：《论经济危机下竞争政策和产业政策的协调——兼评我国十大产业调整和振兴规划》，载《广西政法管理干部学院学报》2010 年第 2 期。

刘桂清：《反垄断法如何兼容产业政策——适用除外与适用豁免制度的政策协调机制分析》，载《学术论坛》2010 年第

3 期。

潘思佳：《我国产业政策与竞争政策协调机制》，载《上海市经济管理干部学院学报》2011 年第 4 期。

羊淑青：《产业政策与竞争政策的冲突与协调》，载《求索》2010 年第 2 期。

李剑：《反垄断法实施与产业政策的协调——产业政策与反垄断法的冲突与选择》，载《东方法学》2011 年第 1 期。

杨东：《论反垄断法与行业监管法的协调关系》，载《法学家》2008 年第 1 期。

吴宏伟：《我国反垄断法与产业政策、竞争政策目标》，载《法学杂志》2005 年第 2 期。

肖彦山：《国际金融危机与中国反垄断法实施——以竞争政策与产业政策和贸易政策的关系为视角》，载《石家庄经济学院学报》2009 年第 4 期。

孟雁北：《论产业政策与反垄断法的冲突与协调》，载《社会科学研究》2005 年第 2 期。

王玉辉：《日本反垄断法适用除外制度及启示》，载《东北大学学报（社会科学版）》2011 年第 1 期。

郑适、汪洋：《中国产业集中度现状和发展趋势研究》，载《财贸经济》2007 年第 11 期。

刘文华、张雪楳：《论产业法的地位》，载《法学论坛》2001 年第 6 期。

四、外文论文：

Jiang Xiao – Juan，"Promoting Competition and Maintaining Monopoly Dual Functions of Chinese Industrial Policies During Economic Transition"，Washington University Global Studies Law Review，

Vol. 1, 2002, p. 49.

Bijit Bora , Peter J. Lloyd , Mari Pangestu , "Industrial Policy and The WTO ", United Nations Publication : United Nations Conference on Trade and Development, Policy Issues in International Trade and Commodities, Study Series No. 6, UNCTAD/ITCD/TAB/7, United Nations 2000. p. 33.

Alan Wm Wolff, Dewey & LeBoeuf, "China's Industrial Policies: The Impact on U. S. Companies, Workers and the American Economy ", Testimony of Alan Wm. Wolff , Dewey & LeBoeuf Before a Hearing of the U. S. – China Economic and Security Review Commission. Washington, D. C. March 24, 2009, p. 15. http: //www. uscc. gov/hearings/2009hearings/written/testimonies/09 – 03 – 24wrts/09 – 03 – 24 – wo.

George N Addy, "Competition Policy vs. Industrial Policy In the 'Old' Market Economies: on the Role of 'Competition Policy as a Discovery Method' in the Markets for Technological Key Products" , Bureau of Competition Policy Industry Canada to the Seventh International Cartel Conference, Berlin, Germany, May 22, 1995.

Hiroshi Iyori, "Competition Policy and Government Intervention in Developing Countries: An Examination of Japanese Economic Development", Washington University Global Studies Law Review , Vol 1, 2002, p. 35.

Ajit Singh, Rahul Dhumale, "Competition Policy, Development and Developing Countries", South Centre Trade Working papers , November 1999, p. 14.

Ajit Singh, "Competition and Competition Policy in Emerging Markets: International and Developmental Dimensions", Working Paper No. 246, ESRC Center for Business Research, University of Cambridge, December 2002. http: //www. unctad. org/en/docs/gdsmdp-bg2418 – en. pdf.

Michael J. Piore and Charles F. Sable, The Second Industrial Divide : Possibilities for Prosperity , New York: Basic books, 1984, ix, p. 8; Andrew Shonfield, Modern Capitalism, London: Oxford University Press, 1965.

Pradeep S. Mehtal, "Competition Policy in Developing Countries: an Asia – Pacific Perspective", Bulletin on Asia – Pacific Perspectives , 2002/03.

Svetlana AVDASHEVA, Andrey SHASTITKO, "Industrial and Competition Policy: Interaction Problems and Lessons for Russia", Voprosy literatury. – Moskva Vol. 0, No. 3 (2004), pp. 39 – 50. http: //finden. nationallizenzen. de/Record/ZDB – 1 – EAV @ NLZ236845241.

Lawrence J White, "Antitrust Policy and Industrial Policy: A View from the U. S. Presented at the Second Lisbon Conference on Competition Law and Economics ", Lisbon, Portugal . November 15 – 16, 2007 , Revised draft: January 14, 2008 , p. 3.

Dennis C Mueller. "Lessons from the United States's antitrust History ", International Journal of Industrial Organization , 14 , 1996, pp. 415 – 445.

Sanjaya Lall, "Industrial Policy : the Role of Government in Promoting Industrial and Technological Development", UNCTAD Review, 1994, UNCTAD, Geneva, pp. 65 – 89. http: // www. econbiz. de/en/search/detailed – view/doc/all/industrial – policy – the – role – of – government – in – promoting – industrial – and –

technological – development – lall – sanjaya/10001171236/? no _
cache = 1.

Uido, "China: Industrial Development Review : Managing Investment – Led Growth", The Economist Intelligence Unit , 1996.

David B. Audretsch, William J. Baumol and Andrew E-. B. Burke, "Competition Policy in Dynamic Markets ", International Journal of Industrial Organization , Vol. 19, No. 5, 2001, pp. 613 – 634; Jonathan Baker, "Developments in Antitrust Economics", Journal of Economic Perspectives, Vol. 13. 1999, pp. 181 – 194.

John M. Clark, "Toward a Concept of Workable Competition", American Economic Review , Vol . 30, No. 2, 1940, pp. 241 – 256.

Mark R. A. Palim, "The World Growth of Competition Law: An Empirical Analysis", Antitrust Bulletin , WTO /OECD/APEC, March 22, 1998, pp. 105 – 145.

Richard R. Nelson, M. J. Peck And E. D. Kalachek, "Technology, Economic Growth and Public Policy" , Washington, D. C. : Brookings Institution , 1967.

Mark A. , Dutz and Maria Vagliasindi, "Competition Policy Implementation in Transition Economics: An Empirical Assessment", European Bank Working Paper, No. 47, 1999.

W. Lachmann , "The Development Dimension of Competition Law and Policy", UNCTAD Series on Issues in Competition Law and Policy, United Nations Conference on Trade and Development, United Nations, New York and Geneva, 1999, p. 20.

Peter Weiss, "Techno – Globalism and Industrial Policy Responses in the USA and Europe", Journal of Intereconomics, March/April1997, pp. 74 – 86.

21Congressal L Record 2456 （1890）（EB/OL）. http：// www. linfo. org/sherman.

Flynn, John J. , "The Reagan Administration's Antitrust Policy, 'Original Intent' and the Legislative History of the Sherman Act", Antitrust Bulletin, 33 , Summer 1988, pp. 259 –307.

Christian H. M. Ketels, "Industrial Policy in the United States", Journal of International Competition Trade, 2007, 7, Springer Science + Business Media, LLC 2007. 20 July 2007. DOI 10. 1007/s 10842 –007 –0017 –7.

William Baxster, " Responding to the Reaction ", The Draftsman's Review , in M. FOX and James Halversoned, "Antitrust Policy in Transition: The Convergence of Law and Economics", Chicago America Bar Association , 1984, pp. 308 –321.

"Report on Antitrust Policy Objectives", EB/OI, http : // www. abanet . org //antitrust. February 12, 2003.

"Communication from the Commission: Implementing the Community Lisbon Programme: A Policy Framework to Strengthen EU – towards a more Integrated Approach for Industrial Policy", COM （2005） 474, Brussels, 5. 10. 2005. http//www. eur – lex. europa. eu/LexUriServ/LexUriServ. do? uri = COM…en…

"Proposal for a Decision of the European Parliament and of the Council Concerning the Seventh Framework Programme of the European Community for Research, Technological Development and Demonstration Activities （2007 – 2013）", COM （2005） 119; Jacques Pelkmans, "European Industrial Policy", E. Elgar publishers. BEEP briefing n° 15 , July 2006 , p. 6 . http：//www. coleurop. be/eco/ publications. htm.

Fiona Wishlade, DouglasYuill , Carlos Méndez, "Regional Policy in the EU: A Passing Phase of Europeanisation or a Complex Case of Policy Transfer? " , June 2003 , European Policy Research Paper, Number 50, European Policies Research Centre.

Jacques Pelkmans, "European Industrial Policy", E. Elgar publishers, BEEP briefing n° 15, July 2006, p. 4. http: // www. coleurop. be/eco/publications. htm.

John Bachtler, Fiona Wishlade and Douglas Yuill, " Regional Policies After2006: Complementarity or Conflict ? " , European Policy Research Paper, (Number 51) , September 2003. European Policies Research Centre. http: //www. eprc. strath. ac. uk/eprc/···/ EPR% 2051% 20Sub% 20Rosa. pdf.

致　谢

　　将产业政策法与反垄断法作为自己的选题，是出于自己多年来对产业政策法与反垄断法两个领域的兴趣。这个课题，横跨两个相对独立的经济法部门，对它们进行全面驾驭和把握有一定的难度，在一定方面超过了我的学力所及。尽管我已尽了最大努力，但在这方面研究仍是不够完善。我将以此为契机，今后继续对本课题做深入研究。

　　本书在现有资料掌握方面，尽管两个都属于经济法的范畴，但跨两个独立法律领域，关于单纯的产业政策法和反垄断法的资料文献还是比较丰富，但关于产业政策法和反垄断法的结合资料较少，尤其从法治角度来谈论它们的结合更少，基本上没有系统的学术论著，只是零星散于其他专著中。

　　其次，是关于写作思路的确定问题。本选题的确定，首先要感谢我的导师漆多俊先生，在我第一次写一篇小论文时，他提出来为什么不把两种制度结合起来写，这对我最初确定选题具有一定的帮助，最终我将"产业政策法和反垄断法之协调制度"作为课题论文题目。本书更关注如何协调两种制度问题。

　　本书的完成，如果有一点价值，首先感谢我的导师漆多俊先生，他以70多岁的年龄，在我的论文选题、论文开题、论文写作中进行了细致的指导。可以说，正是师从于他，我开始走上了经济法学专业的学习和研究之路，我的每一点进步都是与他的关怀、指导分不开的。

我要感谢中南大学法学院的教授，也是我的师兄们。在求学期间得到蒋建湘、陈云良、颜运秋、蒋言斌、李国海、张军建、王红霞等学长各方面的帮助。

同样，我要感谢中南大学商学院的各位教授。在中南大学商学院攻读博士期间，有幸聆听陈晓红、袁乐平、黄生权、刘咏梅等各位教授讲授的课程，其中《管理学研究方法》对本书写作具有一定启发意义。

最后，我要感谢我的家人。我的父母、公婆、兄弟和妹妹给予物质和精神资助，帮助我完成学业。我更感谢我的爱人，多年来承担了孩子的教育问题，为我创造了很好的求学、写作环境，使我能够全心全意地投入求学、写作之路。我同样要感谢我的女儿，她以特有的小女儿娇憨，使得枯燥的求学、写作之路充满欢笑，激励我完成学业。总之，家人的支持和关爱始终是我学习的重要动力和源泉。

宾雪花

2012 年 11 月